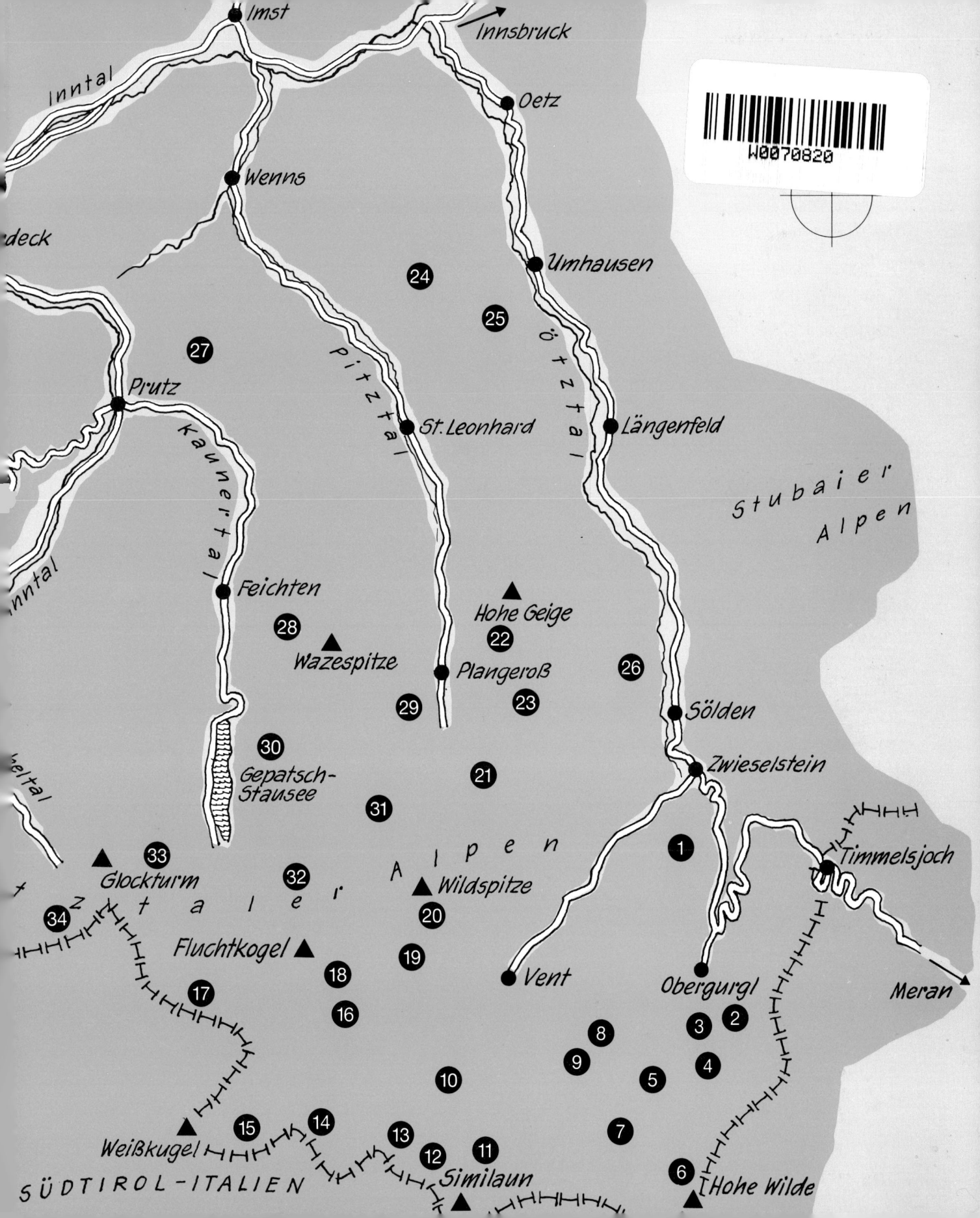

W0070820

Sepp Schnürer

ÖTZTALER ALPEN
SILVRETTA · FERWALL

Sepp Schnürer

ÖTZTALER ALPEN SILVRETTA · FERWALL

Zwischen Timmelsjoch, Reschen und Arlberg

CIP-Titelaufnahme der Deutschen Bibliothek

Schnürer, Sepp:
Ötztaler Alpen – Silvretta – Ferwall: zwischen Timmelsjoch, Reschen und Arlberg / Sepp Schnürer. – München; Wien; Zürich: BLV, 1990
   ISBN 3-405-13171-5
NE: HST

BLV Verlagsgesellschaft mbH
München Wien Zürich
8000 München 40

Schriftliche und bildliche Darstellung dieses Werkes erfolgten nach bestem Wissen und Gewissen des Autors. Die Begehung der Touren nach diesen Vorschlägen geschieht auf eigene Gefahr. Eine Haftung kann nicht übernommen werden.

Alle Fotos sind Aufnahmen des Verfassers.

Das Werk einschließlich aller seiner Teile ist urheberrechtlich geschützt. Jede Verwertung außerhalb der engen Grenzen des Urheberrechtsgesetzes ist ohne Zustimmung des Verlags unzulässig und strafbar. Das gilt insbesondere für Vervielfältigungen, Übersetzungen, Mikroverfilmungen und die Einspeicherung und Verarbeitung in elektronischen Systemen.

© 1990 BLV Verlagsgesellschaft mbH, München

Zeichnungen: Hellmut Hoffmann
Lektorat: Marianne Faiss-Heilmannseder
Layout: Sepp Schnürer

Gesamtherstellung: Passavia Passau

Printed in Germany · ISBN 3-405-13171-5

Zum Titelbild:
Im Aufstieg von der Martin-Busch-Hütte zur Kreuzspitze, diesem berühmten Ötztaler Aussichtsberg, weisen viele hoch aufgerichtete Steinmandl den Weg zum Gipfel.
Die Höhe im Bereich oberhalb der Brizzihütte gewährt einen großartigen Blick zum Marzellferner, zu den Marzellspitzen (links) und zum Firnenhaupt des Similaun.

Zum Bild Seite 2/3:
Im Aufstieg von der Schönwieshütte zum Hangerer.
Wir verhalten auf der Wiesenschulter des Halsl in 2600 Meter Höhe; vor uns der Ramolkamm vom Schalfkogel (links) über den Spiegelkogel zum Ramolkogel (rechts).

Zum Bild Seite 5:
Im Weg vom Gepatschhaus zur Rauhekopfhütte, vor dem Abstieg zum Gepatschferner.
Auf dem Eis eine Führungsgruppe hinab nach Gepatsch.
Darüber erkennen wir die Rauhekopfhütte (2731 m).

Literatur

Richter, Eduard: Die Erschliessung der Ostalpen
Menara, Hanspaul: Ötztaler Alpen
Gasser, Hannes: Erlebnis Ötztal
Gasser, Hannes: Erlebnis Paznauntal
Hensler, Emil: Tiroler Wanderbuch 1
Schnürer, Sepp: Die Hohe Route der Ostalpen
Jahrbücher des Deutschen und Österreichischen Alpenvereins
Führerliteratur siehe »Praktische Hinweise« Seite 159

Erläuterung der Kartensymbole

A	Ausgangspunkt
▬	Tourenverlauf
- - - -	sonstige Routen
⬠	Hütte
◻	Biwakschachtel
▲	Gipfel
▫	Alm, unbew. Hütte
)(	Paß, Joch

Zum Thema

Dieses Buch setzt den Schlußstein in meiner Darstellung der vergletscherten Zentralalpen, die nach den vorangegangenen Titeln
»Hohe Tauern«,
»Zillertaler und Stubaier Alpen«
nun mit
»Ötztal, Silvretta, Ferwall«
vollständig ist.
Diese drei Tourenbücher beschreiben für Bergwanderer und Bergsteiger die hochalpine Welt der Zentralalpen von Ost nach West: vom Ankogel bei Mallnitz entlang des Tauern-Hauptkammes über den Großglockner zum Großvenediger, von Krimml über Schwarzenstein und Großen Möseler zum Brenner, vom Brenner über Wilden Freiger und Zuckerhütl zum Timmelsjoch, im Schwung des Ötztaler Hauptkammes über Hohe Wilde, Similaun, Wildspitze und Weißkugel zum Reschenpaß. Der Bogen durch die Silvretta über den Piz Buin zur Bielerhöhe und von dort durch das Ferwall vollendet schließlich den Tourenreigen. Diese drei Bücher stellen mehr als 130 Dreitausender vor, insgesamt die berühmte, mit Eis geschmückte Prominenz, die den Bergsteiger seit jeher magnetisch anzieht.
Wer die Zentralalpen aufsucht, möchte Gletscher, Eis und Urgestein erleben, Fels, Millionen Jahre älter als Kalk, und Eis, dessen Wiege wir in einem Firnbecken hoch über der 3000-Meter-Linie finden. Das Bild nebenan, typisch für die Zentralalpen, zeigt Eis und Fels in urhafter Gewalt. Wir verspüren die unendliche Stille dieser Bergwelt, glauben an Unversehrtheit und Weltenferne, an die Urgewalt der Natur, die uns dort nur kurzzeitig duldet.
Der Tourenreichtum in den Zentralalpen ist schier unerschöpflich. Abseits der Touristikzentren, entstanden durch Straßen zu den Stauseen, durch Seilbahnen und Lifte, bleiben Wege genug hinein zu Stille und Einsamkeit, Wege von Hütte zu Hütte und zum Berg. Vom Alpenverein vor Jahrzehnten angelegt und deutlich markiert, weisen diese Steige auch dem Bergwanderer die Routen, vermitteln fast hautnah den Reiz »ewigen Eises«.
Mit diesem nun letzten Titel verbleiben wir wie bei den vorangegangenen Büchern nordseits des Hauptkammes, im österreichischen Tirol. Aber die Zillertaler, die Stubaier sowie die Ötztaler Alpen greifen über den Hauptkamm hinweg auch nach Südtirol aus. Den dortigen Bergraum berücksichtigen meine beiden Tourenbücher:
»Südtirol, zwischen Bozen und Sexten« und
»Südtirol, zwischen Bozen und Reschen«.

Inhalt

Ötztaler Alpen

Das Gebirge und seine Gliederung

»Ötz« – dieser altdeutsche Flurname wurzelt in »Weide« = »äsen – etzen«. Diese »Weide« befand sich vor Jahrhunderten am Eingang des Tales, in der Lichtung, in der wir heute das Dorf Ötz finden. Nach dieser Ortschaft benannte sich einmal das eigentliche Ötztal, zum anderen die Bergwelt nach Westen zum Reschenpaß und nach Süden über den Hauptkamm hinab zum Südtiroler Vinschgau, insgesamt 2500 Quadratkilometer Fläche.

Die Ausdehnung der Ötztaler Alpen wird innerhalb der Ostalpen von anderen Gebirgsgruppen teils übertroffen, nicht aber die Massenerhebung. Etwa 250 Dreitausender, darunter 40 Gipfel mit Höhen zwischen 3400 und 3500 Meter und 25 Berge mit über 3500 Meter Höhe konzentrieren die insgesamt bedeutendste Massenerhebung der Ostalpen.

Jeder Niederschlag in den Lagen über 3000 Meter bedeutet in unseren Breiten auch Schnee, ein Naturgesetz, gültig seit Millionen Jahre. Über die Zeiten hinweg häufte sich in der Dreitausenderregion Schneeschicht auf Schneeschicht. Nach dem Verrinnen der letzten Eiszeit vor 10 000 Jahren verblieb den Ötztaler Alpen infolge ihrer überdurchschnittlichen Gesamthöhe die mächtigste Gletscherdecke der Ostalpen – heute noch 150 Quadratkilometer, im Jahre 1850 etwa 350 Quadratkilometer – ausgebreitet vom Hauptkamm (siehe Seite 11) nach Norden und als Plateaugletscher im Weißkamm (siehe Seite 40).

Die Gletscher – in Tirol auch Ferner genannt –, zu unserer Zeit nur noch Fragmente einstiger Pracht, schmücken trotzdem auf unvergleichliche Weise das Gebirge; der Baustein – Gneise und Glimmerschiefer, das »Ötztaler Kristallin« – ist eher farblos, fast eintönig grau. Mehr oder weniger schroffer Fels erhebt langgestreckte, nach Norden gerichtete Kammzüge: Der Geigenkamm, der Kaunergrat und der Glockturmkamm gliedern vom Weißkamm herab die Ötztaler Alpen und weisen den Tälern die Rangordnung zu.

Bild rechts: Ausblick vom Ölgrubenjoch zum Sexegertenferner, zum Hinteren Brochkogel und zur Wildspitze.

Bild unten: Sölden im Ötztal, die Ötztaler Ache, rechts oben der Nörderkogel.

Die Täler – das Ötztal, das Pitztal und das Kaunertal – erschließen als langgezogene, teils schmale, tief eingeschnittene Furchen das Gebirge hinauf zum Hauptkamm und zum Weißkamm. Das Ötztal ist die Grenze zu den Stubaier Alpen, das Pitztal, das mittlere der drei Täler, greift aus zum Weißkamm, dem eisgepanzerten Herz der Ötztaler Alpen. Der Geigenkamm trennt beide Täler, der Kaunergrat wiederum scheidet das Pitztal vom Kaunertal.

Das Ötztal, das ostseitige Tal, verkehrsmäßig und auch wirtschaftlich die Hauptschiene, hat die weitaus größte Siedlungsdichte und als einziges Tal einen Ausgang nach Süden, über das 2500 Meter hohe Timmelsjoch nach Südtirol. Von der Einmündung ins Inntal beim Bahnhof »Ötztal« (704 m) müssen wir auf 60 Kilometer Länge bis zum Joch 1800 Meter Höhendifferenz überwinden und streifen dabei die Siedlungsschwerpunkte: die Gemeindesitze Ötz (820 m), Umhausen (1036 m), Längenfeld (1171 m) und Sölden (1367 m). Außerdem entsendet das Ötztal zwischen Sölden und Timmelsjoch zwei Seitenäste zu den Kirchdörfern Vent und Obergurgl.

Die modernen Verkehrsstraßen von heute entstanden erst nach 1960. Von Hans Pinggera, dem legendären Suldner Bergführer, gibt es im Hinblick auf die Länge des Ötztales, das er zur Jahrhundertwende mit zwei Wiener Bergfreunden zu Fuß durchwanderte, den klassischen Ausspruch:

»Teifi, Teifi, dös ischt a langs Tal, dös Ötztal! Wann'st am Bahnhof Ötztal weggehst und bist a ganz a kloaner Bua, bisch't aufs Hochjoch aufikimmst, bist lei an alter Mo.«

Die Ferner am Hauptkamm vom Timmelsjoch zur Weißkugel entwässern zum Ötztal, und so ist dieses Tal das hauptsächliche Abflußrohr für die Gletscherschmelze, die in oftmals verheerendem Schwall hinab zum Inn tobte. Die Chronik verzeichnet Wasserkatastrophen zurück bis zum Jahre 1600, zuletzt 1848 und neuerdings wieder im August 1987, als Schneeschmelze und schwere Regenfälle zusammen das Ötztal auf weite Strecken verwüsteten.

Für den Fremdenverkehr stellen die Ötztaler Alpen eine gewaltige Naturarena für Sommer und Winter dar mit scheinbar unerschöpflichen Reserven – ein Trugschluß, wie die Katastrophe von 1987 und auch der unaufhaltsame Rückgang der Gletscher deutlich beweisen, der sich in den nächsten Jahrzehnten vielleicht dramatisch beschleunigen wird.

9

Ötztaler Hauptkamm

Im Kartenbild der Ötztaler Alpen fällt zuallererst ein dicker roter Strich auf: Er markiert die Staatengrenze zwischen Österreich und Italien und zugleich den Ötztaler Hauptkamm vom Timmelsjoch im Osten bis zum Reschenpaß im Westen. Messungen von Ort zu Ort ergeben etwa 80 Kilometer Länge, in Luftlinie nur wenig mehr als die Hälfte.

Aus der Geographie der Ostalpen wissen wir, daß die Ötztaler Alpen (siehe auch Seite 8/9) sich nicht nur vom Hauptkamm nach Norden, zum Inntal, sondern auch nach Süden, zum Südtiroler Vinschgau, ausbreiten. Der Hauptkamm teilt somit die Ötztaler Alpen sehr deutlich, er wirkt als Wasserscheide; seine eisüberwallte Barriere lenkt auch den Tourismus, für den er von Norden im Zugang durch das Gurgler, Venter und Kaunertal seit jeher ein weitaus stärkerer Magnet ist als aus der Sicht von Südtirol. Die Vergletscherung orientiert sich ausschließlich nach Norden; dorthin zeigen die namhaften Gipfel die beste, die attraktive, mit hohen Firnen geschmückte Seite.

Der östliche Abschnitt umschließt als Gurgler Kamm das gleichnamige Tal und setzt im Schwung von Ost nach West, vom Timmelsjoch zur Karlesspitze, mit der doppelgipfeligen Hochwilde die erste, wichtige Landmarke. Die Fortsetzung, auch als »Schnalser Kamm« angesprochen, trägt so bedeutende Gipfel wie die Hintere Schwärze, Similaun und Fineilspitze, ehe sie über Niederjoch und Hochjoch zur Weißkugel aufschließt.

Die genannten Jöcher öffnen, seit der Mensch sich zum Hauptkamm hinaufwagt, die bis heute wichtigen Übergänge zwischen Nord- und Südtirol, aus dem Venter Tal zum Schnalstal. Die Weißkugel und die Weißseespitze bilden das vergletscherte westliche Bollwerk mit großer Ausstrahlung nach Norden zum Venter und Kaunertal, nach Süden und Westen zum Schnalser und Langtauferer Tal.

Ausblick vom Hinteren Seelenkogel im östlichen Abschnitt des Ötztaler Hauptkammes. Vor uns die Hochwilde, der südöstliche Eckpfeiler des Hauptkammes, darunter der Längentaler Ferner im Abfluß nach Norden ins Gurgler Tal, am Horizont die Ortler-Alpen (Ortler rechts).

11

Ramolkamm

1 Nörderkogel
3163 m

Aussichtskanzel über Zwieselstein

mäßig schwierig
Wander-/Felstour

Das Bild auf Seite 8 zeigt den Nörderkogel, mit dem der Ramolkamm, ein Seitenast des Ötztaler Hauptkammes, hinab nach Zwieselstein ausläuft. Dort vereinigen sich die Gurgler und Venter Ache zur Ötztaler Ache, die alle nordseitigen Gletscherwasser des Hauptkammes im Quellgebiet vom Timmelsjoch bis zur Weißkugel hinaus zum Inn verfrachtet.

Das Kirchdorf Sölden (1367 m) ist als Gemeindesitz im inneren Ötztal der maßgebende Ort. Die westlichen Ausläufer der Stubaier Alpen und die Ötztaler Alpen rücken hohe Berge heran, wirklich dominierend jedoch ist nur ein Berg – der Nörderkogel, der von Süden die Talschaft grüßt. Hin-

ein nach Gurgl wirkt er weniger attraktiv, aus dem Söldener Raum jedoch wird niemand diesen Berg übersehen. Auch im fortgeschrittenen Sommer behauptet sich am Gipfel ein kleiner, aber deutlicher Firnfleck als Hinweis auf die Dreitausenderhöhe des Berges. Das schlichte Wort »Kogel« bedeutet die allgemeine Anrede für Berg, die Beifügung dazu präzisiert den Charakter, bezieht sich meist auf ein Landschaftsmerkmal oder auch nur auf die Position; beim Nörderkogel trifft letzteres zu. Der Name beflügelt Vorstellung und Phantasie, Alpenvereinsführer und -karte halten diese alte Anrede fest. Warum jedoch in den derzeitigen Wanderkarten der Berg als »Nederkogel« aufscheint, kann nur als sprachliche Verirrung verstanden werden.

Im Hinblick auf die Stellung zum Tal ist der Nörderkogel für Sölden der ideale Hausberg, vermeintlich viel besucht, da er eine großartige Aussicht bietet. Tatsächlich jedoch ist der »Nörder« eine fast einsame Persönlichkeit. So sehr sein Gipfel auch lockt, die 4- bis 5stündige Aufstiegsmühe (ab Obergurgl die gleiche Zeit) schreckt den durchschnittlichen Bergwanderer; nur ausdauernde, zähe Geher erreichen – bei gutem Wetter – das Gipfelkreuz in 3163 Meter Höhe. Das hohe Holzkreuz ist weithin sichtbar und deshalb eine ungemein starke Verführung, den Aufstieg zu versuchen. Die Talschaften von Sölden und Gurgl gedenken mit ihm der gefallenen Mitbürger im Ersten und Zweiten Weltkrieg.

Tourensteckbrief

Ausgangsort
Zwieselstein 1450 m im Ötztal.

Die Tour in Stichworten
Zwieselstein 1450 m – Parkplatz an der Straße nach Gurgl 1644 m – Lenzenalm 1896 m – Nörderkogel 3163 m.

Schwierigkeit/Anforderung
II = mäßig schwierig, Wander-/Felstour, große Anforderung, Tagestour.
Ab Parkplatz auf Steig oder Almstraße zur Lenzenalm. Nach Wegeschild »Nederkogel« mäßig steil zur Baumgrenze und über eine steinige Hochterrasse zur Abzweigung »Nedersee« (2436 m, 10 Min., Einmündung von Obergurgl). Weiter nach rechts, steil in Kehren durch eine Rinne zu einem markanten Sattel (ca. 2800 m); über den grobblockigen N-Rücken – Schneefeld nicht betreten! – zum Gipfel.
N-seitiger, markierter Routenverlauf, meist Steig, nur für ausdauernde Bergwanderer.

Höchste Wegestelle/Gipfel
Nörderkogel 3163 m.

Aufstiegsleistung
Ab Parkplatz 1500 Höhenmeter.

Abstieg   Wie Aufstieg.

Gehzeiten
Parkplatz 1644 m – Lenzenalm 1896 m: $^1/_2$ Std. – Nörderkogel 3163 m: 4 Std.; Abstieg: 3 Std. Gesamtgehzeit: $7^1/_2$ Stunden.

Hütten/Stützpunkte
Jausenstation Lenzenalm 1896 m.

Karten   Siehe Tour 2.

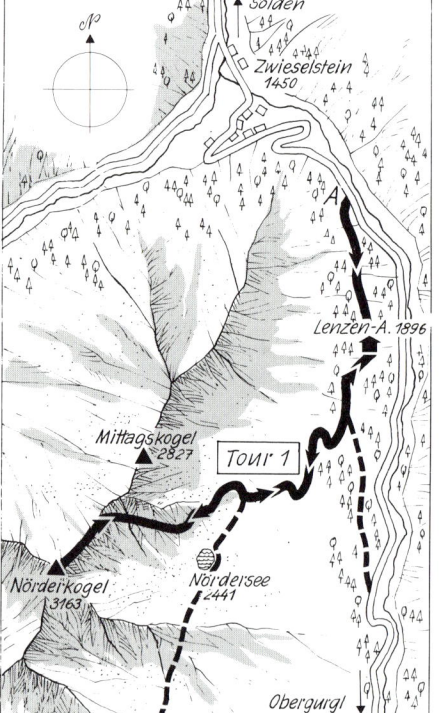

Gurgler Tal

Bergsteiger, die herein ins Ötztal kommen, wollen zumeist das große Eis am Hauptkamm und am Weißkamm erleben. Sölden ist dafür noch keine günstige Station, wir fahren eine Talstufe höher, hinauf nach Zwieselstein (1450 m), und haben dort die Wahl, entweder in das Venter (siehe Seite 29) oder in das Gurgler Tal einzuschwenken. Beide Täler wurzeln an den Säumen ewigen Eises, sie tragen den prächtigen und fast geradlinigen Stamm des Ötztales hinaus zum Inn.

Zwieselstein in enger Talweitung gilt als sehr alte Siedlung mit erster Erwähnung im Jahre 1269. Der Ort mag seit jeher hauptsächlich der Herberge gedient haben, denn die Säumer, die über Jahrhunderte hindurch das Timmelsjoch (2509 m) nach beiden Seiten überschritten, fanden hier das erste oder aber das letzte Dach über dem Kopf. Auch heute lebt Zwieselstein vom Gastbetrieb und eignet sich sehr gut zum sommerlichen Aufenthalt, denn die Talzweige von Vent und Gurgl locken Bergsteiger und Wanderer zu täglich neuen Unternehmungen. Von Zwieselstein aufwärts bleibt das Tal eng,

beidseits von dichtbewaldeten Steilflanken begleitet. Die Gurgler Ache rauscht tief unten, die bestens ausgebaute Straße schwingt durch ostseitige Hänge und erreicht bei Untergurgl eine wiesengeschmückte, gestreckte Talweitung – dort Abzweigung (1850 m) der Timmelsjoch-Hochalpenstraße – und endet bald danach in Obergurgl.

Obergurgl, Meereshöhe 1927 Meter, gilt als das höchstgelegene Kirchdorf der Ostalpen. Mit Lärchen und Zirben spärlich bewaldete Hänge rücken nah heran zum Ort, der kaum einen ebenen Fleck besitzt und seit langer Zeit auf begrüntem Moränenhügel siedelt. Bis herein zur Mitte unseres Jahrhunderts umstanden die bescheidene Kirche einige wenige Bauernhäuser, der Dorfkramer hatte für Leib, Haus und Hof meist nur das Allernotwendigste zu bieten, die Wirte

vielleicht 100 Gästebetten; ständig im Ort lebten etwa 200 Personen. Fremde kamen nur im Spätwinter zum Tourenskilauf, in größerer Zahl wieder im Sommer als Bergsteiger, die sich alsbald hinauf zu den Alpenvereinshütten verteilten.

Innerhalb der letzten Jahrzehnte hat Obergurgl sein altes Image verloren, aber zielstrebig ein neues als hochalpines Skizentrum aufgebaut. Die Dorfstraße schleust uns vorbei an vielstöckigen Hotelkästen zum kleinen Platz vor der Kirche, zu deren Spitzturm die Hotelgäste der oberen Stockwerke hinabschauen können. Hier steht auch das 1972 aufgestellte Bergführer-Denkmal (kleines Bild), gewidmet »Den Pionieren der Heimat«. Die ausgestreckte Hand des Bergführers weist symbolhaft den Ausweg – den Weg zum Berg.

Bild oben: Das Bergführerdenkmal am Dorfplatz von Obergurgl.

Bild links: Die Lenzenalm, eine vielbesuchte Jausenstation am Weg zum Nörderkogel.

Bild rechts: Die Gurgler Ache an der Einfahrt ins Gurgler Tal; im Hintergrund der Ramolkamm mit dem Schalfkogel.

2 Festkogel
3035 m

Gurgler Hausberg

wenig schwierig
Wander-/Felstour

Der Pistenskilauf beschlagnahmt in Obergurgl fast alle nordwestseitigen Hänge, so auch das baumlose Gelände, das aus dem Roßkar unter dem 3035 Meter hohen Festkogel über die »Gurgler Heide« direkt nach Obergurgl ableitet. Der Festkogel ragt als wenig ausgeprägte Felsspitze in einem kurzen Kammzug, den der Granatenkogel vom Hauptkamm entsendet. Durch die Position ist er für Gurgl der Hausberg, die Gipfelhöhe gewährt eine große Aussicht, für Bergwanderer die willkommene Information über die nahe Bergwelt im Umkreis.

Der Sessellift surrt nur im Winter, der Festkogel verlangt demnach einen Aufstieg von 1100 Höhenmetern. Auf dem durchgehend markierten Steig kapituliert jedoch so manch anfangs tatendurstige Wanderer, denn der Wegeverlauf ist – obwohl nur wenig schwierig – in fast gesamter Länge unnachsichtig steil.

Am Gipfel angekommen, bewundern wir Gurgler Berggeheimnisse im östlichen Abschnitt des Hauptkammes, die Gletscherwinkel am Granatenkogel, Hochfirst und an der Liebenerspitze.

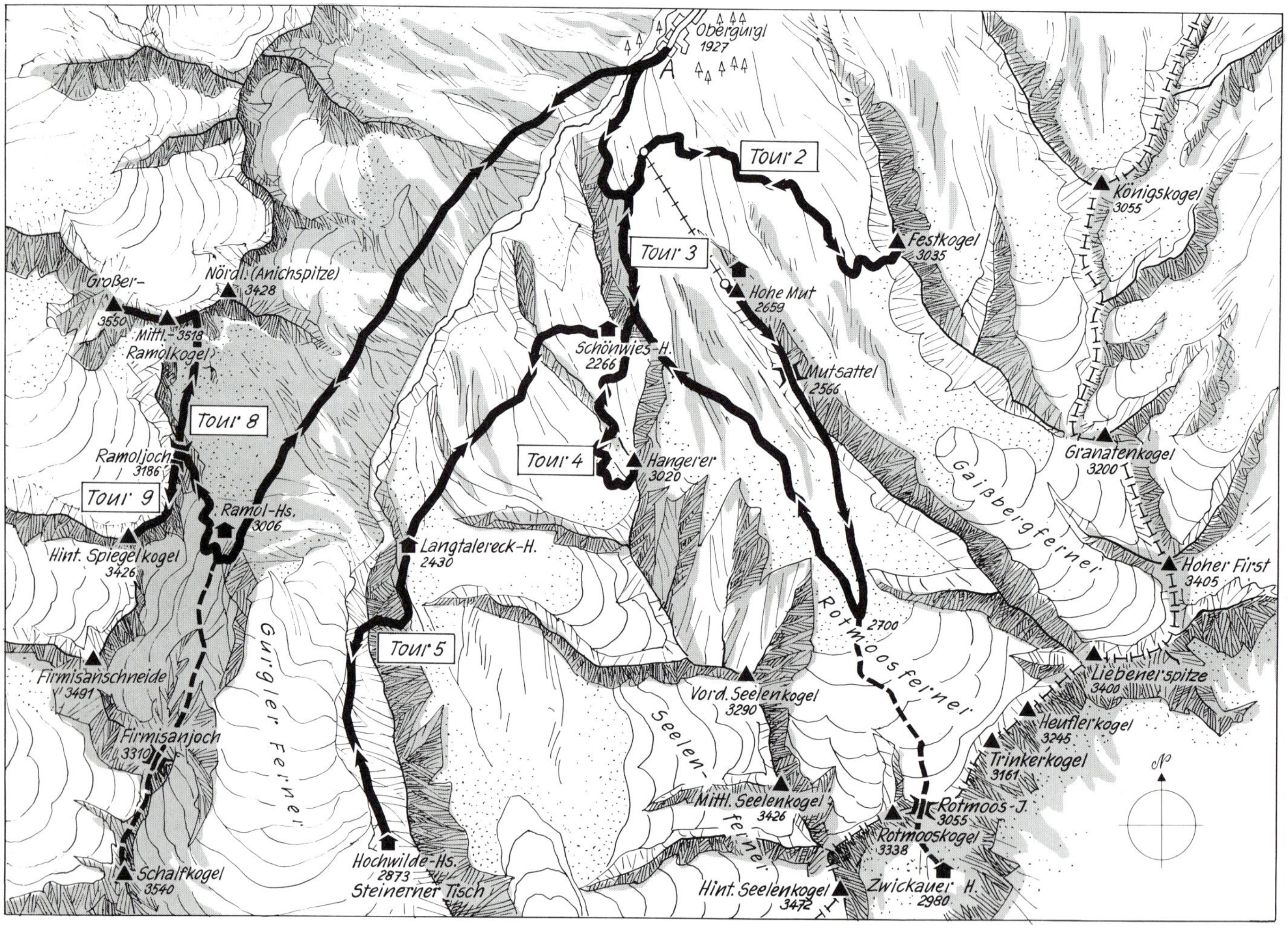

Bild Mitte: Auf dem Gipfel des Festkogels, einem leicht erreichbaren Aussichtsberg im Gurgler Nahbereich. Im Hintergrund der Wasserfallferner.

Bild rechts: Der Wasserfallferner und der Rotmoosferner spenden ihre Wasser der Rotmoosache, die in steiler Felsenklamm nahe der Schönwieshütte zur Gurgler Ache hinabschäumt.

Tourensteckbrief

Ausgangsort
Obergurgl 1927 m im Gurgler Tal.

Die Tour in Stichworten
Obergurgl 1927 m – Festkogel 3035 m.

Schwierigkeit/Anforderung
I = wenig schwierig, Wandertour,
mittlere Anforderung, Tagestour.
Von Obergurgl zur Liftstation Rumsoppen
(2080 m). Nach Schild »Festkogel« auf Steig
durch grasige Steilhänge höher zu einem markanten Steinmann (ca. 2500 m). Der ausgeprägte
Steig durchläuft eine grüne Hochterrasse, wendet
sich einem Felsköpfl zu, überschreitet es und erreicht über einen gut gangbaren, blockigen Gratrücken, geführt von Steinmännern, den Gipfelkamm.
NW-seitiger, markierter Routenverlauf, viel begangen.

Höchste Wegestelle/Gipfel
Festkogel 3035 m.

Aufstiegsleistung
Ab Obergurgl 1100 Höhenmeter.

Abstieg
Wie Aufstieg.

Gehzeiten
Obergurgl 1927 m – Festkogel 3035 m: $3^{1}/_{2}$ Std.
Abstieg: 2 Std.
Gesamtgehzeit: $5^{1}/_{2}$ Stunden.

Hütten/Stützpunkte   Keine.

Karten
Kompass Wanderkarte 1:50000, Blatt 43, »Ötz-
taler Alpen«; Freytag & Berndt WK 251 1:50000,
»Ötztal«; Alpenvereinskarte 1:25000, »Ötztaler
Alpen«, Blatt »Gurgl«.

3 Hohe Mut
2659 m
Rotmoosferner
2700 m
Schönwieshütte
2266 m

Hautnah am blanken Eis

wenig schwierig
Wandertour

Die wichtigste Liftanlage in Obergurgl ist die Sesselschaukel hinauf zur Hohen Mut (2659 m), auch im Sommer ist sie für Gurgl unverzichtbar. Weniger gehfreudigen Gästen schenkt der Lift ein müheloses Schauerlebnis, den Nahblick auf Eis und Fels, deshalb die Bezeichnung »Gletscherlift«. Der Höhenbummler nützt ab Bergstation den gefahrlosen Weg zu den Säumen des Rotmoos- und Wasserfallferners, der eiserfahrene Bergsteiger erhält Marscherleichterung für den Übergang zur Zwickauer Hütte auf der Südtiroler Seite des Hauptkammes. Dieser Abstecher nach Südtirol reduziert sich im Hin und Zurück auf eine Tagesreise, wir erleben die prickelnde Tuchfühlung mit blankem Eis – das Bild unten spiegelt die Faszination dieser Gletscherwelt. Die urhafte Ausstrahlung dieses Gurgler Winkels am Ötztaler Hauptkamm wirkt ungemein stark, und deshalb organisiert das Bergführerbüro Sölden in der Hauptsaison die Führung zur Zwickauer Hütte (2980 m). Spaziergänger verbummeln auf dem breiten, grasigen Rücken der Hohen Mut, gekühlt von Bergwind und Gletscherhauch, vielleicht einen ganzen Sonnentag, der zielstrebige Wanderer überschreitet die Senke des Mutsattels (2566 m) nach Süden, hinein zur Moräne des Rotmoosferners. Nach einer gemütlichen Gehzeit von 1$\frac{1}{2}$ Stunden stehen wir direkt über dem Rotmoosferner (siehe Bild unten). Auf der Moränenschneide etwas abwärts, wartet an einem großen, markanten Felsblock das erstrebte Ziel: die Stempelstelle »Rotmoosferner, 2700 m«. Nach erfolgter Bestätigung unserer Ankunft steigen wir hinab in das Rotmoostal, schlendern entlang quirliger Gletscherwasser hinaus zur Schönwieshütte und, wenn wir die Rotmoosache noch weiter verfolgen wollen, auf einem Pfad vorbei am Rotmoos-Wasserfall (siehe Bild Seite 15) zurück nach Obergurgl.

Die Stempelstelle »Rotmoosferner«, leicht erreichbar von der Bergstation Hohe Mut, vermittelt direkten Kontakt zum Rotmoosferner.

Tourensteckbrief

Ausgangsort
Obergurgl 1927 m im Gurgler Tal.

Die Tour in Stichworten
Obergurgl 1927 m – Bergstation Hohe Mut 2659 m – Stempelstelle Rotmoosferner 2700 m – Rotmoostal – Schönwieshütte 2266 m – Obergurgl.

Schwierigkeit/Anforderung
I = wenig schwierig, Wandertour, geringe Anforderung, Tagestour.
Von Obergurgl mit Sessellift oder zu Fuß zum »Gletscherlift« am Rumsoppen und Auffahrt zur Hohen Mut. Ab Bergstation nach Wegweisung über die Senke des grasigen Mutsattels (2566 m)

auf bequemem Steig fast horizontal hinein zur Rotmoosmoräne und zur Stempelstelle »Rotmoosferner, 2700 m«. Dort nach Markierung etwas steil hinab in das Rotmoostal und entlang der Rotmoosache fast eben hinaus zur Schönwieshütte. Auf Almstraße oder – landschaftlich interessanter – auf Fußweg, vorbei am Rotmoos-Wasserfall (siehe Bild Seite 15) nach Obergurgl. Durchgehend markierter Routenverlauf, Steig, geeignet auch als Familienwanderung.

Höchste Wegestelle/Gipfel
Hohe Mut 2659 m, Rotmoosferner 2700 m.

Aufstiegsleistung
Ab Bergstation Hohe Mut 100 Höhenmeter.

Abstieg
Siehe Tourenverlauf.

Am Weg von der Bergstation Hohe Mut zum Rotmoosferner; links der Rotmoosferner, in Bildmitte der Wasserfallferner.

Gehzeiten
Bergstation Hohe Mut 2659 m – Rotmoosferner 2700 m: $1^1/_2$ Std. – Schönwieshütte 2266 m: $1^1/_2$ Std. – Obergurgl 1927 m: 1 Std.
Gesamtgehzeit: 4 Stunden.

Hütten/Stützpunkte
Bergrestaurant Hohe Mut 2659 m;
Schönwieshütte 2266 m, privat, Sommer- und Winterbewirtschaftung.

Karten
Siehe Tour 2.

Ötztaler Hauptkamm

4 Hangerer
3020 m

Steile Pyramide über Schönwies

mäßig schwierig
Wander-/Felstour

Bild rechts: Der Hangerer im Blick vom Weg von Gurgl zum Ramolhaus. Der lange, helle Felsgrat trägt die Aufstiegsroute bis in Höhe des Firnfleckens in der dunklen Gipfelflanke, die wir nach rechts zum Westgrat queren.

Bild unten: Die Schönwieshütte im Gurgler Tal.

Tourensteckbrief

Ausgangsort
Obergurgl 1927 m im Gurgler Tal.

Die Tour in Stichworten
Obergurgl 1927 m – Schönwieshütte 2266 m – Hangerer 3020 m.

Schwierigkeit/Anforderung
II = mäßig schwierig, Wander-/Felstour, mittlere Anforderung, Tagestour.
Von Obergurgl auf Fahrweg zur Schönwieshütte. Dort nach Schild »Hangerer« auf markiertem Steig steil hinauf zur N-Schulter des Berges (Halsl, 2605 m).
Auf dem mit Blöcken durchsetzten Gelände nun gegen den Gipfelaufbau. In etwa 2800 m Höhe quert der teils mit Platten ausgelegte Steig in eine schattige N-Mulde und führt unterhalb des Gipfels – Achtung, meist Schnee, auch Eis! – schräg aufwärts hinaus zum W-Grat, Höhe dort ca. 2900 m. Über den gut gangbaren, aber schmalen Grat sehr steiler Schlußaufstieg.
N-seitiger, markierter Routenverlauf, teils Steig, nur für trittsichere Bergwanderer.

Höchste Wegestelle/Gipfel
Hangerer 3020 m.

Aufstiegsleistung
Ab Obergurgl 1100, ab Schönwieshütte 800 Höhenmeter.

Abstieg
Wie Aufstieg.

Gehzeiten
Obergurgl 1927 m – Schönwieshütte 2266 m: 1 Std. – Hangerer 3020 m: 2$\frac{1}{2}$ Std.; Abstieg: 3 Std.
Gesamtgehzeit: 6$\frac{1}{2}$ Stunden.

Hütten/Stützpunkte
Schönwieshütte 2266 m, privat, Sommer- und Winterbewirtschaftung.

Karten
Siehe Tour 2.

Mit dem Hangerer stellt dieser Tourenvorschlag nach dem Nörder und dem Festkogel den dritten Dreitausender vor; sie alle offerieren hinab nach Obergurgl eine eisfreie Tageswanderung. Der Hangerer steht als Endpunkt des Seelenkogelkammes am weitesten im Talinneren, seine hervorragende Position rückt uns nahe heran an das große Eis. Wieder stellen der Rotmoos- und der Wasserfallferner die Gletscherszenerie, dazu tritt die große Schau zum Ramolkamm, vom Schalfkogel bis hinaus zum Nörderkogel. Diese Information kann nützlich sein, wenn wir vorhaben, das Ramolhaus zu besuchen, und von dort den Ramolkogel besteigen wollen (siehe Tour 8).
Ausgangspunkt für den Aufstieg zum Hangerer ist die Schönwieshütte am Eingang zum Rotmoostal, Wegweiser sind die gut geformte Felspyramide des Gipfels und eine Holztafel. Aus den Hüttenwiesen lenkt ein Steig durch eine grasige Schrofenflanke hinauf zur sanften Nordschulter rechts des steil aufgerichteten Gipfels. Die Rotmooswiesen gehören dem Almvieh, die Schulter jedoch, 300 Meter darüber, ist eine herrliche, blumige Sommerweide für Ziege und Schaf. Grobes Blockwerk liegt auf dieser Höhe, von der Wanderkarte als »Halsl, 2605 m« bezeichnet. Die Route, gut markiert, zieht höher, leitet bei etwa 2800 Meter nach rechts in eine schattige Nordmulde. Dort wird die Tour etwas ernster: Hinaus zum Westgrat müssen wir ein auch meist im Hochsommer noch vorhandenes Schneefeld queren.
Der sehr steile Schlußanstieg über den Grat zum Gipfelkreuz fordert nochmals vollen Einsatz – aber die Aussicht vom Hangerer lohnt jede noch so große Mühe.

5 Langtalereck-Hütte 2430 m Hochwildehaus 2873 m Gurgler Ferner

»Am Steinernen Tisch«

wenig schwierig
Wandertour

Den weitesten Tagesmarsch von Gurgl hinauf zu einer Berghütte verlangt die Route: Schönwieshütte – Langtalereck-Hütte – Hochwildehaus. Bergsteiger starten mit Pikkel, Seil, Steigeisen und schweren Rucksäkken, Gehzeit 4 bis 5 Stunden; flinke Wanderer wagen sogar eine Tagestour im Hin und Zurück.

Die Verlockung, das Hochwildehaus zu besuchen, ist groß. Dort oben »Am Steinernen Tisch« in 2873 Meter Meereshöhe, einer westseitigen, sonnigen Schotterterrasse unter dem Schwärzenkamm, stimmt die urige Eiswelt ringsum den Bergfreund restlos glücklich. Weit vom geschäftigen Tal entfernt, öffnen wir Herz und Sinne, den Plunder und den Ballast des Tales haben wir im beschwerlichen Aufstieg abgelegt.

Wer nun – die Frage drängt sich auf – hat die Bergwelt am Gurgler und Langtaler Ferner erschlossen und die Hütten erbaut? Auf dem Geländeeck an der Einmündung des Langtales zum Gurgler Tal errichtete die Alpenvereinssektion Karlsruhe in den Jahren 1928/29 die nach der Örtlichkeit benannte Hütte, gedacht als Zwischenstation hinauf zum Gurgler Ferner und auch zur Tourenunterstützung am Langtaler Ferner. Bis zu dieser Zeit mußte oben »Am Steinernen Tisch« die kleine, im Jahre 1896 eröffnete Fidelitashütte dem Tourismus genügen. Rechtzeitig, noch vor dem großen Krieg, engagierte sich die Sektion Karlsruhe nochmals und stellte 1939 das heutige Hochwildehaus (siehe Bild unten) dazu.

Das Hochwildehaus am Gurgler Ferner; im Hintergrund der Ramolkamm mit dem Stock der Ramolkögel.

Der Gurgler Ferner im Ausblick vom Ramolhaus. Von links Annakogel und Hochwilde, der dunkle Mitterkamm, Bankkogel, Falschungspitze und Karlesspitze.

Der Gurgler Ferner Seit 1919 verläuft die Grenze zwischen Österreich und Italien über seine höchsten Firne, vom Hochwilde-Nordgipfel (3461 m) zur Karlesspitze (3465 m). Am Hochwildehaus überblicken wir die weite Ausdehnung des Gurgler Ferners hinauf zu diesen Eckpfeilern im Hauptkamm, mit dem Doppelgipfel der Hochwilde ist dies eines der prächtigsten Bilder der Ostalpen.

Diese Gletscherwelt – so meinen wir – sei unvermindert zeitlos, aber wie alle Gletscher, so unterliegt auch der Gurgler Ferner einer ständigen Zehrung; noch ist er 11 Quadratkilometer groß und 8 Kilometer lang. Im Jahre 1931 – damals etwa 14 Quadratkilometer Eisfläche – gelangte der Gurgler Ferner plötzlich in die Schlagzeilen der Weltpresse: Am 27. Mai mußte Professor Piccard mit seinem Stratosphärenballon im Hochbecken notlanden. An dieses Ereignis erinnert ein Denkmal in Obergurgl.

Tourensteckbrief

Ausgangsort
Obergurgl 1927 m im Gurgler Tal.

Die Tour in Stichworten
Obergurgl 1927 m – Schönwieshütte 2266 m – Langtalereck-Hütte 2430 m – Hochwildehaus 2873.

Schwierigkeit/Anforderung
I = wenig schwierig, Wandertour,
große Anforderung, Tagestour.
Ab Obergurgl auf Fahrweg, vorbei an der Schönwieshütte, zur Langtalereck-Hütte. Dort fast 100 m Höhenverlust hinunter zum Langental und auf einer Brücke (2347 m) über den Langenbach. (Der Langenbach entwässert den Langtaler Ferner und mündet unterhalb des Langtalerecks in die Gurgler Ache, den Abfluß des Gurgler Ferners.) Der nun folgende Aufstieg zum Hochwildehaus quert den N-seitigen, schrofigen Auslauf des Schwärzenkammes, der Steig schneidet steil, auch ausgesetzt in Kehren diesen N-Fuß und erreicht auf etwa 2600 m Höhe die Randmoräne des Gurgler Ferners. Auf ihr in mäßiger Steigung hinauf zum Hochwildehaus.
N-seitiger Routenverlauf, durchgehend markiert, als Tagestour nur für ausdauernde Bergwanderer, viel begangen.

Höchste Wegestelle/Gipfel
Hochwildehaus 2873 m.

Aufstiegsleistung
Ab Obergurgl 1100 Höhenmeter.

Abstieg
Wie Aufstieg.

Gehzeiten
Obergurgl 1927 m – Schönwieshütte 2266 m – Langtalereck-Hütte 2430 m: $2^1/_2$ Std. – Hochwildehaus 2873 m: 2 Std. Abstieg: $3^1/_2$ Std. Gesamtgehzeit: 8 Stunden.

Hütten/Stützpunkte
Schönwieshütte 2266 m, siehe Tour 4;
Langtalereck-Hütte 2430 m, DAV-Sektion Karlsruhe, 45 Betten und Matrazen, bew. von Anfang Juli bis Ende Sept.;
Hochwildehaus 2873 m, DAV-Sektion Karlsruhe, 90 Betten und Matrazen, bew. von Anfang Juli bis Mitte Sept.

Karten
Siehe Tour 2.

Tip
Übergang zum Ramolhaus siehe Tour 8.
Mit Rückkehr nach Obergurgl ergibt sich eine sehr lohnende Zweitage-Tour. Achtung: Nur bei guten Sichtverhältnissen am Gurgler Ferner ratsam!

6 Annakogel 3336 m Hochwilde-Nordgipfel 3461 m

Die »Hohe Wilde«, Glanzpunkt im Hauptkamm

*sehr schwierig
Gletscher-/Felstour*

Am Hochwildehaus. In der Lacke spiegelt sich der im Gurgler Ferner plazierte Mitterkamm, links Annakogel und Hochwilde, rechts Bankkogel und Falschungspitze.

Im Ausblick vom Hochwildehaus sehen wir von der Hochwilde nur den Gipfelaufbau, zwei mit Eis geschmückte Felsspitzen: Nordgipfel (3461 m), Südgipfel (3482 m). Die Basis des Berges verdeckt ein starker Gletscherwulst, der 3336 Meter hohe Annakogel. Von Norden gesehen, verbirgt die »Hohe Wilde« demnach ihren alpin-geographischen Anspruch, zu sehr dominiert der Gurgler Ferner. Ein gewaltiges Fundament setzt sie jedoch nach Süden, dort bildet ihr Massiv ein scharfes Eck; der Gurgler Kamm, Teilstrecke des Hauptkammes, schwenkt an der Hochwilde stark nach Nordost in Richtung Timmelsjoch. Diese Position bestimmt die Hochwilde zum südöstlichen Eckpfeiler der Ötztaler Alpen, das Bild auf den Seiten 10 und 11 läßt diese Bedeutung sehr gut erkennen.

Das Hauptziel aller Bergsteiger, die herauf zum Hochwildehaus kommen, ist der Nordgipfel unserer Hüttenpatin. In Luftlinie ragt die Hochwilde in knapp 5 Kilometern Entfernung, und diese Distanz ist bis fast zum Gipfelkreuz eine Gletschertour, besonders erlebnisreich in der Route über den vorgelagerten Annakogel, die den Fotografen mit dem Motiv von Seite 23 belohnt.

Der Gurgler Ferner umschließt in seinen. Hochbecken eine Felseninsel, den Mitterkamm; an seinem südlichen Felsansatz müssen wir entscheiden: entweder Direktaufstieg oder Überschreitung Annakogel – Hochwilde. An einem sicheren, schönen Tag, bei entsprechender Kondition, sollten wir die letztere Möglichkeit annehmen, und, noch ohne es zu wissen, ziehen wir damit das große Los: Eindrucksvoller als vom Annakogel aus können wir die Hochwilde nicht sehen, der Routenverlauf zum Nordgipfel liegt offen; erst mit diesem Bild (siehe Seite 23) erfährt diese herrliche Ötztaler Tour die Vollendung!

Vom Annakogel beobachten wir die Seilschaften im Aufstieg zur Firnschneide am Nordgipfel, über südseitige Gratabsätze des Annakogels eilen wir ihnen nach und treffen eine Stunde später ebenfalls am Gipfelkreuz ein.

Fantastisch die Aussicht! Der Erstersteiger Hans Lutze von Wurmb schrieb im August 1871 in das Gurgler Fremdenbuch:

*»Diese Partie
übertrifft an Großartigkeit Alles, was
ich bis jetzt gesehen habe.«*

Tourensteckbrief

Ausgangsort
Obergurgl 1927 m im Gurgler Tal.

Die Tour in Stichworten
Obergurgl 1927 m – Langtalereck-Hütte 2430 m
– Hochwildehaus 2873 m – Annakogel 3336 m –
Hochwilde-Nordgipfel 3461 m.

Schwierigkeit/Anforderung
IV = sehr schwierig, Gletscher-/Felstour,
mittlere Anforderung, 2^1/$_2$-Tage-Tour.
Zum Hochwildehaus siehe Tour 5.
Ab Hochwildehaus auf Steig, Steinmänner, in
Richtung Gurgler Ferner. Am Ferner vorteilhaf-
ter auf dem Moränensteig nach links höher zu
zwei auffallenden Steinmännern mit Stange (ca.
2900 m), dort Übertritt zum Gletscher und nach
Stangenmarkierung in mäßiger Steigung hinauf
zu Pt. 3150 AV-Karte am S-Auslauf des Mitterkammes. Über Firn oder ausgeaperten, kleinplat-
tigen Schotter etwas steil hinauf zum Steinmann
am Annakogel. Ab Gipfel über Firn und wenig
schwierige Felshöcker abwärts zum Gletscher, zur

Aufstiegsroute zum Nordgipfel. (Hierher auch
von Pt. 3150 im Direktzugang.) Steil höher zur
Firnschneide, die zu zwei Grattürmen ausläuft.
Der erste Turm wird rechts umgangen, der zweite
Turm gibt nach Überschreitung den steilen
Schlußaufstieg frei: Über Fels und Eis ausgesetzt
zum Kreuz am Nordgipfel.
Anspruchsvolle Gletschertour, N-seitiger, über-
sichtlicher Routenverlauf, meist Trasse; nur für
erfahrene, in ausgesetztem kombinierten Gelände
(Fels/Eis) sichere Bergsteiger.

Höchste Wegestelle/Gipfel
Annakogel   3336 m,   Hochwilde-Nordgipfel
3461 m.

Aufstiegsleistung
Ab Hochwildehaus 600 Höhenmeter.

Gehzeiten
Zum Hochwildehaus siehe Tour 5.
Hochwildehaus 2873 m – Annakogel 3336 m:
2^1/$_2$ Std. – Hochwilde-Nordgipfel 3461 m:
1^1/$_2$ Std.
Abstieg: 3 Std.
Gesamtgehzeit: 7 Stunden.

*Bild oben: Im Aufstieg über den Gurgler
Ferner zur Hochwilde in Richtung zum Süd-
auslauf des Mitterkammes. Links Annakogel,
dahinter Hochwilde-Nord- und Südgipfel.*

*Bild rechts: Der Anblick des Hochwilde-
Nordgipfels mit der Aufstiegsroute, gesehen
vom Annakogel.*

Hütten/Stützpunkte
Langtalereck-Hütte 2430 m, siehe Tour 5;
Hochwildehaus 2873 m, DAV-Sektion Karlsruhe,
90 Betten und Matratzen, bew. von Anfang Juli
bis Mitte Sept.

Karten
Kompass Wanderkarte 1 : 50 000, Blatt 43, »Ötz-
taler Alpen«; Freytag & Berndt WK 251 1 : 50 000,
»Ötztal«; Alpenvereinskarte 1 : 25 000, »Ötztaler
Alpen«, Blatt »Gurgl«.

Tip
Vom Hochwilde-Nordgipfel auf dem Gustav-Bek-
ker-Weg Übergang zum Südgipfel 3482 m, ausgesetzte Felsroute; 1 Stunde.

7 Schalfkogel
3540 m

Firnkrone über dem Gurgler Ferner

schwierig
Gletscher-/Felstour

Bild rechts oben: Am Ramolhaus beobachten wir den frühen Morgen, der Firn und Schalfkogel rötet. Die Route vom Ramolhaus zum Schalfkogel quert den Gletscher in Richtung zum Vorgipfel.

Bild rechts unten: Zum Hochwildehaus zeigt der Schalfkogel die beste Seite. Der Aufstieg läuft über den Hanggletscher zum sichtbaren Schalfkogeljoch, dort nach rechts über den Südrücken zum Gipfel.

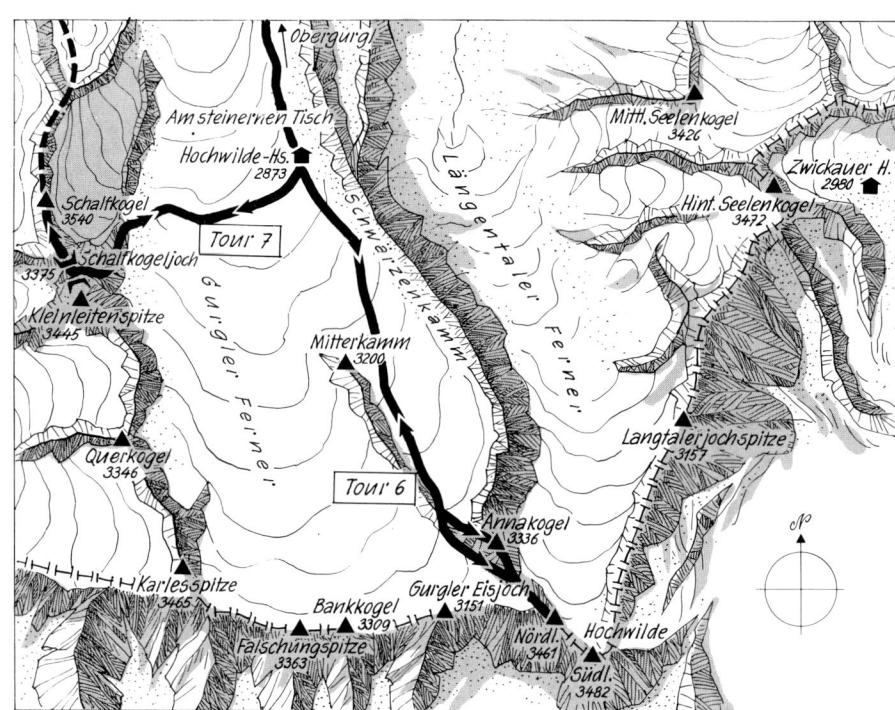

Die vergletscherten Dreitausender im Gurgler Kamm von der Hochwilde zur Karlesspitze blinken aus 4 Kilometern Entfernung herab zum Hochwildehaus. Sehr nah jedoch, durch den an der Alpenvereinshütte nur einen Kilometer breiten Eisfluß des Gurgler Ferners getrennt, erhebt sich westlich unseres Stützpunktes der Schalfkogel. Unwillkürlich betrachten wir immer wieder diesen Berg. Warum? Der blendend weiße, sanft gewölbte Firngiebel, gestützt von einer schwarzen Felsmauer, die gewellte Gletscherschleppe vom Schalfkogeljoch über fast 600 Höhenmeter herab zum Sturz in den Gurgler Ferner: So gesehen, ist der Schalfkogel das klassische Beispiel einst gänzlich vom Eis überwallter kristalliner Gesteine – »Ötztaler Kristallin«, das mehr sanfte als schroffe Höhen ausbildet. Vor dem Eis war der Stein, Fels, den wir im Zentralalpenbereich laienhaft zusammenfassend gerne als Urgestein ansprechen. In der letzten Eiszeit vor 20 000 Jahren entragten dem gewaltigen Gletschermeer nur die höchsten Gipfel, unser Schalfkogel mag damals ein Eishügel gewesen sein. Die Abschmelzung seitdem legte den Berg bloß, beließ ihm aber herab zum Gurgler Ferner einen noch starken, geklüfteten Hängegletscher, den wir meistern müssen, wollen wir vom Hochwildehaus den Schalfkogel besteigen.
Der 3540 Meter hohe Schalfkogel steht nicht im Hauptkamm, im Ramolkamm von der Karlesspitze (3465 m) nach Norden zum Großen Ramolkogel (3550 m, siehe Tour 8)

besitzt er eine ausgezeichnete Position inmitten von großem Ötztaler Eis. Der Ausblick am Hochwildehaus über den Gurgler Ferner im Flug vom Schalfkogel zum Ramolkogel bleibt am Steinwürfel des Ramolhauses (3006 m) hängen. Ziehen wir die Linie: Hochwildehaus – Schalfkogel – Ramolhaus, erkennen wir darin eine geradezu klassische Ötztaler Hochtour, die von beiden Hütten aus regelmäßig gegangen wird. Auch als Stichtour von den genannten Stützpunkten wird der Schalfkogel häufig besucht.
Im Aufstieg vom Hochwildehaus ist das verfirnte Schalfkogeljoch (3375 m) die Station, die letztlich die Tour entscheidet und den Gipfel freigibt. Das Bild rechts unten zeigt den gesamten Routenverlauf, für gletschererfahrene Leute wird es bei guten Verhältnissen keine unangenehmen Überraschungen geben. Bei unserer ersten Tour zum Schalfkogel (siehe »Hohe Route Ostalpen«, 1974) habe ich ab Schalfkogeljoch notiert: »Seil und Steigeisen, finden wir, sind notwendig, alles andere kann warten. Leichte Felsen, Schotter, ausgesetzte Firnhangquerung, luftiger Gang auf einem Schneefirst zum höchsten Punkt. Trittsichere Geher genießen diese knapp 200 Höhenmeter zum Gipfel.«
Die Ötztaler Bergwelt wächst empor, vom geräumigen Scheitel des Schalfkogels blikken wir fast ergriffen in alle Richtungen, uns dünkt, kein Berg im Umkreis sei höher, eine Empfindung, die auch den Erstbesteiger Frédéric Mercey 1839 bewegte.

Tourensteckbrief

Ausgangsort
Obergurgl 1927 m im Gurgler Tal.

Die Tour in Stichworten
Obergurgl 1927 m – Hochwildehaus 2873 m – Schalfkogeljoch 3375 m – Schalfkogel 3540 m.

Schwierigkeit/Anforderung
III = schwierig, Gletscher-/Felstour, mittlere Anforderung, 2½-Tage-Tour.
Zum Hochwildehaus siehe Tour 5.
Vom Hochwildehaus hinab zum Gurgler Ferner, Querung zum Sockelfels (ca. 2800 m) unter dem Steilgletscher herab vom Schalfkogeljoch. Am rechtsseitigen Fels höher, an geeigneter Stelle in den Gletscher. Querung nach links und aus dem Hochbecken hinauf zum Schalfkogeljoch; nach rechts über Firn und Fels mäßig steil zum Gipfel. O- und S-seitiger Routenverlauf, meist Trasse, nur für erfahrene Gletschergeher.

Höchste Wegestelle/Gipfel
Schalfkogeljoch 3375 m, Schalfkogel 3540 m.

Aufstiegsleistung
Ab Gurgler Ferner 800 Höhenmeter.

Abstieg
Wie Aufstieg, oder zum Ramolhaus.

Gehzeiten
Zum Hochwildehaus siehe Tour 5.
Hochwildehaus 2873 m – Schalfkogeljoch 3375 m: 3½ Std. – Schalfkogel 3540 m: ½ Std. Abstieg 2½ Std.
Gesamtgehzeit: 6½ Stunden.

Hütten/Stützpunkte
Siehe Tour 6.

Karten Siehe Tour 6.

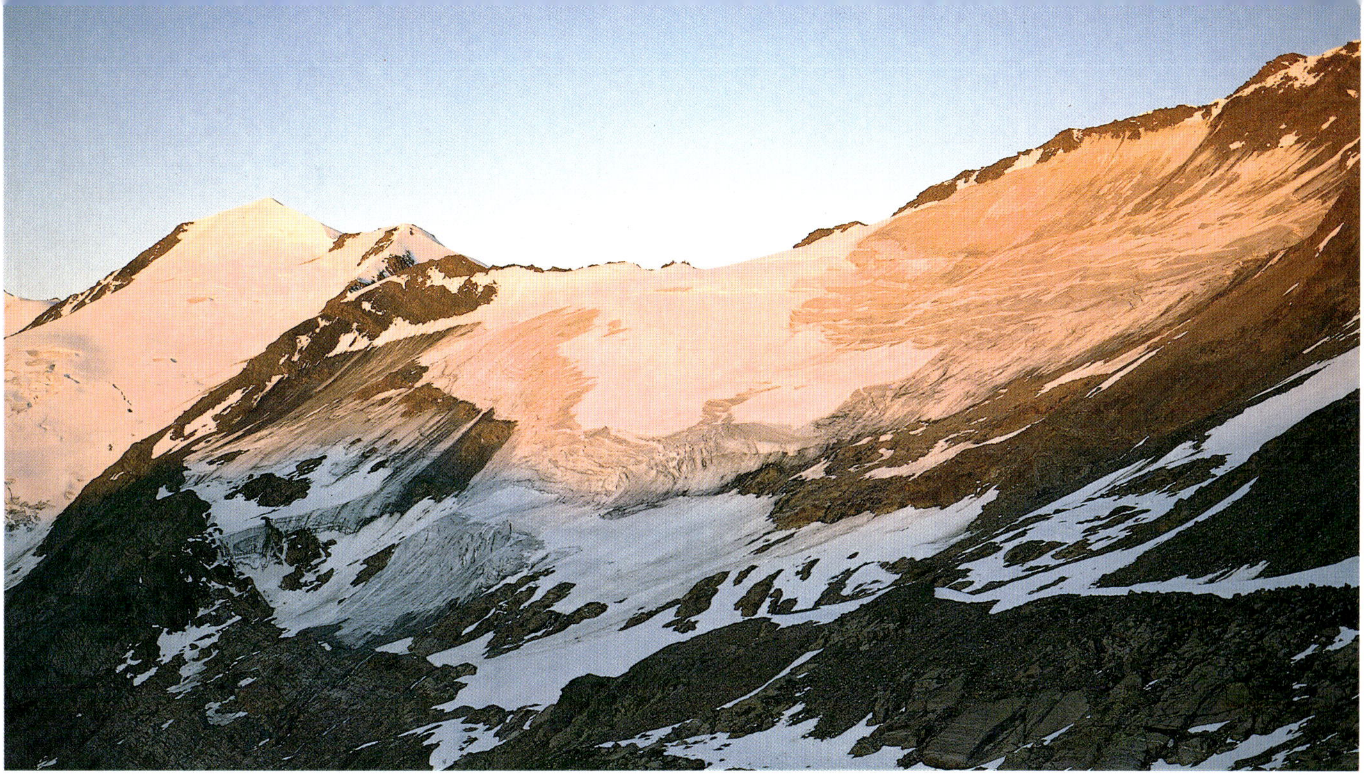
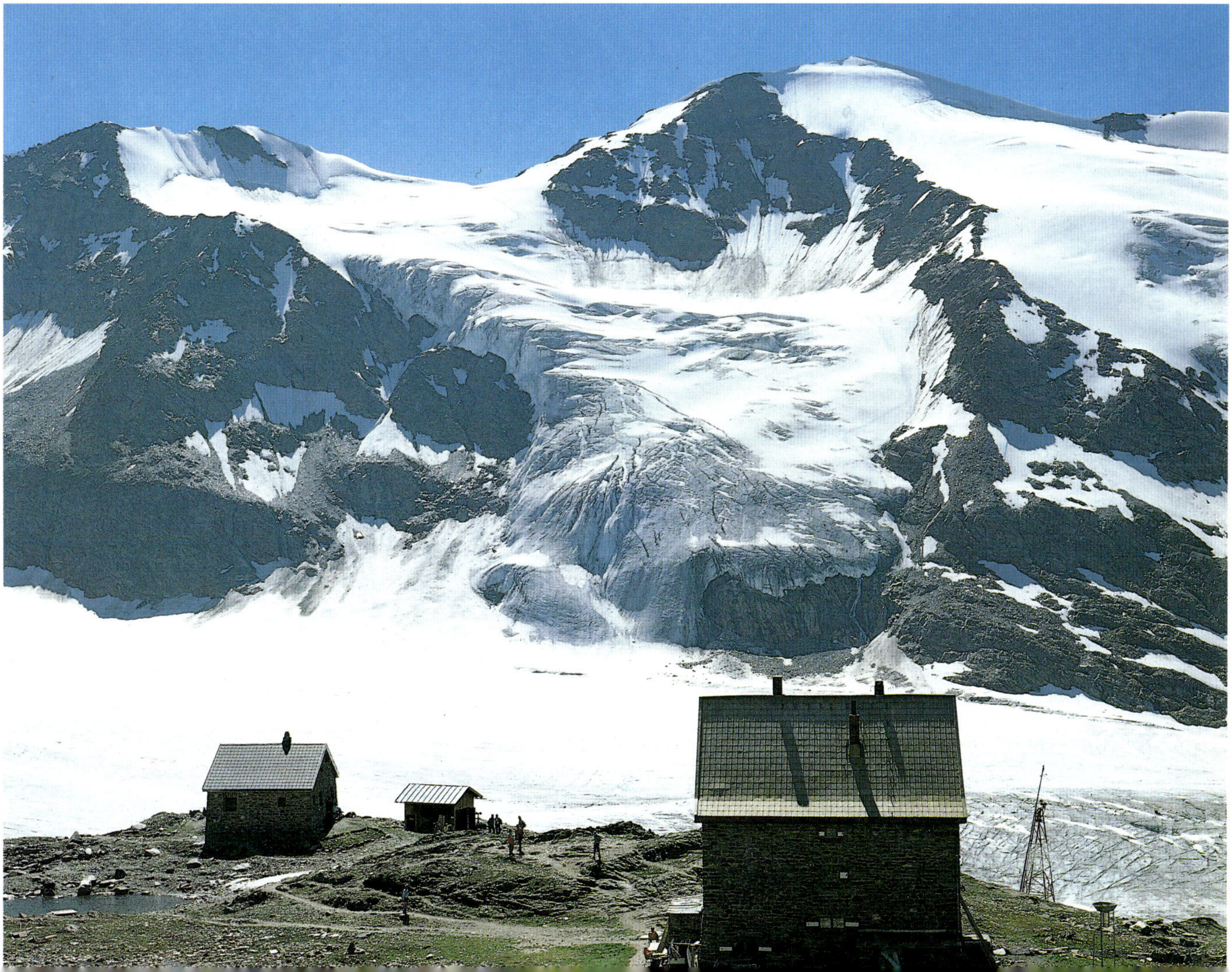

8 Ramolhaus 3006 m
Großer Ramolkogel 3550 m

Das »Hamburger Haus« auf Ramol

*schwierig
Gletscher-/Felstour*

Die hohe Position des Ramolhauses öffnet den Blick über fast alle Winkel der Gurgler Bergwelt: über dem Gurgler Ferner der Ötztaler Hauptkamm von der Hochwilde (links) zur Karlesspitze. In Fallinie von der Hochwilde erkennen wir als kleinen Punkt das Hochwildehaus.

Berghütten auf über 3000 Meter haben in den Ostalpen Seltenheitswert. In den Ötztaler Alpen gibt es davon zwei: das Brandenburger Haus (3272 m) am Gepatschferner und das hoch über dem Abfluß des Gurgler Ferners auf einem Felsabsatz in 3006 Meter Höhe, dem »Köpfle«, errichtete Ramolhaus. Mit diesem Stützpunkt hat Obergurgl ein besonderes Ziel für gehtüchtige Wanderer, ein Tagesausflug dorthin ist bei Bergwetter ein Hochgenuß.

Der Ramolweg schneidet in schonender, gleichmäßiger Steigung sonnige, in frischem Grün prangende Südosthänge, berührt ungezählte Wasser, die hoch oben in entlegenen Karbuchten entspringen und Silberfäden hinab zur Ache auslegen. Verfallene Steinhütten erzählen, daß der Gurgler Bauer früherer Zeiten auch dieses Terrain in weit über 2000 Meter Höhe für Mahd und Weide wohl zu nützen wußte. Ungemein freundlich also ist diese Hüttentour, wir sollten jedoch rechtzeitig aufbrechen, denn der Ramolweg bekommt früh am Morgen die volle Sonne. Das Haus rückt bald ins Blickfeld, bei etwa 2800 Meter steht es zwar direkt, aber hoch über dem Weg, der uns im nun steilen Schlußaufstieg doch etwas fordert. Nach 4 Stunden Gehzeit betreten wir die südseitig gelegene Hüttenterrasse, schauen uns um und wissen: Dieser Platz ist eine Ötztaler Aussichtskanzel ohnegleichen! Wohin? Zu den Gipfeln und Firnen im Gurgler Kamm von der Karlesspitze bis zum Timmelsjoch. Der Glanz des nahen Gurgler Ferners blendet das Auge, wir winken hinüber zum Hochwildehaus – die Route dorthin können wir voll einsehen.

Die Erschließungsgeschichte der Ostalpen erzählt: »Das Ramolhaus wurde 1883 eröff- net« – damals als privater Stützpunkt. Nach 1920 erwarb die Alpenvereinssektion Hamburg den Platz und schenkte dieser stolzen Höhe das solide, aus Stein errichtete Haus. Der Bergsteiger kommt zum Ramolhaus, um den Ramolkogel zu besteigen.

Der Name »Ramol« konzentriert sich in einem nördlich nahegelegenen Bergstock und benennt einen Kleinen (3351 m), Mittleren (3518 m), Großen (3550 m) und Nördlichen Ramolkogel (3428 m), dazu ein wichtiges Joch und einen kleinen Gletscher. Das Joch und den unbedeutenden Kleinen Ramolkogel passieren wir im Aufstieg über den Ramolferner zu einem deutlichen Firn- sattel in 3367 Meter Höhe. Der Nördliche Ramolkogel – auch als Anichspitze bezeichnet, ein Name, der sich aber leider nicht durchsetzt – bleibt rechts; linker Hand klettern wir über einen steilen Blockgrat hinauf zum Felsgipfel des Mittleren Ramolkogels. Diese Höhe, 3518 Meter ü. d. Meer, an klaren Tagen mit einer Fernsicht zum Ortler, zur Bernina, zu den Dolomiten, erfüllt wohl für viele Bergsteiger den Anspruch an diese Tour. Der Große Ramolkogel erscheint nah – nur noch ein blockiger Felsgrat fast horizontal zu seinem Fels- und Firngipfel. Für Leute, die es genau wissen wollen, ist er das Nonplusultra im Ramolkamm.

Tourensteckbrief

Ausgangsort
Obergurgl 1927 m im Gurgler Tal.

Die Tour in Stichworten
Obergurgl 1927 m – Ramolhaus 3006 m – Mittlerer Ramolkogel 3518 m – Großer Ramolkogel 3550 m.

Schwierigkeit/Anforderung
III = schwierig, Gletscher-/Felstour, mittlere Anforderung, 2-Tage-Tour.
Von Obergurgl hinab zur Ache und auf dem »Ramolweg« zum Ramolhaus. Ab Hütte auf Steig zu einer nahen Felsschulter mit Steinmann, von dort etwas abwärts zum Ramolferner. Auf dem Gletscher – meist Trasse – vorbei am Ramoljoch (dorthin Wegezeichen) in mäßiger Steigung zum Firnsattel (3367 m) zwischen Mittl. und Nördl. Ramolkogel. Aus dem Sattel über nordöstl.

blockigen Felsgrat steil, teils ausgesetzt, zum Mittl. Ramolkogel und über einen fast horizontalen, schmalen Fels- und Firngrat zum Großen Ramolkogel.
Ab Ramolhaus unmarkierter, SO-seitiger Routenverlauf, nur für trittsichere Bergsteiger.

Höchste Wegestelle/Gipfel
Mittl. 3518 m, Gr. Ramolkogel 3550 m.

Aufstiegsleistung
Ab Obergurgl 1700, ab Ramolhaus 600 Höhenmeter.

Abstieg Wie Aufstieg.

Gehzeiten
Obergurgl 1927 m – Ramolhaus 3006 m: 4 Std. – Mittl. Ramolkogel 3518 m: $2^1/_2$ Std. – Gr. Ramolkogel 3550 m: $^1/_2$ Std. Abstieg Ramolhaus: $2^1/_2$ Std.
Gesamtgehzeit: $5^1/_2$ Stunden ab Ramolhaus.

Hütten/Stützpunkte
Ramolhaus 3006 m, DAV-Sektion Hamburg, 65 Betten und Matratzen, bew. von Anfang Juli bis Mitte Sept.

Karten
Siehe Tour 6.

Tip
Übergang vom Ramolhaus zum Hochwildehaus: Abstieg zum Gurgler Ferner (ca. 2500 m), Querung zu einer jenseitigen Stangenmarkierung (ca. 2600 m), dort über Moränenfels hinab zum Talzugang von Obergurgl.

Ausblick vom Hochwildehaus zu den Ramolkögeln (Bildmitte), links der Spiegelkogel. Das Ramolhaus steht auf der kleinen Felsspitze vor dem hellen Firn des Ramolferners.

9 Ramoljoch 3186 m Hinterer Spiegelkogel 3426 m

Am Übergang von Gurgl nach Vent

*schwierig
Fels-/Gletschertour*

Tourensteckbrief

Ausgangsort
Obergurgl 1927 m im Gurgler Tal.

Die Tour in Stichworten
Obergurgl 1927 m – Ramolhaus 3006 m – Ramoljoch 3186 m – Hinterer Spiegelkogel 3426 m.

Schwierigkeit/Anforderung
III = schwierig, Fels-/Gletschertour, mittlere Anforderung, 2-Tage-Tour.
Zum Ramolhaus siehe Tour 8.
Ab Ramolhaus zu einer nahen Felsschulter mit Steinmann, dort etwas abwärts zum Ramolferner und nach Stangenmarkierung zum sichtbaren Ramoljoch. Vom Joch auf teils überfirntem Felsgrat zu einem Vorköpfl (ca. 3250 m), das den Eintritt in die abschüssige Firnschneide vermittelt, die bis zum Gipfel begangen werden muß. Achtung, sehr schmal und ausgesetzt!
N-seitiger Routenverlauf, nur für sichere Eisgeher.

Höchste Wegestelle/Gipfel
Ramoljoch 3186 m, Hint. Spiegelkogel 3426 m.

Aufstiegsleistung
Ab Ramolhaus 400 Höhenmeter.

Abstieg
Wie Aufstieg; ab Ramoljoch Abstieg nach Vent oder Übergang zur Martin-Busch-Hütte möglich.

Gehzeiten
Obergurgl 1927 m – Ramolhaus 3006 m: 4 Std. – Ramoljoch 3186 m – Hint. Spiegelkogel 3426 m: 2 Std.; Abstieg Ramolhaus: $1^1/_2$ Std.
Gesamtgehzeit: $3^1/_2$ Stunden ab Ramolhaus.

Hütten/Stützpunkte
Ramolhaus 3006 m, DAV-Sektion Hamburg, 65 Betten und Matratzen, bew. von Anfang Juli bis Mitte Sept.

Karten
Siehe Tour 6.

Tip
Übergang zur Martin-Busch-Hütte ab Ramoljoch markiert, 4 Stunden.

Der Spiegelkogel – die Gratkerbe markiert das Ramoljoch –; der Aufstieg zum Gipfel verläuft vom Joch im Winkel von links nach rechts.

»**Das Ramoljoch** hat zweifellos schon in vortouristischer Zeit den Bewohnern der benachbarten Thäler (Gurgl und Vent) als Verbindung gedient. Wann es von ersten Touristen überschritten wurde, wird wohl kaum mehr festzustellen sein, um so weniger, als das älteste Fremdenbuch in Gurgl nur bis 1830, jenes von Vent gar nur bis 1847 zurückreicht.«
Dies erfahren wir aus der Chronik, und gut läßt sich daraus ableiten, warum als Vorgänger des heutigen Ramolhauses schon im vergangenen Jahrhundert am Joch eine private Unterkunft existierte. Über das 3186 Meter hohe Ramoljoch läuft die kürzeste Fußverbindung zwischen Gurgl und Vent, der »Ramolweg« war bis zur Mitte unseres Jahrhunderts für die einheimische Bevölkerung eine Notwendigkeit. Heute fährt das Auto auf guter Straße über Zwieselstein hierhin wie dorthin, der Tourist aber plagt sich hinauf zum Joch und braucht in jedem Falle das Ramolhaus als Rastplatz oder Bleibe.
Das Ramoljoch ist eine Felsenkerbe zwischen dem Kleinen Ramolkogel und dem Hinteren Spiegelkogel; im kurzen Weg über den Ramolferner sind wir in 30 Minuten an Ort und Stelle, nach Vent (1896 m) sollten wir mit $2^1/_2$ Stunden Gehzeit rechnen. Wollen wir aber vom Joch zur Martin-Busch-Hütte (2501 m), zweigen wir bei etwa 2800 Meter ab, fädeln im Niedertal bei der Schäferhütte (2230 , siehe Bild rechts) in den Talweg ein und erreichen nach insgesamt etwa 4 Wanderstunden unser Ziel.

Der Spiegelkogel zeigt hinab nach Vent sein Gesicht. Nehmen wir den Namen wörtlich, muß der Kogel mit einem Spiegel vergleichbar sein. Der »Spiegel« ist ein fast glatter, blendend weißer, nach Vent ausgerichteter Hängegletscher, der schlichte Kogel gewinnt durch ihn seine glänzende Erscheinung. Im Aufstieg vom Ramolhaus zum Joch leuchtet bei Wetterglück der »Spiegel« in faszinierendem Weiß über dunklem Fels vor tiefblauem Himmel: Das Bild oben ist unverfälscht – so präsentiert sich der Berg. Die weiße Linie gipfelt am Hinteren Spiegelkogel in 3426 Meter Höhe. Der Felseinschnitt über dem Ramolferner im Vordergrund markiert das Ramoljoch, von dem wir uns über den dunklen Felsgrat nach rechts hinein in den weißen Gipfelfirn wagen, bis hin zur jenseitigen Tiefe.

Vent — Rofenhöfe — Niedertal

Heraus von herrlich gelegener Bergeinschicht trägt die Venter Ache die Wasser höchster Ötztaler Firne über ein Gefälle von 400 Höhenmetern hinab nach Zwieselstein (1450 m) und legt dabei 13 Kilometer zurück. Eine moderne Autostraße erschließt das bis hoch hinauf durch Wald und Wiesen grüne Tal zu einem sonnigen Bergkessel in 1896 Meter Meereshöhe. Vent empfängt uns als modernes, der neuen Zeit aufgeschlossenes Gemeinwesen; in dem lockeren Zusammenstand von Kirche, Bauernhaus, Wirt und Hotel, mit Wiesen dazwischen, ist es jedoch angenehm dörflich geblieben.

Die Ursprünge liegen kaum auffindbar irgendwann im frühen zweiten Jahrtausend. Vent, bis zur Mitte des 19. Jahrhunderts als armes Bergbauernnest völlig unbekannt, verdankt dem Idealismus von Franz Senn, dem »Gletscherpfarrer«, die Öffnung zur Welt. Franz Senn wirkte im Ort von 1861 bis 1872 als Kurat, betreute etwa 50 Seelen, erforschte das Gebirge ringsum und trug die Kunde von der herrlichen Bergwelt nach draußen: Sein bitterarmes Tal sollte teilhaben am Segen des Alpinismus, der überall in Tirol prächtig aufblühte.

Von Vent greifen zwei parallele Täler – das Rofen- und das Niedertal – nach Süden zum Hauptkamm aus. Das Rofental beherbergt die Rofenhöfe (2014 m), die höchstgelegene bäuerliche Dauersiedlung von Tirol. Einst ausschließlich der kargen Landwirtschaft verpflichtet, hat der Fremdenverkehr diese urhafte Verwurzelung freilich inzwischen gelockert. Die Rofenache schäumt durch eine Felsengasse, durch Prachtwiesen wandern wir talein, hinauf zu den Alpenvereinshütten: zur Vernagthütte, zum Hochjoch-Hospiz und zum Brandenburger Haus.

Das Niedertal, von Rofen durch den Kreuzspitzkamm getrennt, führt uns zur Martin-Busch-Hütte. Tief unten rauscht der Gletscherbach, steil gleiten die im Sommer reich begrünten Hänge hinab zum Wasser, den Sonnenhang schneidet ein schmaler, abenteuerlicher Güterweg. Nach 3 Stunden Gehzeit empfängt uns die Hütte, das Sprungbrett zur Kreuzspitze und zum hohen Eis unter den Hauptkammgipfeln.

Das Niedertal, etwa auf der Höhe der Schäferhütte; im Hintergrund der Marzellferner mit Similaun.

Ötztaler Hauptkamm

10 Martin-Busch-Hütte
2501 m
Kreuzspitze
3457 m

*Höchster eisfreier Dreitausender
der Ötztaler Alpen*

*mäßig schwierig
Wander-/Felstour*

Tourensteckbrief

Ausgangsort
Vent 1896 m im Venter Tal.

Die Tour in Stichworten
Vent 1896 m – Martin-Busch-Hütte 2501 m –
Kreuzspitze 3457 m.

Schwierigkeit/Anforderung
II = mäßig schwierig, Wander-/Felstour,
große Anforderung, Tagestour.
Von Vent auf Fahrweg zur Martin-Busch-Hütte
(9 km, gesperrt).
Ab Hütte durch grüne, schrofige Hänge auf Steig
steil höher zu einem schottrigen Hochplateau,
dort die Ruine der Brizzihütte, wenig entfernt der
Samoarsee (2920 m). Aus dem Plateau weiterhin
steiler Aufstieg über Schotter (Steinmänner) zu
dem deutlichen Fels- und Firnsattel (ca. 3300 m)
rechts des sichtbaren Gipfels. Ab Sattel über Fels
und Firn steil zum Gipfelkreuz.
SO-seitiger, markierter Routenverlauf, nur für
trittsichere, ausdauernde Bergwanderer.

Höchste Wegestelle/Gipfel
Kreuzspitze 3457 m.

Aufstiegsleistung
Ab Vent 1600, ab Hütte 1000 Höhenmeter.

Abstieg
Wie Aufstieg.

Gehzeiten
Vent 1896 m – Martin-Busch-Hütte 2501 m:
3 Std. – Kreuzspitze 3457 m: 3 Std.; Abstieg 5 Std.
Gesamtgehzeit: 11 Stunden ab Vent.

Hütten/Stützpunkte
Martin-Busch-Hütte 2501 m, DAV-Sektion Ber-
lin, 160 Betten und Matratzen, Sommerbew. von
Ende Juni bis Ende Sept.

Karten
Siehe Tour 6.

Tip
Auch Aufstieg nur bis zum Samoarsee sehr lohnend, ab Hütte 1¹/₂ Stunden.

»Auf Samoar« ist im Niedertal eine sehr
alte Flurbezeichnung, und so erhielt die im
Januar 1877 an der Einmündung des Schalf-
und des Marzellferners entstandene Privat-
hütte den Namen der Örtlichkeit. Dieser
erste Stützpunkt dient vor allem zur Siche-
rung der Verbindung über das Niederjoch
zum Südtiroler Schnalstal. Die Sektion
Mark Brandenburg erwarb im Jahre 1908
die Hütte, 1938 begann die Sektion Berlin
mit dem Neubau, der jedoch erst 1952, wiederum als »Samoarhütte«, eröffnet werden
konnte. Die Hauptversammlung des DAV
1956 in Cuxhaven benannte die Hütte um:
zur Ehrung von Hofrat Martin Busch, dem
österreichischen Treuhänder deutschen
Hütteneigentums nach dem Zweiten Weltkrieg. Der Ötztaler AV-Führer schreibt:
»Das neue Haus ist einer der repräsentativ-
sten Bauten des Alpenvereins, in seiner
schwersten Zeit fertiggestellt, ein Symbol
für die Lebenskraft des Alpinismus.«

*Auf dem Marzellkamm; der Morgennebel gibt
die Kreuzspitze frei.*

Die Martin-Busch-Hütte bietet Gipfeltouren und Übergänge in fast alle Richtungen,
besonders wertvoll für das Haus ist jedoch
der Hüttenberg, die nahe 3457 Meter hohe
Kreuzspitze. Sie ist in ihrem Kamm der
höchste Punkt, ausgezeichnet mit einer großen Ötztaler Rundschau, die jedermann
rühmt, der am Gipfel stand. Franz Senn,
der Venter Kurat, sah mit Cyprian Kran-
bichler im Jahre 1865 dieses gewaltige Al-
penpanorama ringsum als erster. Begeistert
wie er war, beschloß er den Bau der heute
verfallenen Brizzihütte (ca. 2900 m), um den
Aufstieg zu unterstützen. Die Bronzetafel
am hohen, hölzernen Gipfelkreuz erinnert
an diesen idealistischen Erschließer:

*»Zum 100. Todestag, Gletscherpfarrer
Franz Senn. Die Bergführer von Vent.«*

11 Hintere Schwärze 3628 m

*Beliebte Gletschertour
im Sommer und Winter*

*sehr schwierig
Gletscher-/Felstour*

Die Martin-Busch-Hütte auf Samoar, Stützpunkt für die Touren zur Kreuzspitze, zur Hinteren Schwärze und zum Similaun.

Tourensteckbrief

Ausgangsort
Vent 1896 m im Venter Tal.

Die Tour in Stichworten
Vent 1896 m – Martin-Busch-Hütte 2501 m – Hint. Schwärzenjoch 3393 m – Hintere Schwärze 3628 m.

Schwierigkeit/Anforderung
IV = sehr schwierig, Gletscher-/Felstour, große Anforderung, 2-Tage-Tour.
Zur Martin-Busch-Hütte siehe Tour 10.
Ab Hütte auf markiertem Steig hinab zum Abfluß des Marzellferners. Jenseits über W-seitigen Fels, Steinmänner, hinauf in das Gletscherhochbecken und direkt gegen die weite Senke des Hint. Schwärzenjoches. Ab Joch auf dem steilen, gut gangbaren N-Grat über Fels und Firn zum Gipfelkreuz.
NW-seitiger Routenverlauf, nur für in Eis und Fels sichere Bergsteiger.

Höchste Wegestelle/Gipfel
Hint. Schwärzenjoch 3393 m, Hint. Schwärze 3628 m.

Aufstiegsleistung
Ab Martin-Busch-Hütte 1300 Höhenmeter.

Abstieg
Wie Aufstieg.

Gehzeiten
Vent 1896 m – Martin-Busch-Hütte 2501 m: 3 Std. – Hint. Schwärzenjoch 3393 m: 3 Std. – Hint. Schwärze 3628 m: 1 Std.; Abstieg Hütte: 3 Std.
Gesamtgehzeit: 7 Stunden ab Martin-Busch-Hütte.

Hütten/Stützpunkte
Martin-Busch-Hütte 2501 m, siehe Tour 10.

Karten
Siehe Tour 6.

Bei der Martin-Busch-Hütte stürzt der Niederjochbach 200 Meter tief hinab zu einem engen Kessel voller Sand und Geröll und empfängt dort die Wasser von Schalf-, Mutmal- und Marzellferner. Der kleine Mutmalferner hängt der Hütte gegenüber herab von seiner Spitze (3528 m), den Glanz der großen Gletscherströme von Schalf und Marzell verbirgt einmal der Mutmalkamm, zum anderen der Marzellkamm. Eine große Schau zu noch gewaltigem Eis eröffnet der Marzellkamm. Dieser untergeordnete Felsrücken läuft vom Similaun herab zur Hütte aus, ist mit einem Steig erschlossen und spornt Hüttenwanderer an, die Tagesleistung bis auf etwa 2800 Meter Höhe aufzuwerten; dort oben zeigt der Marzellferner seine Pracht.

Von der Hinteren Schwärze (3628 m) schwingt der Ötztaler Hauptkamm über die 3500 Meter hohen Marzellspitzen zum Gegengewicht im Westen, zum Gipfel des Similaun (3606 m). Hintere Schwärze und Similaun – der Ruf dieser großen Ötztaler Namen weckt Bergsteigerträume und schließlich den Entschluß, in der Martin-Busch-Hütte für mehrere Tage Quartier zu nehmen, um diese Berge zu besteigen. Weitaus seltener als der Similaun wird die Hintere Schwärze angegangen, diese Tour erfordert größere Gletschererfahrung.

Herrlich jedoch lockt der Gipfelfirn. Steinmänner weisen über den Schotterhügel »In der Schwärze« hinauf zum geschlossenen Gletscherbecken. Skibergsteiger bevorzugen im Schlußaufstieg eine schöne, ausgeprägte Firnrampe, im Sommer jedoch wird das Hintere Schwärzenjoch (3393 m) links des Gipfels bevorzugt – auf dem Nordgrat steigen wir dann über Fels und Firn hinauf zum im August 1988 eingeweihten Gipfelkreuz.

12 Marzellkamm
3147 m
Similaun
3606 m

Firndom über Schnals

*schwierig
Fels-/Gletschertour*

Bild links: Der Marzellferner herab von der Hinteren Schwärze. Gut erkennbar die Anstiegsrouten: von links vom Hinteren Schwärzenjoch oder über die Gletscherterrasse.

Bild unten: Der Marzellkamm schließt auf zum Similaun, der Aufstieg zielt über den Gletscher zur obersten schwachen Gratsenke und schwenkt dort ein zum Gipfelgrat.

Im Bergraum um die Martin-Busch-Hütte erhält der Similaun allerhöchste Auszeichnung. Auch der Hüttenwanderer weiß vom Similaun; kann er den Berg schon nicht besteigen, den Gipfel möchte er wenigstens gerne sehen, mit dem Auge über den Niederjoch- oder Marzellferner wandern, die vom Similaun herab ihre Eismassen in das Niedertal drücken. Dieses Schauerlebnis gewährt einmal der Weg hinauf zum Niederjoch, Standort der Similaunhütte, zum anderen der Marzellkamm. Die direkte Gipfeltour von der Martin-Busch-Hütte überschreitet den Marzellkamm, der schmale, oberste Sporn – 3147 Meter – verliert sich in die starke Gletscherschulter des Berges, die steil emporwächst, ein Eishaupt modelliert und mit feinem Firngrat zum Scheitel am höchsten Punkt, 3606 Meter ü.d. Meer, ausläuft.

Der Ötztaler Hauptkamm schert am Similaun, in seinem als »Schnalser Kamm« angesprochenen Abschnitt, am weitesten nach Süden aus, der Similaun dominiert über die obersten Ötztaler Talzweige. Das Gipfelglück an einem klaren Tag mit großer Fernsicht kann unbeschreiblich sein. Im Nahblick verlieren die gewaltigen Eislasten am

Hauptkamm ihre Geheimnisse, die mächtigste zusammenhängende Vergletscherung der Ostalpen, der Weißkamm, glänzt im Nordwesten, Wildspitze und Weißkugel grüßen herein zum Similaun.

Den kürzesten Weg aus einem besiedelten Tal zum Similaun weist das Südtiroler Schnalstal. Den Fingerzeig dazu gab der Geistliche Herr Thomas Kaserer; im Jahre 1834, begleitet von Josef Raffeiner, weckte er den Berg aus urzeitlicher Ruhe, der Similaun verlor somit als erster Ötztaler Hochgipfel die Jungfräulichkeit. Nach dem Erfolg von Kaserer konzentrierte sich das Interesse fast ausschließlich auf den Similaun. Die Wildspitze, die Weißkugel und die sonstige Ötztaler Prominenz mußten noch Jahrzehnte auf ihren Tag warten.

Der Nimbus der Erschließerzeit blieb dem Similaun treu, die leichte und schnelle Zugänglichkeit von Süd und Nord fordert die Gipfeltour geradezu heraus. Ist der Similaun nun deshalb ein Modeberg? Ja. Aber eine Mode, die aktuell bleiben wird, so lange die Ötztaler Alpen hohe, leuchtende Firne tragen.

Tourensteckbrief

Ausgangsort
Vent 1896 m im Venter Tal.

Die Tour in Stichworten
Vent 1896 m – Martin-Busch-Hütte 2501 m –
Marzellkamm 3147 m – Similaun 3606 m – Simi-
launhütte 3019 m – Martin-Busch-Hütte.

Schwierigkeit/Anforderung
III = schwierig, Fels-/Gletschertour,
große Anforderung, 2-Tage-Tour.
Zur Martin-Busch-Hütte siehe Tour 10.
Ab Hütte auf markiertem Steig in steilen Kehren
hinauf zum Marzellkamm. Bei etwa 2800 m Höhe
(Steinmänner) erreicht der Steig den Kammrük-
ken. Der Kamm wird felsiger, die Route – weiterhin markiert – verläuft teils knapp unter der
Kammhöhe in der SO-Flanke bis zum Auslauf
am höchsten Punkt, 3147 m, Vermessungszei-
chen. Ab Zeichen zu einer schwachen Senke, Wie-
deranstieg, und über letzte Felsen in die breite
Gletscherschulter des Niederjochferners. Die
Route zum Gipfel ist einzusehen, zieht in mäßiger
Steilheit höher, schwenkt vor dem Gipfelauf-
schwung nach rechts zur Vereinigung mit dem
Aufstieg von der Similaunhütte und erreicht über
einen mäßig steilen, jedoch schmalen Firngrat das
Gipfelkreuz.
N-seitiger, übersichtlicher Routenverlauf, im
Felsbereich markiert, nur für im Eis erfahrene
Bergsteiger; viel begangen.

Höchste Wegestelle/Gipfel
Marzellkamm 3147 m, Similaun 3606 m.

Aufstiegsleistung
Ab Martin-Busch-Hütte 1100 Höhenmeter.

Abstieg
Auf vielbegangener Gletscherroute zur Similaunhütte am Niederjoch. Ab Hütte auf kurze Strecke
über den Niederjochferner und auf markiertem,
vielbegangenen Steig zur Martin-Busch-Hütte.

Gehzeiten
Vent 1896 m – Martin-Busch-Hütte 2501 m:
3 Std. – Marzellkamm 3147 m: $2^1/2$ Std. – Similaun 3606 m: $1^1/2$ Std.; Abstieg: Similaunhütte
3019 m: 1 Std. – Martin-Busch-Hütte: 2 Std.
Gesamtgehzeit: 7 Stunden ab Martin-Busch-
Hütte.

Hütten/Stützpunkte
Martin-Busch-Hütte 2501 m, DAV-Sektion Ber-
lin, 160 Betten und Matratzen, Sommerbew. von
Ende Juni bis Mitte Sept.;
Similaunhütte 3019 m (ital. Staatsgebiet), privat,
60 Betten und Matratzen, Sommerbew. von Mitte
Juni bis Mitte Okt.

Karten
Kompass Wanderkarte 1:50000, Blatt 43 »Ötzta-
ler Alpen«; Freytag & Berndt WK 251 1:50000
»Ötztal«; Alpenvereinskarte 1:25000, »Ötztaler
Alpen«, Blatt »Gurgl«.

*Am Gipfel des Similaun, begehrtes Ziel der
Bergsteiger von Nord- und Südtirol, herauf
von der Martin-Busch-Hütte sowie von der
Similaunhütte.*

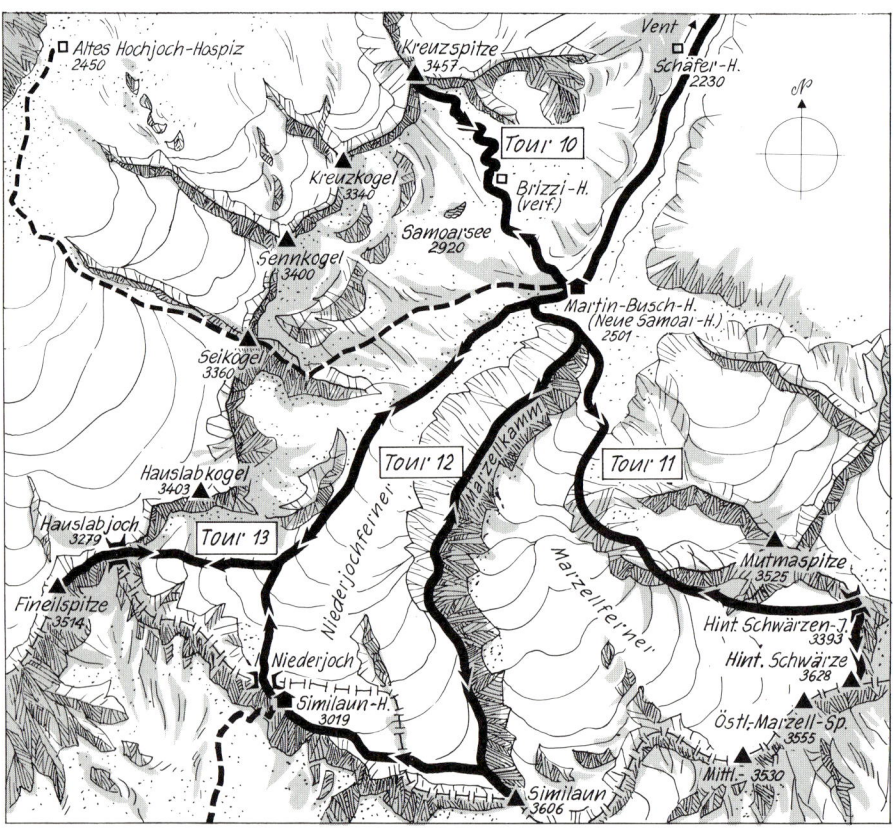

13 Similaunhütte 3019 m
Fineilspitze 3514 m

Wacht am Niederjoch

sehr schwierig
Gletscher-/Felstour

Das Niederjoch – Meereshöhe 3019 Meter –, eine weite, felsige Senke im Hauptkamm der Ötztaler Alpen, hat seine jahrhundertealte Bedeutung fast unbeschädigt in unsere Zeit gerettet, Österreich wie Italien haben dem Joch einen »kleinen Grenzverkehr« belassen. Einsam ist es dort nur im Hochwinter, der letzte Bergwanderer steigt irgendwann im November zu Tal, Ende Februar kommen die ersten Skitouristen. Die private Similaunhütte am Joch, ein alter, verschachtelter, aber gemütlicher Steinbau – gestiftet im Jahre 1899 von Serafin Gurschler aus Kurzras – richtet sich darauf ein. Bei gutem Herbstwetter schließt die Hütte erst spät im Oktober und öffnet wieder Anfang März, im Verein mit dem Schutzhaus am Hochjoch ist sie im winterlichen Ötztaler Hochtourenreigen eine Notwendigkeit. Ungleich lebhafter rotiert das Tourenkarussell im Sommer. Von Vent in Nordtirol und von Vernagt in Südtirol kommen die Bergfreunde im Übergang von Land zu Land, sehr oft auch nur zur zünftigen Einkehr, häufig jedoch zur Gipfeltour an Similaun und Fineilspitze. Nach 1920 erstellte Italien häßliche Grenzbauten, den Übertritt zwischen den beiden Tirol regelte über Jahrzehnte eine strenge Formalität.

Die Zeit jedoch glättete vieles, niemand mehr steht am Joch grimmig Wache. Sehr grimmig aber kann das Wetter sein, wenn ein starkes Tief vom Mittelmeer gegen die Alpen stürmt.

Das Hinüber und Herüber am Niederjoch sowie am benachbarten Hochjoch (siehe Seite 38) ist ein interessantes Kapitel Ötztaler Siedlungsgeschichte. Das innere Ötztal war vom Inntal her bis fast zur Mitte des zweiten Jahrtausends völlig unzugänglich, und so kam der Mensch vor 1000 Jahren von Süden, aus dem Vinschgau, in das Schnalstal, überschritt die Jöcher und legte für Gurgl und Vent den Grundstein. Im Tirol der vergangenen Zeit pulsierte am Nieder- und Hochjoch ein reger, meist bäuerlicher Verkehr, in dem der alljährliche Schaftrieb bis heute eine jahrhundertealte Gewohnheit hat. Die »Vintschger« treiben Jahr für Jahr aus ihrem niederschlagsarmen Tal mehrere tausend Schafe zur saftig grünen Sommerweide hinüber in das Nieder- und das Rofental; Mitte September, wohlgenährt und mit dichtem Vlies behangen, zieht die Herde wieder zurück in die heimatlichen Stallungen. Diese verbrieften Weiderechte konnte auch die neue Staatengrenze nicht annullieren. Für den Schaftrieb kommen die italienischen Finanzer hinauf zu den Jöchern, der Staat verlangt im Hin und Her die Zählung der vierbeinigen Sommerfrischler.

Bild links: Der Aufstieg von der Martin-Busch-Hütte zur Kreuzspitze führt vorbei am Samoar-See (2920 m).
Diese Hochterrasse – »Auf den Sömen« – vermittelt einen informativen Blick zum Niederjochferner und zum Niederjoch (3019 m), der tiefen Senke im Kammverlauf links herab vom Similaun, rechts hinauf zur Fineilspitze.

Bild rechts: Die letzten Schritte zur Fineilspitze, im Aufstieg vom Hauslabjoch über den Nordostgrat bei idealen Verhältnissen.

Die Fineilspitze (3514 m) ragt westlich vom Niederjoch auf nahe Entfernung im Hauptkammverlauf, begehrt und beliebt von Nord- wie von Südtirol aus. Beide Aufstiege begegnen sich am Hauslabjoch (3279 m), die Südtiroler kommen von der Similaunhütte über den felsigen Grenzgrat, die Nordtiroler starten bei der Martin-Busch-Hütte, schwenken unterhalb der Similaunhütte über Schotter und Firn hinauf zur Jochhöhe. Dorthin wendet die Fineilspitze den steilen, felsigen Nordostgrat, über den im Jahre 1865 Franz Senn mit Gefährten die seitdem gültige Normalroute eröffnete.
Ist er nun leicht oder schwierig, dieser Grat? Im Anspruch auf Klettertechnik gewiß das erstere, im Hinblick auf Bergerfahrung, Trittsicherheit und Schwindelfreiheit mehr das letztere. Nord-Nordost ist an jedem Berg die »Winterseite«, und der Sommer muß warm und gut verlaufen, um die Verhältnisse optimal zu gestalten.

Tourensteckbrief

Ausgangsort
Vent 1896 m im Venter Tal.

Die Tour in Stichworten
Vent 1896 m – Martin-Busch-Hütte 2501 m – Hauslabjoch 3279 m – Fineilspitze 3514 m.

Schwierigkeit/Anforderung
IV = sehr schwierig, Gletscher-/Felstour, große Anforderung, 2-Tage-Tour.
Zur Martin-Busch-Hütte siehe Tour 10. Ab Hütte auf dem Weg zum Niederjoch bis zur Höhe von etwa 2900 m. Achtung: Dort unmarkierte Abzweigung über Moränenschotter (Steinmänner) zu dem kleinen Firnbecken unter dem Hauslabjoch, aus dem Gletscher über Fels zur deutlichen Stangenmarkierung auf der Jochhöhe. Vom Joch über Firn zum Felsansatz des NO-Grates. Auf dem Felsgrat steil, teils ausgesetzt – Achtung, Schnee und Eis! – zum Gipfel.
NO-seitiger, vielbegangener Routenverlauf, nur für im steilen Fels trittsichere Bergsteiger.

Höchste Wegestelle/Gipfel
Hauslabjoch 3279 m, Fineilspitze 3514 m.

Aufstiegsleistung
Ab Martin-Busch-Hütte 1000 Höhenmeter.

Abstieg
Wie Aufstieg; oder vom Hauslabjoch über die Similaunhütte zurück zur Martin-Busch-Hütte.

Gehzeiten
Vent 1896 m – Martin-Busch-Hütte 2501 m: 3 Std. – Hauslabjoch 3279 m: 2$^1/_2$ Std. – Fineilspitze 3514 m: 1 Std.; Abstieg wie Aufstieg: 3 Std., über die Similaunhütte 4 Std.
Gesamtgehzeit: 7$^1/_2$ Stunden zur Martin-Busch-Hütte.

Hütten/Stützpunkte
Martin-Busch-Hütte 2501 m, siehe Tour 12; **Similaunhütte** 3019 m, siehe Tour 12.

Karten
Siehe Tour 12.

Tip
Ab Hauslabjoch vielbegangene Route zum Wirtshaus Schöne Aussicht am Hochjoch, 2842 m.

14 Hochjoch
2842 m
Im hintern Eis
3270 m

*In Südtirol,
am »Wirtshaus Schöne Aussicht«*

*wenig schwierig
Wandertour*

Bild rechts: »Im hintern Eis« – Blick hinab zum
Hochjochferner und zur Fineilspitze (rechts).

Das Hochjoch, Meereshöhe 2842 Meter, dient gleich dem Niederjoch (3019 m) seit Jahrhunderten der Begegnung von Nord und Süd. Der nordseitige Zugang beginnt in Vent, für das Hochjoch zweigt er in das Rofental, berührt das Hochjoch-Hospiz (2412 m) und kommt entlang des Hochjochferners nach 4 bis 5 Stunden herauf zur Jochhütte. Der Südtiroler Aufstieg ist wesentlich kürzer und startet in Kurzras (2004 m), Gehzeit 2$\frac{1}{2}$ Stunden. Das weitbekannte Schutzhaus am Hochjoch, seit Anbeginn »Wirtshaus Schöne Aussicht« genannt, ursprünglich im Jahre 1890 als kleine Schutzhütte und noch vor 1914 zum heutigen Stützpunkt ausgebaut, verdanken wir dem rührigen Kurzhofbauer Serafin Gurschler aus Kurzras.

Jahrzehnte vorher galt die Tour zum Niederjoch und zum Hochjoch noch als Wagnis und große Leistung, schauerliche Geschichten kursierten in Vent über die Gefährlichkeit dieser »Alpenreise«. Um verläßlich Auskunft zu geben, ging der Venter Seelsor-

ger Franz Arnold im Sommer 1849 beide Wege selbst und hinterlegte 1850 im Venter Fremdenbuch den Bericht: »Zu diesen Partien gehört ein gewöhnlich gesunder Körper, gutes Wetter und ein verläßlicher Führer ... Wenn schließlich ein oder der andere Reisende mit meinen Bemerkungen nicht ganz einverstanden sein sollte, so bitte ich zu bedenken, wie viel darauf ankommt, ob man bereits durch frühere Anstrengungen geschwächt ist, oder ob der corpus und besonders Lunge und Füsse für Fernerpartien taugen ..., dass solche Touren nicht für Frauenzimmer sich eignen.« Aus dem angefügten Zweizeiler:

*»Ohne Abenteuer eine Fernerreise
ist wie ohne Salz die Speise«*

spricht Humor und hintergründig die Aussage: Alles halb so schlimm!

Die Natur hat seitdem am Joch nichts geändert, nur den Hochjochferner stark schmelzen lassen. Der Gletscher ist fast spaltenfrei, und so bereitet er den Südtiroler Schafen

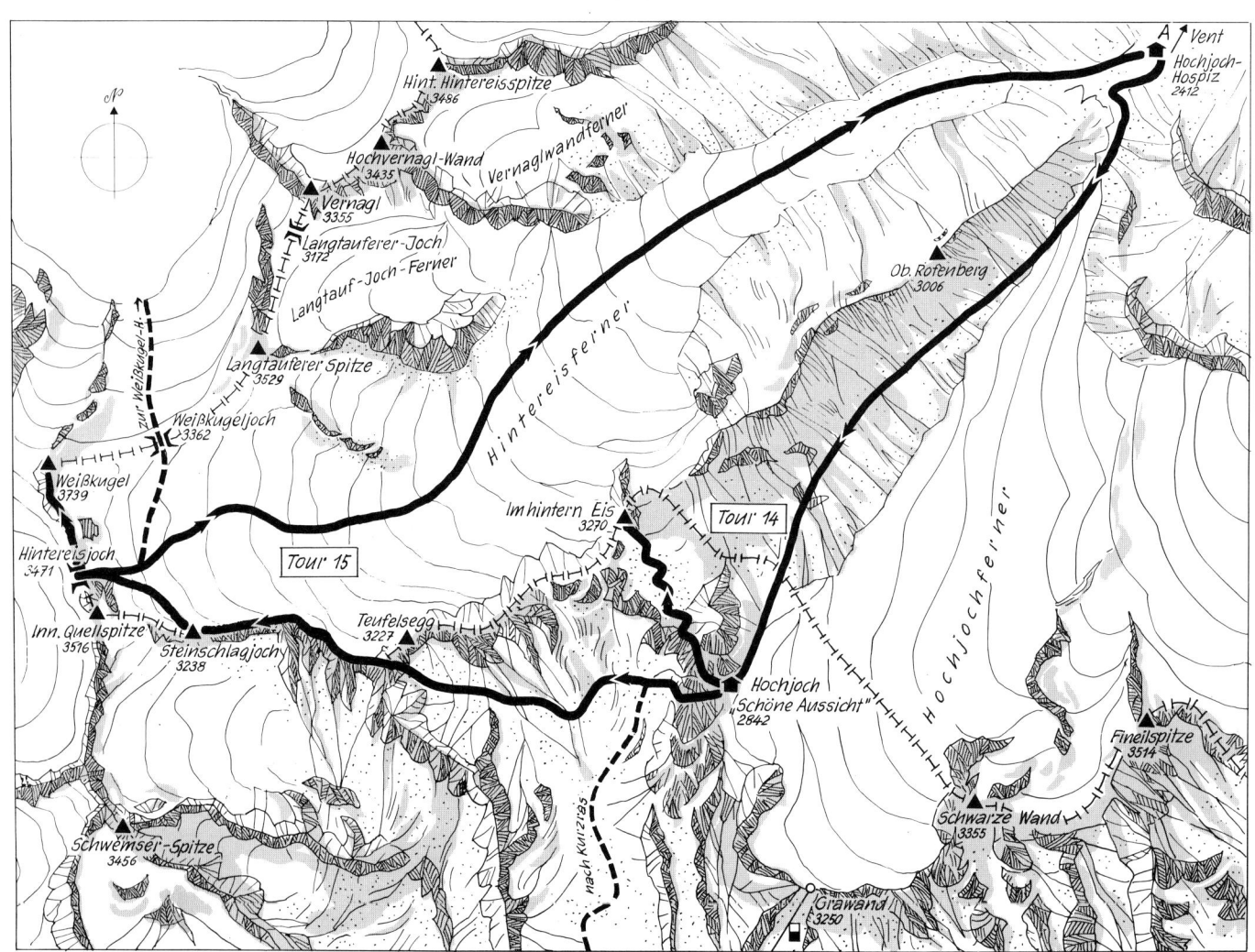

auch heute noch einen guten Weg zu den Venter Grasweiden. Den Hochjochferner nützt auch der nahe Schnalser Gletscherzirkus, und davon profitiert wiederum das »Wirtshaus Schöne Aussicht«. Trotz der Schnalser Gletscherbahn kommen von Kurzras fast täglich Bergwanderer zum Hochjoch.

Wer gut zu Fuß ist und eine leichte, eisfreie Dreitausenderhöhe sucht, folgt der Wegweisung: »Im hintern Eis«, zur Kote 3270 – einer felsigen Anhöhe im Grenzkamm. Diese für einen geübten Bergwanderer maßgeschneiderte Tour eröffnet die Chance, die Weißkugel, diesen herrlichen Ötztaler Gletscherberg, aus der Nähe zu bewundern (siehe Bild Seite 42/43) und ihn zu vergleichen mit der Wildspitze, der Königin im Weißkamm.

Tourensteckbrief

Ausgangsort
Vent 1896 m im Venter Tal.

Die Tour in Stichworten
Vent 1896 m – Hochjoch-Hospiz 2412 m – Hochjoch 2842 m – Im hintern Eis 3270 m.

Schwierigkeit/Anforderung
I = wenig schwierig, Wandertour,
mittlere Anforderung, 2-Tage-Tour.
Von Vent durch das Rofental zum Hochjoch-Hospiz und weiter zum Hochjoch, zum »Wirtshaus Schöne Aussicht«. Ab Joch auf Steig, Steinmänner, mäßig steil zum Im hintern Eis.
N-seitige, markierte, vielbegangene Wanderroute.

Höchste Wegestelle/Gipfel
Hochjoch 2842 m, Im hintern Eis 3270 m.

Aufstiegsleistung
Ab Vent 1400, ab Hochjoch 400 Höhenmeter.

Abstieg
Wie Aufstieg.

Gehzeiten
Vent 1896 m – Hochjoch-Hospiz 2412 m: 2$^1/_2$ Std. – Hochjoch 2842 m: 2 Std. – Im hintern Eis 3270 m: 1$^1/_2$ Std.; Abstieg »Wirtshaus Schöne Aussicht« am Hochjoch: 1 Std.
Gesamtgehzeit: 7 Stunden ab Vent.

Hütten/Stützpunkte
Hochjoch-Hospiz 2412 m, DAV-Sektion Berlin, 86 Betten und Matratzen, Sommeröffnung von Mitte Juni bis Ende Sept.;
Schutzhaus »Schöne Aussicht« 2842 m, am Hochjoch (ital. Staatsgebiet), privat, 70 Betten und Matratzen, bew. von Anfang März bis Ende Nov.

Karten
Kompass Wanderkarte 1:50 000, Blatt 43 »Ötztaler Alpen«; Freytag & Berndt WK 251 1:50 000 »Ötztal«; Alpenvereinskarte 1:25 000, »Ötztaler Alpen«, Blatt »Gurgl«.

Ötztaler Weißkamm

Das Kartenbild der Ötztaler Alpen zeigt von der Staatengrenze an Weißkugel und Weißseespitze in Richtung Sölden fast nur weiße, jeweils benannte Flächen. Ausgedehnte, hochgelegene Gletscher, verbunden durch eisüberwallte Jöcher, weben eine Firndecke von etwa 20 Kilometern Länge und durchschnittlich 4 bis 5 Kilometern Breite: Der Weißkamm ist das größte Gletscherreservat der Ostalpen; Fels spielt eine nur untergeordnete Rolle. Schmale Grate aus dunklem Urgestein teilen den Weißkamm auf, umarmen die einzelnen Ferner und heben die Gipfel nur wenige hundert Meter über das Eis hinaus. Niemand erzählt

uns, wer auf diesen gewaltigen Kamm den einzig richtigen Namen legte – nomen est omen.

Zur goldenen Zeit der allgemeinen Zentralalpenöffnung, zur Mitte des 19. Jahrhunderts, im Höchststand der sogenannten »kleinen Eiszeit«, hat der Weißkamm gewiß ein noch viel großartigeres Bild geboten. Unser Jahrhundert registriert anhaltenden Gletscherrückgang, die Eisdecke am Weißkamm franst zusehends aus. Diesen hundertjährigen Schwund erkennen wir in hohen Randmoränen und an blankgeschabtem Fels. »Diese überaus starke Vergletscherung liegt in der Tatsache begründet, daß der Weißkamm eigentlich weniger ein Kamm, vielmehr ein gewaltiges Bergmassiv ist und statt eines ausgeprägten Gratverlaufes ausgedehnte Hochplateaus als Reste eines einstigen Oberflächensystems besitzt …; so bietet er ein anschauliches Bild, wie unsere Alpen in etwa ausgesehen haben, bevor die

heutigen Täler entstanden.« (Menara: »Ötztaler Alpen«)

In der Tat, im Gefüge der Ötztaler Alpen ist der Weißkamm eine Klasse für sich. Wir unterliegen der urhaften Faszination dieser Ötztaler Gletscherinsel, wenn wir auf Weißkugel und Weißseespitze stehen, im Brandenburger Haus nächtigen, am Fluchtkogel auf Gepatsch- und Vernagtferner schauen und die Wildspitze, den höchsten Gipfel der Ötztaler Alpen, erleben.

Bild rechts: Ausblick von der Wildspitze über den Weißkamm zur Weißkugel; am Horizont die Bernina.

Bild unten: Im Aufstieg auf der Gletscherterrasse vom Mitterkarjoch zur Wildspitze. Der Weißkamm strahlt in herrlichem Glanz von der Weißkugel nach rechts über den Fluchtkogel zur Weißseespitze.

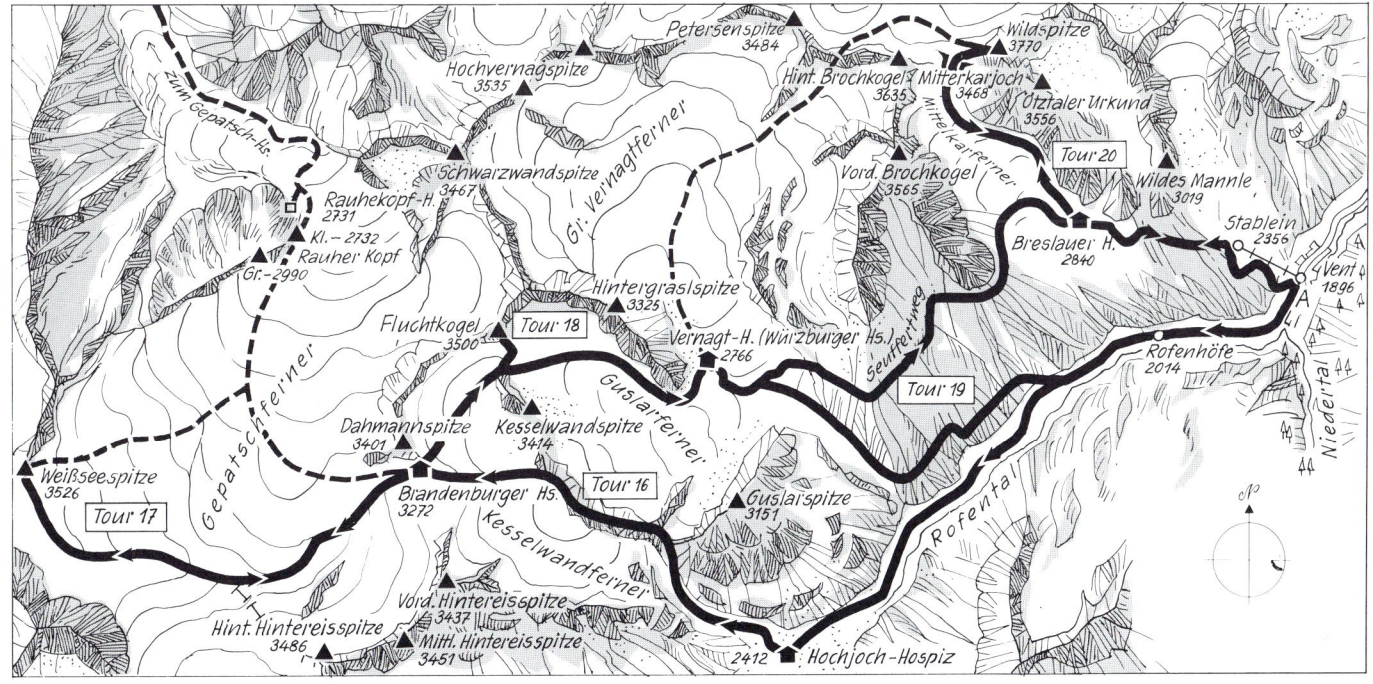

15 Teufelsegg 3227 m Hintereisferner Weißkugel 3739 m

Höchste Grenzscheide zwischen Nord- und Südtirol

sehr schwierig Gletscher-/Felstour

Tourensteckbrief

Ausgangsort
Vent 1896 m im Venter Tal.

Die Tour in Stichworten
Vent 1896 m – Hochjoch-Hospiz 2412 m – Hochjoch 2842 m – Teufelsegg 3227 m – Weißkugel 3739 m – Hochjoch-Hospiz – Vent.

Schwierigkeit/Anforderung
IV = sehr schwierig, Gletscher-/Felstour, große Anforderung, 2-Tage-Tour.
Zum Hochjoch »Wirtshaus Schöne Aussicht« siehe Tour 14. Ab Hochjoch wenig bergab in Richtung Kurzras zur bez. Abzweigung »Teufelsegg« und auf Steig zur Hauptkammhöhe (3170 m) nahe dem Teufelsegg. Über den Kamm zum Steinschlagjoch (3238 m). Übertritt in den Hintereisferner und – meist Trasse – zum Schluß steil, zum Firnsattel des Hintereisjoches (Achtung, Spalten, Wächten!). Ab Joch über steilen Firn zum felsigen Gipfelgrat und teils ausgesetzt zum Gipfelkreuz. S-seitiger Routenverlauf, nur für erfahrene, in Fels und Eis sichere Bergsteiger, häufig begangen.

Höchste Wegestelle/Gipfel
Hochjoch 2842 m, am Teufelsegg 3227 m, Hintereisjoch 3471 m, Weißkugel 3739 m.

Aufstiegsleistung
Ab Vent 1800, ab Hochjoch 900 Höhenmeter.

Abstieg
Zurück zum Hintereisjoch, hinab in den Hintereisferner, und über den langen, flachen Ferner zum Hochjoch-Hospiz.

Gehzeiten
Vent 1896 m – Hochjoch 2842 m: $4^1/_2$ Std. – Weißkugel 3739 m: $4^1/_2$ Std.; Abstieg: Hochjoch-Hospiz 2412 m: 4 Std. – Vent: 2 Std.
Gesamtgehzeit: $10^1/_2$ Stunden ab Hochjoch, »Wirtshaus Schöne Aussicht«.

Hütten/Stützpunkte
Hochjoch-Hospiz, 2412 m, siehe Tour 16;
Schutzhaus »Schöne Aussicht«, 2842 m, am Hochjoch (ital. Staatsgebiet), privat, 70 Betten und Matratzen, bew. von Anfang März bis Ende Nov.

Karten
Siehe Tour 16.

Die oben aufgeführte Reihenfolge ist der Hinweis für die kürzeste und dazu einfachste Weißkugeltour von einer Schutzhütte aus, von der »Schönen Aussicht« am Hochjoch. Am Hochjoch nächtigen wir in 2842 Meter Höhe, noch im Dunkeln verlassen wir die Hütte, verlieren zuerst 100 Höhenmeter, bevor wir in den Steig hinauf zum Teufelsegg einschwenken können. Dort oben empfängt uns eine Helligkeit, die nur am frühen Morgen so voll zarter, warmer Farben sein kann. Der Hintereisferner unter uns schimmert in schwachem Gelb, allein die Ostflanke der Weißkugel glänzt strahlend weiß. So begrüßt uns der junge Tag am Teufelsegg (3227 m), die Weißkugel heißt uns willkommen, bei guten Verhältnissen versteckt unser Traumziel keine ernsthafte Schwierigkeit. Auf dem Grenzkamm queren wir zum nahen Steinschlagjoch (3238 m), dort in das oberste Firnbecken des Hintereisferners und stapfen den steilen Firnhang hinauf zum Hintereisjoch (3471 m).
Das Joch ist die Lücke zwischen Innerer Quellspitze und Weißkugel, ein Gletschersattel, von dem der Hintereisferner auf 7 Kilometern Länge abfließt zum Hochjoch-Hospiz (2412 m), dem Stützpunkt für die Nordtiroler Route zur Weißkugel. Alle Normalwege zur Weißkugel, von Nord- wie von Südtirol, treffen am Hintereisjoch ein: über einen glatten Firngiebel und ausgesetzten Gratfels noch 300 Höhenmeter zum Gipfelkreuz der Weißkugel, 3739 Meter ü. d. Meer.
»Betrachten wir die Ötztaler Alpen in ihrer Gesamtheit, muß sich die Weißkugel mit dem zweiten Rang begnügen, die Wildspitze ist um 300 Meter höher; aber unvergleichlich groß und weit ist der Rundblick vom Gipfel, ebenbürtige Berge ragen außer der Wildspitze nur in den Ortleralpen und in der Bernina weit im Westen.« (Sepp Schnürer: »Südtirol, Land zwischen Reben und Firn«) Unsere Tour folgt im wesentlichen dem Weg der Ersteiger. Der legendäre, aber nur wenig mitteilsame Josef Anton Specht aus Wien hinterließ im Venter Fremdenbuch I unter dem Datum 30. September 1861 die Notiz: »... Mit Nicodem und Leander Klotz von Rofen auf die Weißkugel.«

Die Weißkugel, nach der Wildspitze zweithöchster Gipfel der Ötztaler Alpen, im Zuge des Ötztaler Hauptkammes jedoch der höchste Gipfel.
Vor uns der Hintereisferner, die Route herauf vom Hochjoch quert vom oberen Fels am linken Bildrand über den Ferner nach rechts höher zum verfirnten Hintereisjoch, der Schlüsselstelle in der Weißkugel-Tour.

Weißkamm

16 Hochjoch-Hospiz 2412 m Brandenburger Haus 3272 m Dahmannspitze 3401 m

Zur höchstgelegenen Hütte des Deutschen und des Österreichischen Alpenvereins

mäßig schwierig
Gletscher-/Felstour

Vent (1896 m, siehe Seite 29) bietet dem Sommertourismus ein ungemein farbiges Programm für jeden Geschmack, je nach Einstellung zum Berg. Wer nicht unbedingt Abend für Abend in seiner Talherberge sein möchte, den schickt Vent hinauf zu hochgelegenen Hütten: insgesamt sieben Stützpunkte am Rand zu ewigem Eis. Das Erleb-

nis der Hochgebirgswelt pocht nirgends eindringlicher als im Mysterium von Abend und Morgen inmitten von Eis und Urgestein, dem der Mensch zu seiner Geborgenheit nur eine Hütte dazugesellte – am Brandenburger Haus in 3272 Meter Meereshöhe. Die Tour läuft in das reizvolle Rofental und erreicht nach 2$^1/_2$ Stunden Gehzeit als Halbweg-Station das Hochjoch-Hospiz. Das Hospiz, wichtig auch für die Nordtiroler Tour zur Weißkugel, ist ein fester, geräumiger Steinbau, errichtet im Jahre 1927 von der DAV-Sektion Mark Brandenburg. Der Standort ist gut gewählt, im Wegeverbund zwischen Hochjoch, Brandenburger Haus und Vernagthütte versammelt das Hospiz die Wanderer zur Rast vor dem Weiterweg. Die Treppe zu unserem Ziel überwindet noch 900 Höhenmeter – 3 Stunden zum Brandenburger Haus.

Der »Delorette-Weg« hebt uns in steilen, abschüssigen Felspassagen hinauf zum Kesselwandferner, belohnt mit der wohl großartigsten Aussicht zum Hintereisferner und bewahrt uns vor den fürchterlichen Eisbrüchen des Kesselwandferners. Die Route berührt zwei deutliche Steinmänner, die Ankündigung zum Eintritt in das Ferner-Hochbecken. Bei etwa 3000 Meter Höhe betreten wir die Firnauflage des Gletschers, schleichen entlang von Gratfelsen höher, bis Stangenmarkierungen die Richtung zum endlich sichtbaren Ziel anzeigen. Das Brandenburger Haus erwartet uns auf dem Felssporn unterhalb der Dahmannspitze, aus

dem Gletscher steigen wir über die Stufen glatter, hellgrauer Steinblöcke in wenigen Minuten zu seiner Höhe.

Das Schild über dem Eingang – noch aus der Gründerzeit – verkündet als Bauherrn im Jahre 1909 die Sektion Mark Brandenburg, damals ein Zweig im Deutschen und Österreichischen Alpenverein. Wahrhaftig, inmitten der fast arktischen Eisszenerie ist das Brandenburger Haus ein überaus großzügiges Vermächtnis dieser Sektion, die nach dem Zweiten Weltkrieg in der Sektion Berlin, der heutigen Eigentümerin, aufging. Den Abend und vielleicht auch den Morgen erwarten wir auf der Dahmannspitze, dem 3401 Meter hohen Felsgipfel direkt über dem Haus. Der Gepatsch- und der Kesselwandferner schimmern im flachen Licht, darüber leuchten in der letzten oder der ersten Sonne des Tages der Fluchtkogel und die Weißseespitze – eisige Gestalten auf der Gletscherbühne des Weißkammes.

Tourensteckbrief

Ausgangsort
Vent 1896 m im Venter Tal.

Die Tour in Stichworten
Vent 1896 m – Hochjoch-Hochspiz 2412 m – Brandenburger Haus 3272 m – Dahmannspitze 3401 m.

Schwierigkeit/Anforderung
II = mäßig schwierig, Gletscher-/Felstour, große Anforderung, 2-Tage-Tour.
Ab Vent in das Rofental und auf markiertem Steig zum Hochjoch-Hospiz. Von dort auf dem »Delorette-Weg« in teils steiler Felsroute – Trittsicherheit erforderlich! – geleitet von Steinmännern hinauf zum Kesselwandferner. Eintritt in das Gletscherhochbecken bei etwa 3100 m. (Steinmann, Stange.) Nach Stangenmarkierung in leicht ansteigender Querung zum sichtbaren Brandenburger Haus; aus dem Gletscher kurzer Felsaufstieg zur Hütte.
Dahmannspitze: Unmittelbar ab Hütte über steiles Blockwerk und Firn zum Gipfelkreuz.

S-seitiger Routenverlauf, nur für ausdauernde, erfahrene Berggeher, viel begangen. (Früh im Sommer und nach Neuschneefall ist der Delorette-Weg wegen seiner Abschüssigkeit gefährlich.)

Höchste Wegestelle/Gipfel
Brandenburger Haus 3272 m, Dahmannspitze 3401 m.

Aufstiegsleistung
Ab Vent 1500 Höhenmeter.

Abstieg
Wie Anstieg; oder über den Fluchtkogel 3500 m (siehe Tour 18) Übergang zur Vernagthütte 2766 m und zurück nach Vent. Oder über den Gepatschferner zur Rauhekopf-Hütte 2731 m, dort Abstieg zum Gepatschhaus 1928 m an der Kaunertaler Gletscherstraße (4 Std., Postbus-Haltestelle).

Gehzeiten
Vent 1896 m – Hochjoch-Hospiz 2412 m: $2^1/_2$ Std. – Brandenburger Haus 3272 m: 3 Std. – Dahmannspitze 3401 m: $^1/_2$ Std. Abstieg wie Aufstieg: 5 Std.
Gesamtgehzeit: 11 Stunden ab Vent.

Bild oben: Im Hochbecken des Kesselwandferners; vor uns am Felssporn der Dahmannspitze das Brandenburger Haus, dahinter der Gepatschferner, darüber die Weißkugel.

Bild links: Nachmittägliches Stilleben am Brandenburger Haus; im Hintergrund der Ötztaler Hauptkamm.

Hütten/Stützpunkte
Hochjoch-Hospiz 2412 m, DAV-Sektion Berlin, 86 Betten und Matratzen, Sommerbew. von Mitte Juni bis Ende Sept.;
Brandenburger Haus 3272 m, DAV-Sektion Berlin, 90 Betten und Matratzen, bew. von Anfang Juli bis Mitte Sept.

Karten
Kompass Wanderkarte 1:50000, Blatt 43, »Ötztaler Alpen«; Freytag & Berndt WK 251 1:50000, »Ötztal«; Alpenvereinskarte 1:25000, »Ötztaler Alpen«, Blatt »Gurgl«.

17 Gepatschferner Weißseespitze 3526 m

Gipfelfirn am Gepatschferner

mäßig schwierig
Gletschertour

Tourensteckbrief

Ausgangsort
Vent 1896 m im Venter Tal.

Die Tour in Stichworten
Vent 1896 m – Hochjoch-Hospiz 2412 m – Brandenburger Haus 3272 m – Weißseespitze 3526 m.

Schwierigkeit/Anforderung
II = mäßig schwierig, Gletschertour, mittlere Anforderung, 2-Tage-Tour.
Zum Brandenburger Haus siehe Tour 16.
Ab Brandenburger Haus hinab zum Gepatschferner und in einem leichten Südbogen – meist Trasse – über das weite Gletscherhochbecken und mäßig steil zum Gipfelkreuz.
SO-seitiger, übersichtlicher Routenverlauf, wenig Orientierungspunkte, nur bei guter Sicht unternehmen. Gletschererfahrung notwendig.

Höchste Wegestelle/Gipfel
Weißseespitze 3526 m.

Aufstiegsleistung
Ab Vent 1600, ab Brandenburger Haus 300 Höhenmeter.

Abstieg
Wie Aufstieg; oder über den Gepatschferner zur Rauhekopf-Hütte 2731 m, dort Abstieg zum Gepatschhaus 1928 m an der Kaunertaler Gletscherstraße (4 Std., Postbus-Haltestelle). Auch Abstieg zur Weißkugelhütte 2544 m in Südtirol möglich, 3 Std.

Gehzeiten
Vent 1896 m – Brandenburger Haus 3272 m: 5$^1/_2$ Std. – Weißseespitze 3526 m: 2$^1/_2$ Std.; Abstieg Brandenburger Haus: 2 Std.
Gesamtgehzeit: 4$^1/_2$ Stunden ab Brandenburger Haus.

Hütten/Stützpunkte
Hochjoch-Hospiz 2412 m, siehe Tour 16;
Brandenburger Haus 3272 m, siehe Tour 16;
Rauhekopf-Hütte 2731 m, DAV-Sektion Frankfurt, 34 Matratzenlager, bew. von Mitte Juni bis Mitte Sept.

Karten
Siehe Tour 16.

Auf dem Brandenburger Haus – 3272 Meter – sind wir Gast im Weißkamm. Wohin wir auch schauen, nur Eis und Schnee, das Haus ist ein winziges Eiland, umgeben von weißen Horizonten, kein Ausblick in ein grünes Tal. Eine beständige Hochdrucklage mit Sonne den ganzen Tag über könnte dazu verführen, den Aufenthalt am Brandenburger Haus auszudehnen, doch kaum jemand bleibt länger als zwei bis drei Tage. Der hohe, dreistöckige Steinbau ist auch im Sommer kalt, das Waschwasser eiskalt. Die Bewirtschafter müssen Idealisten sein, zehn Sommerwochen im Jahr leben sie in diesem polaren Klima in Aufrechterhaltung der Hüttenwirte-Tradition, die seit Anbeginn vom Talort Vent ausgeht.
»Hausfreunde« – jährlich etwa 3000 – kommen einem Sternmarsch gleich aus allen Richtungen, am meisten auf dem allgemein üblichen Hüttenzugang von Vent. Die Südtiroler überschreiten herauf von der Weißkugelhütte (2544 m) von Westen her den Gepatschferner, der Nordzugang von Gepatsch hat in der Rauhekopf-Hütte (2732 m) eine Zwischenstation. Der Gepatschferner ist das größte Gletscherreservoir der Ötztaler Alpen, 18 Quadratkilometer Eis! Bei Verirrung in dichtem Nebel kann das Brandenburger Haus, die einzige ret-

Bild oben: Blick von der Hinteren Ölgruben-spitze zur Weißseespitze.
Der Weißeeferner vom Gipfel nach rechts trägt den Kaunertaler Gletscher-Skizirkus, links das Firndach des Gepatschferners.

Bild rechts: Am Gipfel des Fluchtkogels.

tende Insel, vielleicht kaum auffindbar sein. Im Ausblick vom Brandenburger Haus, in Luftlinie genau 5 Kilometer nach Westen, streckt der Gepatschferner einen Gletscherrücken hinauf zu einer nur schwach ausgebildeten Kuppe, verführerisch blinkt das Gipfeleis der 3526 Meter hohen Weißseespitze. Harmlos, so scheint es, ist der Weg über den Ferner dorthin, der AV-Führer meint: »Bei guten Schneeverhältnissen bequeme Gletscherwanderung, 2 Std.« Gute Schneeverhältnisse? Das bedeutet wenig Schnee, am frühen Morgen hart gefrorenen Firn – also möglichst zeitigen Aufbruch; nur unter solchen Voraussetzungen erreichen wir in der angegebenen Zeit das Ziel. Der Gipfel trägt ein im Eis verankertes, metallenes Kreuz, 600 Kilogramm schwer und 6 Meter hoch, aufgestellt im September 1987 von den »Kaunertaler Gletscherbahnen«, denen die Weißseespitze den nordseitigen Weißeeferner leiht.

18 Fluchtkogel 3500 m

Vom Brandenburger Haus zur Vernagthütte

*mäßig schwierig
Gletschertour*

Tourensteckbrief

Ausgangsort
Vent 1896 m im Venter Tal.

Die Tour in Stichworten
Vent 1896 m – Hochjoch-Hospiz 2412 m – Brandenburger Haus 3272 m – Fluchtkogel 3500 m – Oberes Guslarjoch 3361 m – Vernagthütte 2766 m.

Schwierigkeit/Anforderung
II = mäßig schwierig, Gletschertour, mittlere Anforderung, 2-Tage-Tour.
Zum Brandenburger Haus siehe Tour 16.
Ab Brandenburger Haus im Hochbecken des Kesselwandferners in Richtung des bereits sichtbaren Fluchtkogels. Ab etwa 3300 m deutlicher Anstieg der Route, vorbei am verfirnten Ob. Guslarjoch über Firn steil zum höchsten Punkt.
Abstieg: Zurück zum Ob. Guslarjoch, steil hinab zum Guslarferner (Achtung, Spalten!) und Querung zum sichtbaren Regenmesser auf der östl. Moräne. Dort rechts halten, Steinmänner, zuletzt über den Moränenkamm zur Vernagthütte.
SO-seitiger Routenverlauf, Gletschererfahrung notwendig, häufig begangen.

Höchste Wegestelle/Gipfel
Fluchtkogel 3500 m, Ob. Guslarjoch 3361 m.

Aufstiegsleistung
Ab Brandenburger Haus 200 Höhenmeter.

Abstieg Siehe Routenverlauf.

Gehzeiten
Vent 1896 m – Hochjoch-Hospiz 2412 m: $2^1/_2$ Std. – Brandenburger Haus 3272 m: 3 Std. – Fluchtkogel 3500 m: 1 Std.; Abstieg Vernagthütte 2766 m: 2 Std.
Gesamtgehzeit: Ab Brandenburger Haus 3 Stunden.

Hütten/Stützpunkte
Hochjoch-Hospiz 2412 m, siehe Tour 16;
Brandenburger Haus 3272 m, siehe Tour 16;
Vernagthütte 2766 m, DAV-Sektion Würzburg, 100 Betten und Matratzen, Sommerbew. von Anfang Juli bis Ende Sept.

Karten Siehe Tour 16.

Die Ausschau vom Brandenburger Haus nach Nordosten bleibt über die Strecke von knapp 2 Kilometern an einem Eiswulst hängen, in dem der Kesselwandferner den höchsten Punkt erreicht, genau 3500 Meter ü. d. Meer. Wir erfahren den Namen dieser eisigen Höhe: Der Fluchtkogel ist für das Brandenburger Haus der ideale, leicht erreichbare Hüttenberg, bevorzugt mit umfassendem Einblick in den Faltenwurf des Weißkammes und ausgezeichneter Sicht zu weit entfernten Bergen. Probleme, den Gipfel zu erreichen, gibt es für den geübten Gletschergeher keine – bei der Rast auf dem Eishaupt des Fluchtkogels loben wir die Vorzüge dieser Tour und überlegen den Abstieg.

Unter uns glänzt der Guslarferner; den nächsten und auch einfachsten Abstieg zu ihm ermöglicht das Obere Guslarjoch (3361 m). Aber Vorsicht, der Guslarferner ist im Gegensatz zum Kesselwandferner tückisch – bis hinüber zur Randmoräne am jenseitigen Ufer zeigt diese »Gletscherwanderung« im Hinblick auf Spalten mehr Gefahren, als manchem Gletscherfreund lieb sein wird!

Von Süden, im Weg über diesen Gletscher, erhielt im Jahre 1869 der Fluchtkogel von Franz Senn und Gefährten den ersten Besuch. Diesen Aufstieg unterstützt heute die Vernagthütte (2766 m); überschreiten wir den Fluchtkogel dorthin, gelingt uns eine großartige Ötztaler Hochtour.

19 Vernagthütte 2766 m »Seuffertweg«

Von Vernagt zur Breslauer Hütte

*wenig schwierig
Wandertour*

Tourensteckbrief

Ausgangsort
Vent 1896 m im Venter Tal.

Die Tour in Stichworten
Vent 1896 m – Vernagthütte 2766 m – »Seuffertweg« – Breslauer Hütte 2840 m – Vent.

Schwierigkeit/Anforderung
I = wenig schwierig, Wandertour,
mittlere Anforderung, Tagestour.
Von Vent in das Rofental zur Abzweigung »Vernagthütte« und auf markiertem Steig dorthin. Ab
Hütte zurück zum Vernagtbach (ca. 2600 m), dort
die Wegweisung »Breslauer Hütte, 2^1/$_2$ Std.«. Der
»Seuffertweg« beginnt mit langgezogenem Aufstieg zu einem Geländeeck (ca. 2700 m), mit Rich-
tungsänderung nach NO verläßt er den Bergraum
der Vernagthütte. Zur Breslauer Hütte weiterhin
nur mäßige Steigung über Geländeschultern und
durch Karbuchten.
SO-seitiger Routenverlauf, für Familien geeignet,
viel begangen.

Höchste Wegestelle/Gipfel
Breslauer Hütte 2840 m.

Aufstiegsleistung
Ab Vent 1100 Höhenmeter.

Abstieg
Von der Breslauer Hütte auf dem Talzugang hinab
nach Vent, Benützung des Sessellifts ab »Stablein«
2360 m vorteilhaft.

Gehzeiten
Vent 1896 m – Vernagthütte 2766 m: 3^1/$_2$ Std. –
Breslauer Hütte 2840 m: 3 Std.; Abstieg Vent:
2 Std., mit Liftbenützung 1 Std.
Gesamtgehzeit: 7^1/$_2$ bis 8^1/$_2$ Stunden.

Hütten/Stützpunkte
Vernagthütte 2766 m, siehe Tour 18;
Breslauer Hütte 2840 m, siehe Tour 20.

Karten
Siehe Tour 16.

*Die Vernagthütte, eingebettet im »Hinter-
grasl«, einem herrlichen Wiesenfleck; darüber der Vernagtferner.*

Im Abstieg vom Fluchtkogel umrunden wir
auf der östlichen Moränenschneide des
Guslarferners einen untergeordneten, aber
aus blockigem Fels steil aufgerichteten
Bergstock, den Hintergraslkamm. Der
Name kommt von dem grünen Rasenfleck
am Kammfuß, dem »Hintergrasl«, in dem
die Vernagthütte nun schon seit 1901 einen
zauberhaften und dazu touristisch hervorragenden Platz innehat. Die Hüttenfahne
verkündet den Hausherrn, die Farben gelb-
rot und das Wappen gehören zu Würzburg,
der Metropole am Main. Herab vom Brandenburger Haus kommen wir aus einem
ganzjährig fast arktischen Klima, am Hintergrasl, 500 Meter tiefer, empfängt uns eine
vertraute Bergwelt. Das heimelige, fast
komfortable Haus und der frische Wiesen-
winkel verlocken zum Bleiben – noch gilt
kein Gedanke dem Tal.
Über der Vernagthütte legt der Weißkamm
mit dem Vernagtferner eine 9,5 Quadratkilometer große Gletscherdecke aus. Betrachten wir die nahen, noch kaum gefestigten
Randmoränen, können wir uns gut vorstellen, wie sehr noch zur Jahrhundertwende
das Eis auch den Bergraum unserer Hütte
prägte. Das Hintergrasl grünt jedoch seit
1000 Jahren, die Moränen umhegen es in
schützendem Wall, die Gletscherwasser fließen tief unten.

Die touristische Bedeutung der Vernagthütte erkennen wir im Standort am Weißkamm, im Nahbereich von Fluchtkogel,
Vernagtferner und Hochvernagtspitze
(3530 m) und auch zur Wildspitze. Ja, auch
der höchste Ötztaler Gipfel rückt bei der
Vernagthütte in den Bereich des Möglichen:
in der Gletscherschleife aus dem Vernagtferner über das Brochkogeljoch (3423 m) zum
Taschachferner und dort gemeinsam mit
den Aufstiegen von der Braunschweiger
und Breslauer Hütte zur Wildspitze. Für
diese Tour sollten wir sehr gletschererfahren
sein und auch den Rat der alten Standuhr
im Gastraum der Vernagthütte mitnehmen:

*»Tick-tack, so meß ich jeden Schritt,
Du wäge nur den nächsten Tritt.«*

»Seuffertweg« Zur Vernagthütte kommen
Tagesausflügler herauf von Vent und Wanderer auf dem »Seuffertweg« (erbaut 1901
von der AV-Sektion Breslau) herüber von
der Breslauer Hütte. Der Steig, sehr gut dem
weitläufigen, südseitigen Gelände angepaßt,
durchzieht drei Hangfalten, die durch-
schnittliche Höhe von etwa 2800 Meter gewährt viel informativen Ausblick zum jenseitigen Kreuzkamm. In jeder Richtung, ob
von der Breslauer Hütte oder von Vernagt,
nach etwa 3 Gehstunden sind wir am Ziel.

20 Breslauer Hütte 2840 m Wildspitze 3770 m

Höchster Gipfel der Ötztaler Alpen

schwierig Gletschertour

»Rezepte« für die Wildspitze gibt es mehrere, es kommt darauf an, wieviel Zeit wir einplanen wollen; letztlich ist es der Ausgangsort, der die Route entscheidend lenkt. Die Wildspitze ragt inmitten des Weißkammes auf und ist aus den umliegenden Tälern nicht sichtbar. Ihre Anstiege erhält sie von Vent über die Vernagthütte (siehe Tour 19) und Breslauer Hütte, vom nordseitigen Pitztal ab Mittelberg über das Taschachhaus und die Braunschweiger Hütte. Vier Alpenvereinshütten unterstützen demnach die Tour, jede mit unterschiedlichem Zeitbedarf, das Eis spielt bis hinauf zum Gipfelkreuz in jedem Falle die Hauptrolle. Führerpartien ab den Hütten starten fast täglich, die Nachfrage zur Wildspitze ist ungebrochen. Den kürzesten Weg weist die Breslauer Hütte (2840 m); den Zugang erleichtert ein Sessellift – in 2360 Meter Höhe steigen wir aus, 1½ Stunden später betreten wir die Hütte.

Zur goldenen Zeit der Ostalpen-Erschließung nach 1850 sandte der über und über vergletscherte Zentralalpenkamm ungemein starke Signale weithin aus in deutsche Lande. Die oftmals romantisch verbrämten Sehnsüchte fast aller »Alpenreisenden« galten vor allem dem vergletscherten Hochgebirge. Den urigen Hauch ewigen Eises zu verspüren, die Gesetzmäßigkeit der Gletscher, das Gestein der Berge, die Blumen und Tiere hochalpiner Welten zu beobachten und zu erforschen, dafür reisten Naturfreunde und Wissenschaftler von weit her an und nahmen Strapazen auf sich, die wir uns heute kaum mehr vorstellen können. »Die Bereisung der Alpen zu erleichtern«, das war die erklärte Zielsetzung des nach 1870 rasch aufblühenden Alpenvereins. Um diesem Auftrag gerecht zu werden, setzten die großen, zumeist alpenfernen Sektionen

Dieses und auch das Bild auf Seite 50 zeigen den Schlußanstieg zur Wildspitze.
Die Spitze apert zusehends aus, der Gletscher entblößt blockigen Fels, der einem geübten, trittsicheren Bergsteiger keine Schwierigkeit in den Weg legt – zum Gipfelkreuz, dem Traumziel vieler Ostalpenfreunde.

viel Idealismus, Ehrgeiz und damalige Goldmark ein, bauten Wege und errichteten möglichst hoch und nah am Eis die Hütten, die auch der moderne Bergsteiger von heute noch gerne in Anspruch nimmt. Aus dieser Einstellung heraus stammt die im Jahre 1882 gegründete Breslauer Hütte. Seitdem wohl mehrmals erweitert und von 1974 bis 1977 im Innenausbau auch modernisiert, hat das Haus dennoch den ursprünglichen, aus Naturstein errichteten Baukörper unverfälscht behalten.

»Mitterkarjoch – Wildspitze«, dieses Schild nennt die Schlüsselstelle unserer Tour, das Mitterkarjoch (3468 m) und das ersehnte Ziel, das Kreuz auf dem Südgipfel der Wildspitze, das wir aus dem Joch überraschend leicht in etwa 1stündigem Aufstieg erreichen. Diese Höhe, 3770 Meter, und der nur wenig entfernte Nordgipfel, 3772 Meter, erheben mit ihrem weißen Firnscheitel die Gletscherbühne des Weißkammes zum strahlenden Mittelpunkt der Ötztaler Alpen. Die Faszination der Wildspitze wirkt seit fast 150 Jahren, seit 1857 Josef Anton Specht aus Wien mit den Klotz-Brüdern Nicodemus, Leander und Hans aus Rofen die Wildspitze-Prozession eröffnete.

Vielleicht rasten wir auf dem Südgipfel nur kurz, es lockt die schmale Firnschneide zum Nordgipfel – ein fast waagrechter Grat – der Scheitel von ganz Tirol!

Tourensteckbrief

Ausgangsort
Vent 1896 m im Venter Tal.

Die Tour in Stichworten
Vent 1896 m – Breslauer Hütte 2840 m – Mitterkarjoch 3468 m – Wildspitze-Südgipfel 3770 m.

Schwierigkeit/Anforderung
III = schwierig, Gletschertour,
große Anforderung, 2-Tage-Tour.
Von Vent auf markiertem Steig zur Hütte oder mit dem Sessellift zur Bergstation »Stablein« 2360 m, dort Einfädelung in den Hüttenzugang.
Ab Breslauer Hütte nach Schild »Mitterkarjoch, Wildspitze« über Moränengeröll zum Gletscher, bei etwa 3200 m Übertritt zum Eis. Der Mitterkarferner füllt einen kleinen, von Steilfels umschlossenen Bergwinkel; nach rechts sehr steiler Aufstieg – Achtung, Blankeis! – zum sichtbaren, schmal eingeschnittenen Mitterkarjoch, das den problemlosen Eingang zum Hochbecken des Taschachferners vermittelt. Dort, auf etwa 3500 m, treffen die Routen von der Vernagthütte (2766 m) über den Vernagtferner, vom Taschachhaus (2434 m) über den Taschachferner und von der Braunschweiger Hütte (2759 m) über den Mittelbergferner ein und vereinigen sich zu einer meist deutlich ausgeprägten Trasse in Richtung des sichtbaren S-Gipfels. Zwischen 3500 und 3600 m Höhe bildet der Gletscher eine Steilstufe aus, dort Spaltengefahr, sanfter Auslauf der Gletscherroute zum Ansatz (ca. 3700 m) des SW-Grates. Über den Grat mäßig steil und etwas ausgesetzt – Blankeis! – zu den Gipfelfelsen, in wenigen Minuten über Blockwerk zum Kreuz.
Bei guten Verhältnissen auf schmaler Firnschneide Übergang zum N-Gipfel (3772 m) möglich.
SW-seitiger Routenverlauf, nur für erfahrene, ausdauernde Gletschergeher, viel begangen.

Höchste Wegestelle/Gipfel
Mitterkarjoch 3468 m, Wildspitze-S-Gipfel 3770 m.

Aufstiegsleistung
Ab Vent 1900, ab Breslauer Hütte 900 Höhenmeter.

Abstieg
Wie Aufstieg; oder Übergang zu einer der oben genannten Hütten (nur Gletscherrouten!); nur bei guter Sicht ratsam.

Bergsteiger im Hochbecken des Taschachferners, im Aufstieg zur Wildspitze, dem Ziel aller Seilschaften herauf von der Breslauer Hütte, von der Braunschweiger Hütte, von der Vernagthütte und vom Taschachhaus.

Gehzeiten
Vent 1896 m – Breslauer Hütte 2840 m: 3 Std. – Mitterkarjoch 3468 m: $2^1/_2$ Std. – Wildspitze S-Gipfel 3770 m: 1 Std.; Abstieg wie Anstieg zur Breslauer Hütte: $2^1/_2$ Std.
Gesamtgehzeit: 6 Stunden ab Breslauer Hütte.

Hütten/Stützpunkte
Breslauer Hütte 2840 m, DAV-Sektion Breslau, 220 Betten und Matratzen, bew. von Anfang Juli bis Ende Sept.;
Vernagthütte 2766 m, siehe Tour 18;
Braunschweiger Hütte 2759 m, siehe Tour 21;
Taschachhaus 2434 m, siehe Tour 31.

Karten
Kompass Wanderkarte 1:50 000, Blatt 43 »Ötztaler Alpen; Freytag & Berndt WK 251, 1:50 000, »Ötztal«; Alpenvereinskarte 1:25 000, »Ötztaler Alpen«, Blatt »Wildspitze«.

21 Braunschweiger Hütte 2759 m Mittelbergferner

Blick zur Wildspitze

wenig schwierig
Wandertour

Tourensteckbrief

Ausgangsort
Mittelberg 1734 m im Pitztal.

Die Tour in Stichworten
Mittelberg 1734 m – Braunschweiger Hütte 2759 m.

Schwierigkeit/Anforderung
I = wenig schwierig, Wandertour, mittlere Anforderung, Tagestour.
Ab Parkplatz Mittelberg entlang des Gletscherbaches mäßig ansteigend gegen die Gletscherzunge, ab 2000 m auf Felsensteig steil höher bis auf etwa 2500 m und über Moränenschotter zur Hütte.
N-seitiger, markierter Wegeverlauf, für trittsichere Wanderer, viel begangen.

Höchste Wegstelle/Gipfel
Braunschweiger Hütte 2759 m.

Aufstiegsleistung
Ab Parkplatz Mittelberg 1000 Höhenmeter.

Abstieg
Wie Aufstieg; oder Übergang (Gletscherquerung) zur Bergstation 2861 m der Pitztaler Standseilbahn und Abfahrt nach Mittelberg.

Gehzeiten
Mittelberg 1734 m – Braunschweiger Hütte 2759 m: 3$^1/_2$ Std.; Abstieg Mittelberg: 2$^1/_2$ Std. Gesamtgehzeit: 6 Stunden.

Hütten/Stützpunkte
Braunschweiger Hütte 2759 m, DAV-Sektion Braunschweig, 115 Betten und Matratzen, Sommerbew. von Mitte Juni bis Anfang Okt.

Karten
Siehe Tour 20.

Tip
Zugang von Sölden: Ab Parkplatz (2800 m) am Rettenbachferner über Firntrasse zum Pitztaler Jöchl, 3023 m, Abstieg auf Felsensteig zur Braunschweiger Hütte.

Die Braunschweiger Hütte, ein herrlicher Platz mit großartiger Aussicht zum Mittelbergferner und zur Wildspitze, höchster Punkt am Horizont.

Braunschweiger Hütte Im Gefolge der beschaulichen Alpenreisen von einst kam der Alpenverein mit der Sektion Braunschweig herein ins Pitztal, stieg entlang der Fernerzunge höher und legte im Jahr 1892 – 2759 Meter ü.d. Meer – den Grundstein zur Braunschweiger Hütte. Den Erschließern von damals mag der Mittelbergferner im Rahmen seiner hohen Gipfel schier endlos vorgekommen sein, der Tourenreichtum ab Hütte erstreckt sich über viele Quadratkilometer, gespickt mit namhaften Gipfeln. Kein Berg jedoch kann mit der Wildspitze konkurrieren: Sie ist der Primus und im Aufblick von der Hütte (siehe Bild unten) damals wie heute die Krönung aller Touren.

Mittelbergferner Im Weißkamm, herüber von der Weißkugel, reichen sich zur Wildspitze hin der Gepatsch-, Vernagt- und der Taschachferner die Hand, der Mittelbergferner vollendet die einmalige Weißkamm-Arena zum nordseitigen Pitztal. Dort, im inneren Talwinkel, siedeln die Weiler Mandarfen (1682 m) und Mittelberg (1734 m); Mittelberg hat seinen Namen hinaufgetragen zum Gletscher, der durch die Jahrhunderte bis heute und gewiß über das Jahr 2000 hinaus das Wohl und Wehe der Talschaft (siehe auch Seite 52) mitbestimmt.
Am Anfang, nach 1850, war es der behutsame »Alpenreisende«, der durch das Pitztal nach Mandarfen und Mittelberg kam, die Bergwelt und die Gletscherzunge bestaunte, die damals bis fast nach Mittelberg hinabreichte. Der Baedeker »Tirol und Etschland«, Ausgabe 1929, bemerkt im Hinblick auf Mittelberg: »... in schöner Lage angesichts des prächtigen Mittelbergferners, der sich in großartigem Absturz ins Tal senkt. Bis zum Gletscherende (1970 m) 40 Min.«. Heute, im letzten Dezennium zur Jahrtausendwende, gibt es aus der Talsicht nichts zu bewundern, das Eis hängt weit hinten in einer kümmerlichen Zunge herab zu nacktem Fels; wir müssen hinauf zur Braunschweiger Hütte, wollen wir wissen, was vom Mittelbergferner noch übrig ist. Dort oben auf knapp 2800 Meter Höhe haben wir jedoch Grund zur Freude. Als Plateaugletscher bedeckt der Mittelbergferner noch 12 Quadratkilometer Fläche und bewahrt den nach dem Gepatschferner (18 km^2) zweitgrößten Schatz »ewigen Eises«, ein Ötztaler Kapital, von dem wir ahnen, daß es irgendwann im dritten Jahrtausend wohl endgültig verrinnen wird. Noch trägt der Gletscher den Pitztaler Wohlstand: im Skizirkus hinauf zum Mittelbergjoch (3166 m), dem Tor für den Aufstieg zur Wildspitze ab Braunschweiger Hütte.

Geigenkamm – Pitztal

Das Pitztal – der Name stammt von der »Pitze«, dem Gletscherbach vom Mittelbergferner – ist das zentrale Tal, das Herz der Ötztaler Alpen. Der Talbach empfängt die Gletscher- und Bergwasser herab vom Weißkamm, vom Geigenkamm und vom Kaunergrat, trägt sie über fast 40 Kilometer, vorbei an den Dörfern Plangeroß, St. Leonhard, Wenns, Jerzens und Arzl, hinaus nach Norden zum Inn. Von Mittelberg im hintersten Winkel muß er dabei ein Gefälle von 1000 Metern hinnehmen.

Im äußeren Abschnitt ist das Tal geräumig, gesegnet mit viel Wiesengrün zu sanften Höhen. Hochalpinen Charakter, nackte Felsstufen und dicht bewaldete Steilhänge herab zu schmalen Talgründen finden wir ab St. Leonhard (1372 m), dem Gemeindesitz für die innere Talschaft. Zum Ort, zur Fahrt talein, stellt der linksseitige Geigenkamm seine mächtigen Hauptgipfel zur Schau, die Hohe Geige (3395 m) und den Puitkogel (3345 m). Damit wissen wir das Höhenniveau des Geigenkammes, der das Pitztal von Osten her stark bedrängt, während der Kaunergrat sich etwas zurückhält und seinen Kammzug mehr hinüber zum westlichen Gepatsch ausrichtet.

Im Jahre 1984 begann für das Pitztal eine neue wirtschaftliche Ära. Der »Pitz-Express«, eine unterirdische Standseilbahn von Mittelberg (1734 m) zur Bergstation in 2861 Meter Höhe am Nordrand des Mittelbergferners, verwandelt seitdem den ganzjährig verfügbaren Gletscherfirn zu »weißem Gold«: »Endlich auch ein Ganzjahres-Skigebiet – das fünfte in Tirol – bieten zu können, hat bei den meisten Pitztalern helle Begeisterung hervorgerufen. Sie sind fest überzeugt davon, daß diese Attraktion dem Tal den langersehnten Aufschwung bringt.« (Süddeutsche Zeitung, 22. März 1984)

Der Geigenkamm (siehe auch Seite 54), der Gebirgszug zwischen dem Ötztal und dem Pitztal, zieht ab dem Pitztaler Jöchl (3023 m) nahe der Braunschweiger Hütte als eine 28 Kilometer lange Gipfelkette nach Norden bis zu seinem Auslauf am Wildgrat. Fast alle Gipfel ragen mehr als 3000 Meter hoch, unbestrittene »Nummer eins« ist die Hohe Geige mit Talort Plangeroß und Chemnitzer Hütte als Sprungbrett zum Gipfel.

Ausblick vom Plangeroßferner im Kaunergrat über das Pitztal hinweg nach Osten zum Geigenkamm.
Von links: Hohe Geige, der Einschnitt des Weißmaurachjochs, der Puitkogel; der kleine Firnfleck am Grat gehört zum Wassertalkogel, dem Standort des Rheinland-Pfalz-Biwaks.

22 Neue Chemnitzer Hütte 2323 m Hohe Geige 3395 m

Touristischer Mittelpunkt im Geigenkamm

mäßig schwierig
Felstour

Tourensteckbrief

Ausgangsort
Plangeroß 1617 m im Pitztal.

Die Tour in Stichworten
Plangeroß 1617 m – Neue Chemnitzer Hütte 2323 m – Hohe Geige 3395 m.

Schwierigkeit/Anforderung
II = mäßig schwierig, Felstour,
große Anforderung, 1¹/₂-Tage-Tour.
An der Talstraße knapp vor Plangeroß Parkplatz, gegenüber Wegeschild. Auf steilem, gut angelegtem Steig zur Chemnitzer Hütte. Ab Hütte nach Schild »Hohe Geige« durch Moränenschotter, Steinmänner, in ein Hochkar, zum Fuß (ca. 2770 m) einer begrünten, deutlich ausgeprägten Felsrippe zur Linken. Auf dieser Rippe entlang einer Schotterrinne sehr steil höher – verwickelte Routenführung; brüchiger Fels – zu waagrechtem Gratfels (ca. 3250 m). Nach rechts Übertritt zu einem Firnfleck, weiter zum Steinmann am Ansatz des S-Grates und über Blockwerk zum Gipfel.
SW-seitiger, teils markierter Routenverlauf, nur für erfahrene, trittsichere Bergsteiger.

Höchste Wegestelle/Gipfel Hohe Geige 3395 m.

Aufstiegsleistung
Ab Parkplatz 1800, ab Hütte 1100 Höhenmeter.

Abstieg Wie Aufstieg.

Gehzeiten
Parkplatz Plangeroß 1617 m – Neue Chemnitzer Hütte 2323 m: 2¹/₂ Std. – Hohe Geige 3395 m: 4 Std.; Abstieg Chemnitzer Hütte: 2¹/₂ Std. Gesamtgehzeit: 9 Stunden.

Hütten/Stützpunkte
Neue Chemnitzer Hütte 2323 m, DAV-Sektion Rüsselsheim, 60 Matratzen, bew. von Mitte Juni bis Ende Sept.

Karten Siehe Tour 20.

Am Gipfel der Hohen Geige – allein! –, an einem herrlichen Tag Mitte September.

Die Hohe Geige erregte durch ihre Höhe zuallererst die Aufmerksamkeit der früher ausschließlich militärischen Landvermesser. Der k. u. k. Hauptmann Ganahl leitete im Jahre 1853 eine Expedition, die von Huben im Ötztal nach 10 Stunden – unter lebensgefährlichen Anstrengungen, wie Ganahl im Protokoll vermerkte – den Gipfel erreichte und den Erfolg mit Steinpyramide und Holzstange dokumentierte. Der heute übliche Normalweg kommt aus dem Pitztal, verläuft südwestseitig und ist daher fast eisfrei. Die geringe Entfernung zum Tal bedingt aber ab Plangeroß (1617 m) über die Höhendifferenz von 1800 Metern einen sehr starken Neigungswinkel: Wer die Hohe Geige besteigen will, muß Ausdauer und Trittsicherheit mitbringen, Seil Steigeisen und Pickel dagegen können im Tal bleiben. Stützpunkt ist die Neue Chemnitzer Hütte (Näheres Seite 54) – bei frühem Start im Tal kann die Hohe Geige »im Handstreich« zu nehmen sein. Von der Hütte verfolgen wir durch Moränenschotter den Steig in Richtung zu einem begrünten Sporn in der südwestseitigen Bergflanke; das Ziel ist die hohe Linie darüber, der felsige Südrand (ca. 3250 m) des kleinen Gletscherbeckens unter dem Gipfel. Steigen wir dort aus, kann auch der steile, blockartige Südgrat die letzten Schritte kaum mehr stoppen. Das Gipfelkreuz verheißt eine umfassende Schau über fast die gesamten Ötztaler Alpen.

23 Mainzer Höhenweg

Die Super-Tour im Geigenkamm

**schwierig
Fels-/Gletschertour**

Der Geigenkamm (siehe auch Seite 52) ist 28 Kilometer lang, füllt auf viele Quadratkilometer den gesamten Bergraum zwischen dem Ötztal und Pitztal, hat aber nur drei bewirtschaftete Hütten, die das Wegenetz stützen: im Südabschnitt die Neue Chemnitzer Hütte (2323 m), draußen im Norden die Erlanger Hütte (2541 m) und die Frischmannhütte (2240 m). Dazu kommt etwa in Kammmitte die Selbstversorger-Unterkunft am Hauersee (2331 m, Schlüssel in der Chemnitzer und Frischmannhütte) und im Kamminneren das Rheinland-Pfalz-Biwak (3247 m) auf dem Wassertalkogel. Bergwandern und Bergsteigen in den Ötztaler Alpen ist fast nirgends einsamer als am Geigenkamm, der bescheidene Sommertourismus konzentriert sich im Umkreis der Erlanger Hütte und Frischmannhütte und wiederum bei der Chemnitzer Hütte an der Hohen Geige.

Die Neue Chemnitzer Hütte ist eine »späte« Hütte. Die sächsische Alpenvereinssektion Chemnitz, nach 1919 durch die neue Staatengrenze zwischen Österreich und Italien von ihrem ursprünglichen Besitz auf der Südseite des Zillertaler Hauptkammes (Chemnitzer Hütte am Nevesjoch) getrennt, fand die neue Bergheimat im Pitztal, im Weißmaurachkar am Geigenkamm. Im Jahre 1926 eröffneten die Sachsen ihr neues Domizil, ein mit viel Liebe aus dem Naturstein der Umgebung gebautes Haus, das der Sektion jedoch mit Gründung der DDR wiederum genommen wurde; zuständig ist heute die DAV-Sektion Rüsselsheim. Bei Bergwetter ist der Hüttenparkplatz an der Talstraße nahe Plangeroß überfüllt, der lebhafte Zuspruch an Tagesgästen befriedigt den Hüttenwirt, die reizvolle Aussicht nach Westen zeigt die großen Pitztaler Perspektiven im benachbarten Kaunergrat.

Die Tourenempfehlungen der Chemnitzer Hütte nennen Hohe Geige (3395 m), Silberschneide (3343 m) und Puitkogel (3345 m) sowie die Übergänge zur Hauersee-Hütte

im Norden und Braunschweiger Hütte im Süden. Die Route zur Braunschweiger Hütte, zur Zeit der Sachsen als »Hindenburgweg« bekannt, heißt heute »Mainzer Höhenweg«. Die Sektion Mainz hat nach 1970 diese Höhenverbindung wieder aktiviert, teilweise gesichert und etwa in Wegmitte, an der höchsten Stelle, auf dem Wassertalkogel (3247 m), das Rheinland-Pfalz-Biwak plaziert.

Höhenwege gehen – ausdauernde Bergwanderer spezialisieren sich darauf. Wollen wir aber eine so anspruchsvolle Trasse wie den Mainzer Höhenweg erleben, müssen wir uns vorher informieren: »Hochalpine Gratwanderung, 10 Std.«, so der AV-Führer. Die

möglichen Ausgangsstützpunkte – Chemnitzer Hütte im Norden oder Braunschweiger Hütte im Süden – fordern die erste Entscheidung über den Tourenverlauf. Die Biwakschachtel halbiert den Höhenweg, mit neun Schlafplätzen sollte das Biwak jedoch nur als Notunterkunft in Betracht kommen. Den höchsten Anspruch stellt der Südabschnitt, die Gratroute vom Südlichen Pollesjoch (2961 m) oberhalb der Braunschweiger Hütte (2759 m) bis zum Biwak. Dieses Joch können wir auch auf der Zufahrt über die Ötztaler Gletscherstraße herauf von Sölden ab Parkplatz Gletscherlift »Pitztaler Jöchl« (ca. 2800 m) in nur $^{1}/_{2}$stündigem Aufstieg erreichen.

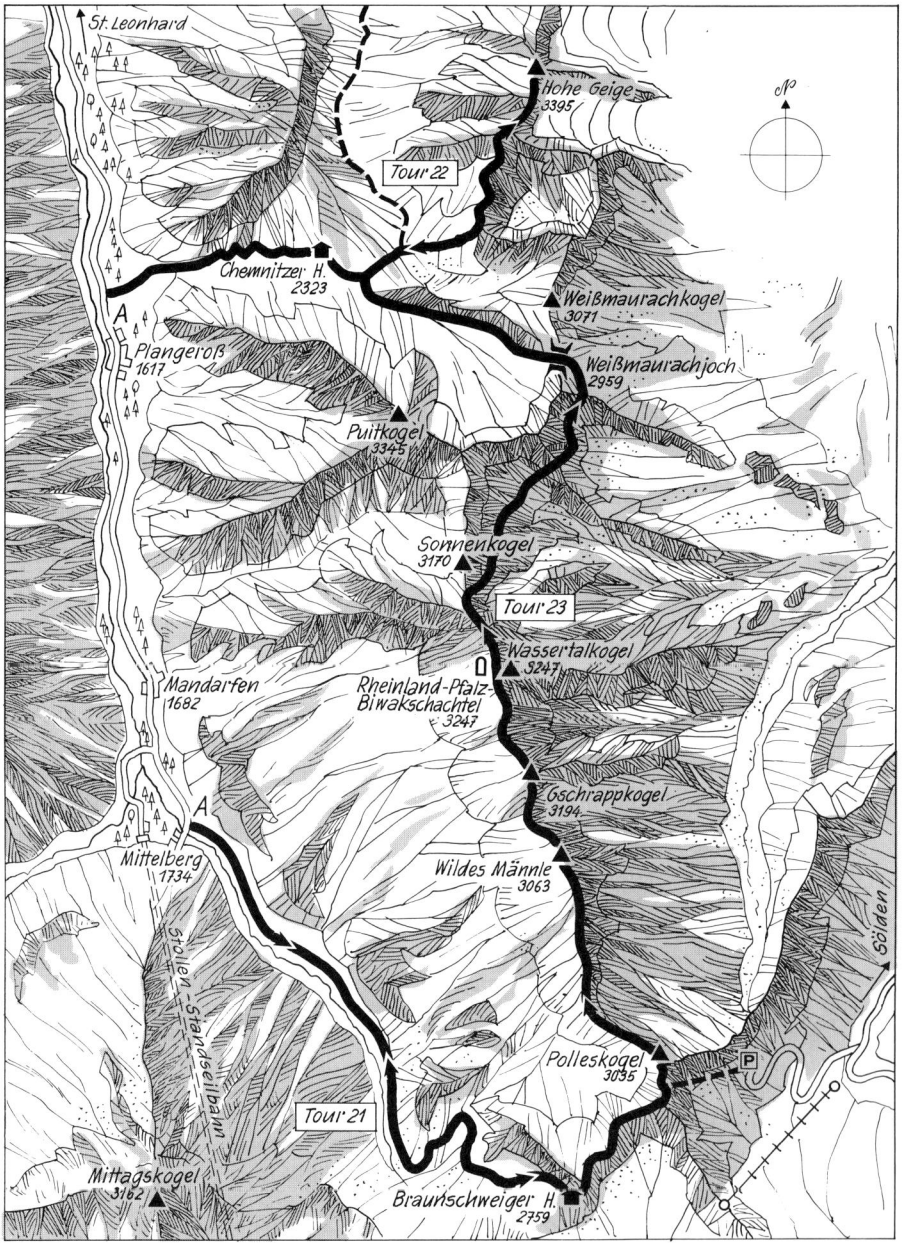

Das Rheinland-Pfalz-Biwak am Wassertal-kogel, Meereshöhe 3247 Meter; Blick nach Westen ins Taschachtal – zur Abflußzone des Sexegertenferners, darüber die Hintere Ölgrubenspitze, den Horizont bilden Weißseespitze und Weißkugel.

Mit frühem Start am Südlichen Pollesjoch nützen wir den wettersicheren Vormittag, haben eine sehr gute Ausgangsposition und frische Körperkräfte für die anstrengenden Dreitausenderhöhen im Gratverlauf zum Biwak, zur höchsten Wegestelle. Deshalb die Empfehlung, den Mainzer Höhenweg von Süd nach Nord zu gehen. Nach dem Biwak an der Scharte vor dem Sonnenkogel

verläßt der Höhenweg den Kamm zu ostsei-tigem Firn, schneidet den Gratsporn herab vom Puitkogel und quert den Südlichen und Nördlichen Puitkogelferner. Aus diesem nun letzten Gletscherbecken steigt er hinauf zu einer deutlichen Markierungsstange, die das nahe Weißmaurachjoch (2959 m) an-kündigt. Auch wenn das Wetter zum Nach-mittag umschlagen sollte, der trainierte Berggeher wird den steilen, dafür jedoch direkten Abstieg zur Chemnitzer Hütte pro-blemlos meistern.
Den Mainzer Höhenweg sichert an schwie-rigen Felsstellen ein Drahtseil, Steigeisen und Pickel können im fortgeschrittenen Sommer bei Blankeis notwendig sein. Fazit: Nur der erfahrene, ausdauernde, an ständi-ges Auf und Ab gewöhnte Berggeher hat am

Mainzer Höhenweg seine Freude. Sicheres Wetter abwarten und die Tour, ob von Nord oder von Süd, in einem Tag durchziehen, das ist die Devise. (Der Tourensteckbrief beschreibt den Weg von Süd nach Nord.)

Rheinland-Pfalz-Biwak, 3247 Meter »Mit der Fertigstellung des ›Mainzer Höhenwe-ges‹ und mit der Errichtung der Biwak-schachtel ›Rheinland-Pfalz‹ hat die Sektion Mainz im Deutschen Alpenverein die letzte Lücke des Wegesystems im Bereich des Gei-genkammes geschlossen.
Gerade durch diesen Weg zwischen der Chemnitzer Hütte und der Braunschweiger Hütte wird auch für den Bergwanderer eine grandiose, hochalpine Region erschlossen.« (Sektion Mainz, 1973)

Tourensteckbrief

Ausgangsort
Mittelberg 1734 m im Pitztal.

Die Tour in Stichworten
Mittelberg 1734 m – Braunschweiger Hütte 2759 m – Südl. Pollesjoch 2961 m – Rheinland-Pfalz-Biwak 3247 m am Wassertalkogel – Weißmaurachjoch 2959 m – Neue Chemnitzer Hütte 2323 m – Plangeroß 1617 m – Mittelberg.

Schwierigkeit/Anforderung
III = schwierig, Fels-/Gletschertour, große Anforderung, 2½-Tage-Tour.
Zur Braunschweiger Hütte siehe Tour 21.
Ab Hütte markierter Steig zum Pitztaler Jöchl. Kurzer Abstieg auf Firn bis zum Wegeschild »Chemnitzer Hütte, 8 Std.«; ab hier teils gesicherter Aufstieg, sehr steil zum Südl. Pollesjoch. Hierher auch direkt vom obersten Parkplatz (ca. 2800 m, Zufahrt von Sölden) am Rettenbachferner. Am Südl. Pollesjoch Ausblick in den Routenverlauf zum Biwak auf dem Wassertalkogel (siehe Bild oben).

Vom Südl. zum Nördl. Pollesjoch (2937 m) und im Gratverlauf über das grobblockige Wilde Männle zum sichtbaren Steinmann auf dem Wurmsitzkogel (3100 m). Weiter in mühsamem Auf und Ab, teils Drahtseile, zum Steinmann am Gschrappkogel (3194 m), kurzer Anstieg zum Biwak. Vom Biwak abwärts zur Scharte vor dem Sonnenkogel. Dort vom Kammverlauf zu O-seitigem Firn und über Schotter und Fels (Drahtseil) zum Südl. Puitkogelferner, jenseits durch eine steile Felsrinne hinauf zum O-Sporn des Puitkogels. Durch das »Knappenloch« zum Nördl. Puitkogelferner, auf der jenseitigen Grubigkarleswand – gesicherter Aufstieg – zeigt eine Markierungsstange das nahe Weißmaurachjoch an; von dort steiler Steig hinab zur Chemnitzer Hütte.
Anstrengender Routenverlauf mit viel Auf und Ab, nur für erfahrene, ausdauernde Berggeher, im Fels markiert.

Höchste Wegestelle/Gipfel
Rheinland-Pfalz-Biwak 3247 m am Wassertalkogel.

Aufstiegsleistung
Ab Braunschweiger Hütte 700 Höhenmeter.

Wir stehen am Südlichen Pollesjoch und überschauen den »Mainzer Höhenweg« im Gratverlauf zum Wassertalkogel, der zweiten Spitze von rechts, Standort des Rheinland-Pfalz-Biwaks.

Abstieg
Siehe Routenverlauf.

Gehzeiten
Mittelberg 1734 m – Braunschweiger Hütte 2759 m: 3 Std. – Südl. Pollesjoch 2961 m: 1½ Std. – Rheinland-Pfalz-Biwak 3247 m: 4 Std. – Weißmaurachjoch 2959 m: 3½ Std. – Chemnitzer Hütte 2323 m: 1 Std.
Gesamtgehzeit: 10 Stunden ab Braunschweiger Hütte.

Hütten/Stützpunkte
Braunschweiger Hütte 2759 m, siehe Tour 21;
Neue Chemnitzer Hütte 2323 m, siehe Tour 22;
Rheinland-Pfalz-Biwak 3247 m, ständig geöffnete Notunterkunft, 9 Schlafplätze.

Karten Siehe Tour 20.

24 Erlanger Hütte 2541 m Wildgrat 2974 m

Bergidyll am Wettersee

mäßig schwierig
Wander-/Felstour

Die Erlanger Hütte am Wettersee.
Für eine Alpenvereinshütte ist dies gewiß ein standesgemäßer Platz, hoch gelegen am Fuße der Wildgratfelsen, mit weitem Ausblick nach Osten zu den Stubaier Alpen.

Dem mittleren Höhenniveau, 3000 Meter, bleibt der Geigenkamm auch im nördlichen Abschnitt treu, nur zwei Senken, das Breitlehnjöchl (2630 m) und das Lehnerjoch (2512 m), erlauben ein Hin und Her zwischen dem Pitztal und dem Ötztal. Das Lehnerjoch, ein fast ebener Sattel, ist im Raum sehr großzügig, zu ihm plaziert der Geigenkamm zwei attraktive Felsstöcke: südlich den Fundusfeiler (3080 m, siehe Tour 25), nördlich ein eng gestaffeltes Bollwerk, in dem der Wildgrat mit 2974 Meter dominiert. Im Kreis um den urhaften Wildgrat legt die Bergnatur sanfte Hochweiden aus, gibt blanke Wasser hinzu, ein Paradies für Wanderer herauf von Jerzens im Pitztal und von Tumpen und Umhausen im Ötztal – und auch für Schafe, wie der »Schafhimmel« (2821 m), eine Höhe am Lehnerjoch, verheißt. Eine Stufe darunter, hinab zum Bergwald, grünen fruchtbare Almen; ein Geschenk, das der Geigenkamm im inneren Abschnitt nur selten anbietet, dafür jedoch eine Stille, die kaum jemand stört.

Für Bergsteiger ist der nördliche Geigenkamm deshalb interessant, weil dort der Wildgrat und der Fundusfeiler hohes Ansehen genießen. Beide Gipfel gelten seit 100 Jahren als große Aussichtskanzel, und so gibt es für diesen Bergraum zwei Stützpunkte: die Erlanger Hütte (2541 m) am Wettersee zu Füßen des Wildgrats und die Frischmannhütte (2240 m) am Fundusfeiler, beide mit Talzugang aus dem Ötztal.
Die Hütten und Gipfel können wir ideal zu einer Tour für zwei bis drei Tage verbinden: am ersten Tag von Umhausen zur Erlanger Hütte und noch zum Wildgrat, am zweiten Tag über das Lehnerjoch zum Fundusfeiler mit Abstieg zur Frischmannhütte. Diese Tour erfüllt hohe Erwartungen und ist, wenn sie schnell und zügig ablaufen soll, wie maßgeschneidert für konditionsstarke Bergwanderer – verteilt auf drei bis vier Tage ein erholsamer alpiner Kurzurlaub, der auch eine weite Anfahrt lohnt.

Tourensteckbrief

Ausgangsort
Umhausen/Neudorf 1036 m im Ötztal.

Die Tour in Stichworten
Umhausen 1036 m – Erlanger Hütte 2541 m – Wildgrat 2974 m – Erlanger Hütte.

Schwierigkeit/Anforderung
II = mäßig schwierig, Wander-/Felstour, große Anforderung, Tagestour.
Parkplatz (ca. 1050 m) bei Umhausen/Neudorf an der Ötztaler Ache, am Beginn der Alm- und Forststraße zu den Leierstalalmen und zu den Fundusalmen. Bei ca. 1450 m Straßengabel, rechts im Leierstal zur Erlanger Hütte, links im Fundustal zur Frischmannhütte. (Mit Taxi von Umhausen Auffahrt zu den Almen möglich.) Im Leierstal vorbei an der Vord. Leierstalalm (1798 m) zur Talstation der Materialseilbahn, Hütte in Sicht; steiler Aufstieg auf gutem Steig.

Bei der Erlanger Hütte ist der **Wildgrat** in Sicht (siehe Bild unten). Auf markiertem Steig links des Wettersees über eine breite Felsrampe hinauf zum Fuße des Gipfelaufbaus (ca. 2800 m). Über kompakten, O-seitigen Fels, Bänder und Absätze, steil, ausgesetzt zum Gipfelkreuz.
O-seitiger, markierter Routenverlauf, Wildgrat nur für geübte, trittsichere Bergsteiger, viel begangen.

Höchste Wegestelle/Gipfel
Wildgrat 2974 m.

Aufstiegsleistung
Ab Parkplatz 1900, ab Erlanger Hütte 400 Höhenmeter.

Abstieg
Wie Aufstieg.

Gehzeiten
Parkplatz Umhausen/Neudorf 1050 m – Vord. Leierstalalm 1798 m: 2½ Std. – Erlanger Hütte 2541 m: 1½ Std. – Wildgrat 2974 m: 1½ Std.; Abstieg Hütte: 1 Std.
Gesamtgehzeit: 6½ Stunden.

Hütten/Stützpunkte
Erlanger Hütte 2541 m, DAV-Sektion Erlangen, 60 Betten und Matratzen, bew. von Ende Juni bis Ende Sept.

Karten
Kompass Wanderkarte 1:50000, Blatt 43, »Ötztaler Alpen«; Freytag & Berndt WK 251, 1:50000, »Ötztal«.

Bild rechts: Am Gipfel des Fundusfeiler mit viel Besuch durch eine geführte Gruppe.

Bild unten: Der Wettersee; darüber der Gipfel des Wildgrats (Bildmitte), den wir von links über die angeschnittene Felsrampe erreichen.

25 Fundusfeiler
3080 m
Frischmannhütte
2240 m

Beliebter »Außenseiter«

mäßig schwierig
Wander-/Felstour

Der Wildgrat (2974 m) zeigt neben ausgezeichneter Fernsicht sehr gut auch die nahe Umgebung: den in unsere Tour fest eingeplanten Fundusfeiler. Zum Wildgrat wendet der Fundusfeiler die beste, die alpinste Seite, die zu einer Mauer aufgerichtete, steile Nordwestflanke mit spitzem Giebel, dem 3080 Meter hohen Gipfel. Rechts von ihm ragt der breite, weniger auffällige Mittlere Grieskogel (3030 m), die Feilerscharte (2928 m) dazwischen verknüpft den Südaufstieg zum Fundusfeiler von der Frischmannhütte und den Nordzugang von der Erlanger Hütte mit der leichten Kletterroute über den Westgrat zum Gipfelkreuz. Am frühen Morgen umhüllt die Erlanger Hütte, den Wettersee und die Wildgratfelsen vielleicht eine zauberhafte Stimmung, von der wir uns lösen, wenn wir oben in der Scharte (2600 m) im Wildgrat-Ostsporn stehen und über das wellige Leierstal-Hochbecken hinüber zum Fundusfeiler schauen (siehe Bild Seite 60). Der Berg lockt mit Gestalt und Höhe, schreckt jedoch auch mit der am Morgen düsteren Nordwestflanke – das Auge sucht die Feilerscharte, das zunächst wichtige Ziel.

Das vergnügliche Wandern über Alpweiden, vorbei am hübschen See unter dem Lehnerjoch, führt uns in das »Schwarze Loch« (ca. 2650 m), einen blockigen Graben, aus dem heraus der Steilaufstieg über den Fels und Schotter der Flanke hinauf zur Scharte beginnt.

Nach der Rast an der Feilerscharte und nun ohne Rucksack greifen wir mit Schwung den leichten Fels im Westgrat an. Nach 30 Minuten erleben wir die Krönung unserer Zwei-Tage-Tour: die wahrhaft große Aussicht vom Fundusfeiler nach Süden über die Ötztaler Berge und zum Gegenüber, den Stubaier Alpen im Osten.

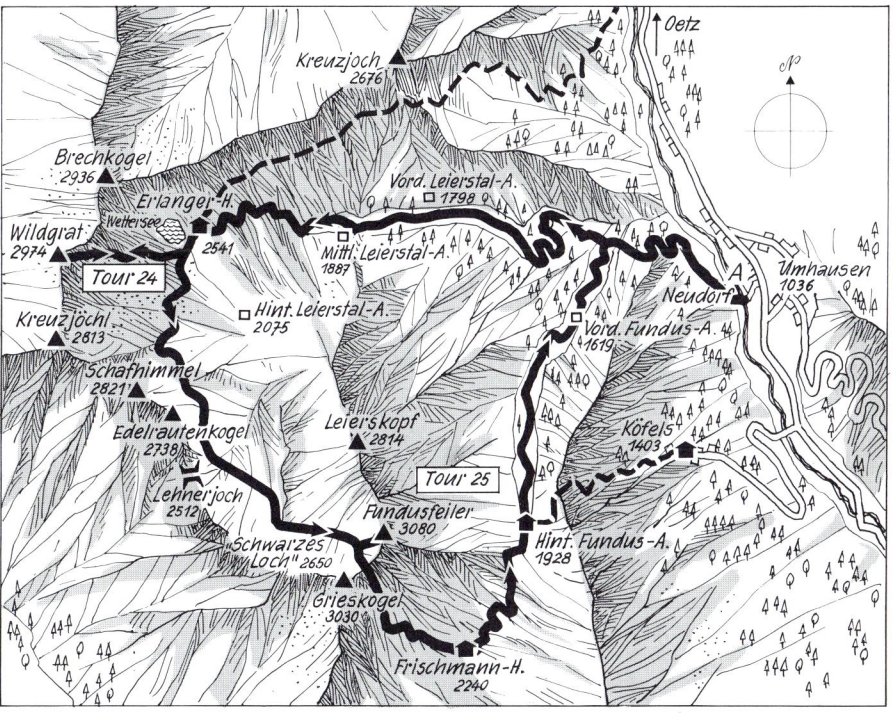

Tourensteckbrief

Ausgangsort
Umhausen/Neudorf 1036 m im Ötztal.

Die Tour in Stichworten
Erlanger Hütte 2541 m – Lehnerjoch 2512 m – Feilerscharte 2928 m – Fundusfeiler 3080 m, – Feilerscharte – Frischmannhütte 2240 m – Hint. Fundusalm 1928 m – Umhausen.

Schwierigkeit/Anforderung
II = mäßig schwierig, Wander-/Felstour, große Anforderung, Tagestour.
Zur Erlanger Hütte siehe Tour 24.
Ab Erlanger Hütte auf Steig zur Scharte im Wildgrat-O-Sporn (ca. 2600 m), Blick zum Fundusfeiler. Ab Scharte hinab in das Leierstal-Hochbekken zu einem kleinen See (ca. 2430 m) und Wiederanstieg zu einem Felsriegel (ca. 2500 m). Die Route verliert hinab zu einem Bach, der die sichtbare Hint. Leierstalalm (2075 m) berührt, an Höhe, führt bergauf und bergab durch Alpweiden in den hintersten Talwinkel – tiefste Stelle 2300 m

– und im Wiederaufstieg in Richtung Lehnerjoch. Vor dem Joch (ca. 2400 m) Tafel! »Frischmannhütte«. Nach dieser Wegweisung zu einem wiesengerandeten See – herrlicher Rastplatz – und hinauf zu einem Blockgraben, dem »Schwarzen Loch« (2650 m), unter der Feilerscharte. Aus dem »Schwarzen Loch« über grobe Blöcke zur NW-Flanke des Fundusfeiler und sehr steil, nur Steigspuren – Achtung, Steinschlag! – hinauf zur Scharte. Ab Feilerscharte über den mäßig schwierigen Fels des W-Grates teils ausgesetzt zum Gipfel.
O-seitiger Routenverlauf, markiert, teils ausgeprägter Steig, nur für ausdauernde, trittsichere Bergwanderer, häufig begangen.

Höchste Wegestelle/Gipfel
Feilerscharte 2928 m, Fundusfeiler 3080 m.

Aufstiegsleistung
Ab Erlanger Hütte 1000 Höhenmeter.

Abstieg
Ab Feilerscharte über Fels und Schrofen sehr steil hinab in ein Hochkar und durch Alpwiesen zur

Blick von der Scharte im Wildgrat-Ostsporn zum Fundusfeiler (links).
Wir überschauen das Gelände bis hinauf zur Feilerscharte, dem Einschnitt rechts des Gipfels, der Schlüsselstelle unserer Tour.

sichtbaren Frischmannhütte. Ab Hütte auf Almstraße zur Hint. Fundusalm (1958 m) und weiter durch das Fundustal nach Umhausen.

Gehzeiten
Erlanger Hütte 2541 m – Feilerscharte 2928 m: 4 Std. – Fundusfeiler 3080 m: $^1/_2$ Std.; Abstieg Feilerscharte – Frischmannhütte 2240 m: 2 Std. – Umhausen/Neudorf 1036 m: 3 Std.
Gesamtgehzeit: $9^1/_2$ Stunden ab Erlanger Hütte.

Hütten/Stützpunkte
Erlanger Hütte 2541 m, siehe Tour 24;
Frischmannhütte 2240 m, ÖTK Wien, 50 Betten und Matratzen, bew. von Ende Juni bis Ende Sept.

Karten Siehe Tour 24.

26 Söldener Grieskogel 2911 m

Hausberg von Sölden

wenig schwierig
Wandertour

Die Namensnennung für Berge und entlegene Karbuchten verwendet, verstreut über den gesamten Ostalpenraum, sehr oft das Wort »Gries«. Darunter verstehen wir das mehr oder weniger grobe Geröll unter einem Gipfel, entstanden durch die unentwegte Abtragung der Berge. Der AV-Führer »Ötztaler Alpen« verzeichnet sechs Grieskögel (siehe Mittlerer Grieskogel an der Feilerscharte, Tour 25); jeder so benannte Berg braucht fast zwingend eine ortsbezogene Beifügung, die seinen Standort deutlich macht.

Der Geigenkamm entsendet an seiner Wurzel, am Pitztaler Jöchl, einen Seitenast, den Polleskamm, hinaus zum Ötztal. Ein »Grieskogel« steht dort sehr gut im Söldener Blickfeld, die Höhe, 2911 Meter, hebt den Gipfel weit über die Talschaft hinaus. Im Blick auf die Karte dürfen wir vom Söldener Grieskogel eine große Schau, vor allem nach Osten zu den Stubaier Alpen, erwarten.

Sölden (1367 m) konzentriert sein winterliches Image als Skizentrum auf die weiten, baumlosen Osthänge herab vom Polleskamm, zur Hotelsiedlung »Hochsölden« in knapp 2100 Meter Meereshöhe. Die technische Erschließung der Hanglagen durch Skilifte ist perfekt, verschont jedoch den Grieskogel, der mehr im Norden steht; ein Wegeschild gibt 3 Stunden Gehzeit an. Der Rotkogel-Sessellift dient der Tour zum Grieskogel, ab Bergstation (2369 m) nur noch 650 Höhenmeter zum Gipfel.

Der Steig verläßt die Liftregion, quert Alpweiden hinein zu dem steinigen »Gries« eines Hochkares; dort helfen Drahtseile über plattigen Fels zu einem Sattel (ca. 2800 m) im Ostgrat. Durch ein Seilgeländer gut gesichert, ist – zumal das Gipfelkreuz lockt – die Höhendifferenz von 100 Metern nur noch ein Spurt von wenigen Minuten zur Aussicht nach Osten, zu den Stubaier Alpen.

Tourensteckbrief

Ausgangsort
Sölden 1367 m im Ötztal.

Die Tour in Stichworten
Sölden 1367 m – Hochsölden 2090 m – Grieskogel 2911 m.

Schwierigkeit/Anforderung
I = wenig schwierig, Wandertour, mäßige Anforderung, Tagestour.
Von Sölden entweder mit Sessellift oder Pkw auf guter Straße nach Hochsölden. Hier mit dem Rotkogel-Lift oder zu Fuß zur Bergstation (2369 m). Von dort auf Steig in das Hochkar unter dem Gipfel, steil höher zu einem Sattel (ca. 2800 m) im O-Grat und durch Seilgeländer gesichert zum Gipfelkreuz. SO-seitiger Routenverlauf, markiert, Trittsicherheit notwendig, viel begangen.

Am Gipfel des Söldener Grieskogels.

Höchste Wegestelle/Gipfel
Söldener Grieskogel 2911 m.

Aufstiegsleistung
Ab Hochsölden 800, ab Bergstation Rotkogel-Lift 650 Höhenmeter.

Abstieg
Wie Aufstieg.

Gehzeiten
Bergstation Rotkogel-Lift 2369 m – Grieskogel 2911 m: 2 Std. (ab Hochsölden 3 Std.); Abstieg: 1½ Std.
Gesamtgehzeit: 3½ Stunden.

Hütten/Stützpunkte
Keine.

Karten Siehe Tour 24.

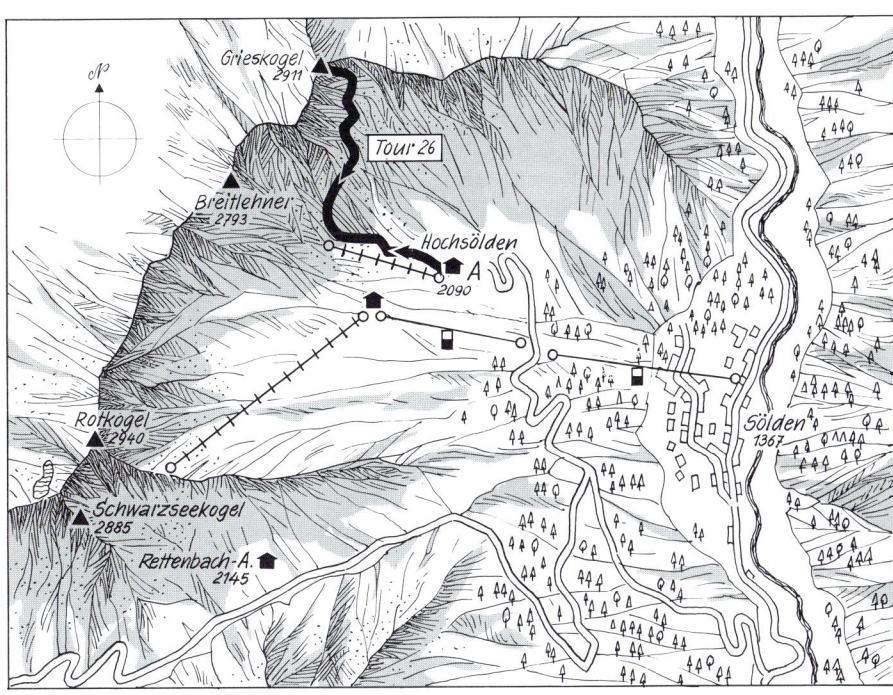

Kaunergrat – Kaunertal

Der Kaunergrat, der mittlere und mächtigste der drei großen Ötztaler Nordkämme, ist im Unterschied zu seinen Nachbarn, dem Geigen- und dem Glockturmkamm, nach einem Tal benannt. Das Dörfchen Kauns auf der sonnigen Hangstufe des Kauner Berges stiftete den Namen für den Bergkamm von der Hohen Aifenspitze (2786 m) bis hinein zur Hinteren Ölgrubenspitze (3296 m) und für das Tal (etwa 30 km), das herab vom Gepatschferner nach Prutz im Oberinntal mündet.

Der Kaunergrat, aufgebaut von harten Graniten, Gneisen und Hornblendegestein,
ist unvergleichlich, kein anderer der großen Seitenäste des Zentralalpenkammes vermag mit der Wildheit seiner Felsformation, mit der dichten Staffel seiner steilen Berge und auch kaum mit den Gipfelhöhen zu konkurrieren. Der Hauptgipfel, die 3533 Meter hohe Wazespitze, ragt im mittleren Bereich auf. Hinein zum Anschluß an den Ötztaler Weißkamm nisten, meist in nordostseitigen Kammbuchten, mehr oder weniger steile, jedoch kleine Gletscher. Für die dunklen Urgesteinsberge bedeuten sie Schmuck und Zierde, für den Bergsteiger aber eine ernste Hürde zum Gipfel.

Vergleichen wir das Kaunertal mit dem benachbarten Pitztal, registrieren wir eine dünne und bescheidenere Besiedelung mit nur einem Kirchdorf talein. Von Prutz (866 m) entlang des Faggenbaches, der die Entwässerung besorgt, erreichen wir auf guter Talstraße nach 11 Kilometern den
Hauptort Feichten (1289 m), den Sitz der Gemeinde Kaunertal. Die bisher sehr enge Talfurche weitet sich bei Feichten zu einem ebenen Boden: Das Kaunertal gewährt den ersten Blick zu seiner Gletscherkrone, zur Weißseespitze. In der Zufahrt nach Feichten leuchtet aus dunklem Bergwald links oben die weiße Wallfahrtskirche Kaltenbrunn; die Marienverehrung am »Kalten Brunn« datiert seit 1285, und so ist wohl Kaltenbrunn der geschichtlich älteste Ort im Kaunertal. Im 19. Jahrhundert, Anfang der siebziger Jahre, bekam das Kaunertal einen Alpenvereins-Paten, die Sektion Frankfurt a. Main, und von ihr als Geschenk eine Hütte – das Gepatschhaus.

Am Nordufer des Gepatsch-Stausees. Auf dem Waldhügel über dem Südufer steht das Gepatschhaus; darüber Gepatschferner mit Weißseespitze.

Gepatsch und Kaunertaler Gletscherstraße

Gepatsch? Darunter versteht das Kaunertaler Volk seit jeher den zweistöckigen Talschluß, der den Namen »Gepatsch« zum Ferner darüber, zur Region des ewigen Eises, weiterreicht. Der untere Boden ist heute das Becken für den Gepatsch-Stausee, der obere Boden 200 Meter darüber gehört der Gepatsch-Alm; auf der Felsenschwelle vom Stausee zur Alm erwartet uns in 1928 Meter Meereshöhe das Gepatschhaus.

Hinter Prutz, an der Einfahrt zum Kaunertal, gibt ein Schild die Fahrstrecken der Kaunertaler Gletscherstraße bekannt: zum Staudamm 21 Kilometer, bis hinauf zum Weißseegletscher 39 Kilometer; 500 Meter oberhalb Feichten erleben wir mit dem Gepatsch-Stausee, erbaut 1961 bis 1965, die erste Attraktion der Straße. Die Kehren 29, 28, 27 und 26 (sie zählen von oben nach unten) heben uns hinauf zur Dammkrone,

Meereshöhe 1772 Meter, der 153 Meter hohe und 600 Meter lange Damm staut 140 Millionen Kubikmeter Wasser 6 Kilometer zurück bis fast unter das Gepatschhaus. Der im Hintergrund schimmernde Gepatschferner stemmt die Weißseespitze in die Höhe von 3526 Meter, der Weißseeferner, die nordseitige Gipfelflanke, stützt den makellos weißen Gletschergiebel nach Gepatsch zu ab (siehe Bild links). Entlang dem linken Seeufer, im Lauf durch kleine Buchten, erreichen wir mit den Kehren 25 und 24 das Gepatschhaus (siehe Seite 64).

Im Wiesenboden der Gepatsch-Alpe kurvt die Straße zum »Fernergries«, überbrückt den Faggenbach und läßt mit den Korkenzieherkehren 23 bis 11 die Zweitausender-Linie zurück. Das Panorama, das die Straße verspricht, glänzt besonders schön in 2250 Meter Höhe, bei Kehre 7 (Bild Seite 64). Der Weißkamm stellt den Fluchtkogel und

Der Plangeroßferner im Sturz herab von der Wazespitze.
Die Bergsteigergruppe kommt von einer Übung im Eis zurück zur Kaunergrathütte.

den Gepatschferner zur Schau, ein starker Arm urhaft wilden Eises, eingezwängt vom Fels der Schwarzen Wand und vom Rauhen Kopf, greift herab nach Gepatsch. Wir freuen uns am Grün der Hochalpe, durch das die Straße gegen die Weißseespitze zieht. Vorbei am grauen Schotterbecken rund um die stillen Wasser des Weißsees schrauben letzte Kehren die Auffahrt hinauf zum Ganzjahres-Skiterminal am Weißseeferner – mit 2750 Meter Meereshöhe die höchste Postbushaltestelle Österreichs.

Dort oben, direkt unter der Weißseespitze, schwingt die Kaunertaler Gletscherstraße mit Kehre 1 am Fernersaum aus.

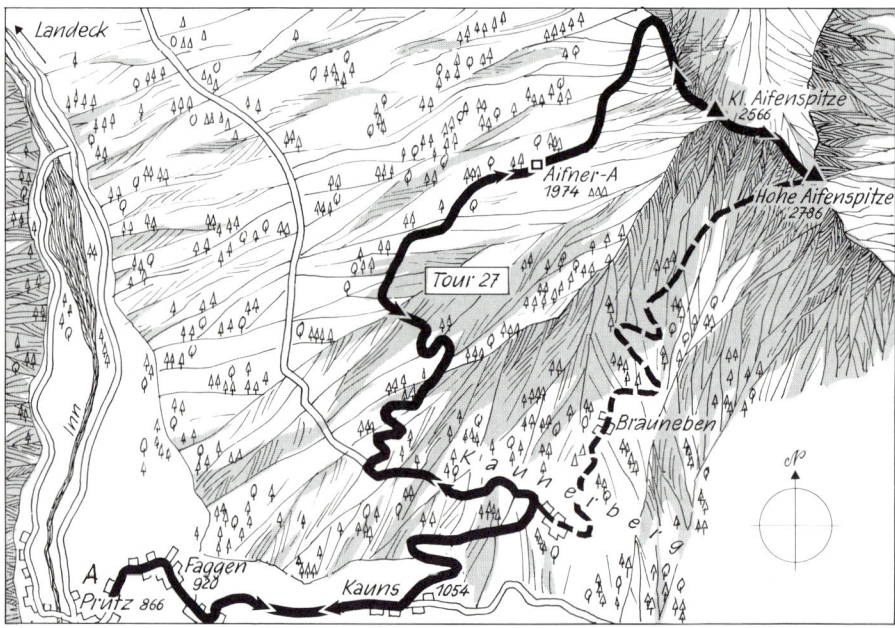

Das Gepatschhaus Der Hüttenplatz fasziniert wie in alten Zeiten, aber dieser einst fast am End' der Welt errichtete, damals unverzichtbare Alpenvereins-Stützpunkt wurde durch die Erschließung mit Stausee und Kaunertaler Gletscherstraße zu einem Alpengasthaus für jedermann, mit Haltestelle für den Postbus. Das Gepatschhaus als sehr frühe Alpenvereinshütte, am 21. Juli 1873 eröffnet und seitdem mehrmals erweitert, hat jedoch den sympathischen Habitus der Gründerjahre bewahrt. Als Ausgangsort zur Rauhekopfhütte und zum Brandenburger Haus am Gepatschferner, zur Hinteren Ölgrubenspitze, zum Offenbacher Weg hinüber zum Riffelsee und zum Glockturm bleibt es auch weiterhin ein bergsteigerisch wertvoller Stützpunkt. Die aus Holz errichtete Hauskapelle »Maria im Schnee« ist für die Sektion Frankfurt das sorgsam gehütete Schatzkästchen, im Jahre 1895 vertrauensvoll niedergelegt in damals kaum angetastete Bergeinsamkeit.

Kaunergrat

27 Hohe Aifenspitze 2786 m

Große Oberinntaler Aussicht

*wenig schwierig
Wandertour*

Bild links: Ausblick von der Kaunertaler Gletscherstraße zum Abfluß des Gepatschferners in Richtung Gepatschhaus; darüber die Nordflanke des Fluchtkogels.

Bild unten: Rückkehr von der Aifenspitze zur Aifner-Alm.

Das Gipfelkreuz der Hohen Aifenspitze – 2786 Meter ü. d. Meer – beherrscht weithin sichtbar den Talkessel von Prutz (866 m). Das Oberinntal erfährt dort eine beachtliche Weite und der Inn einen erheblichen Zuwachs durch die Kaunertaler Gletscher- und Bergwasser, die einmal der Faggenbach, zum anderen der Überleitungsstollen zum Kraftwerk Prutz von Gepatsch heraus dem Fluß zuträgt. Niemand wird, wenn er zur Höhe schaut, das im Sonnenlicht silbern blinkende Kreuz übersehen: »Es schütze und segne die Heimatwelt« – so die Inschrift am Kreuz, aufgestellt vom »Aifner Club« und der »Jungbauernschaft Kaunerberg«. Der »Oafner«, wie die Einheimischen sagen, hat im Volk zu seinen Füßen einen großen und über Generationen treuen Freundeskreis. Im Kaunergrat ist die Hohe Aifenspitze der nördlichste Vorposten, eine einfach gebaute Berggestalt, die noch nichts von der Wildheit des inneren Kammzuges ahnen läßt, aber die relative Höhe – fast 2000 Meter über Prutz – und die Position zur Bergwelt im Umkreis erheben den »Oafner« zur großen Inntaler Aussichtskanzel. Zur Hohen Aifenspitze gibt es aus der Hochterrasse des Kaunerberges zwei Wege: die direkte Route aus dem Braunebenwald durch die steile Westflanke und den »Umweg« über die Aifner-Alm (1974 m); von dort in Überschreitung des Kleinen Aifner über den Nordgrat zum Gipfel. Gratrouten haben gegenüber Flankenaufstiegen meist Vorteile, und so ist es auch bei der Aifenspitze; zumindest das Bergauf, besser noch die ganze Tour sollte über die Aifner-Alm laufen. Die Knie danken es – und auch der freundliche Senner, der gerne eine herzhafte Jause auftischt. Im Rückblick loben wir den »Oafner«, die Gratroute über den Kleinen Aifner und unsere Alm.

Tourensteckbrief

Ausgangsort
Prutz 866 m im Oberinntal.

Die Tour in Stichworten
Prutz 866 m – Aifner-Alm 1974 m – Kleine Aifenspitze 2566 m – Hohe Aifenspitze 2786 m.

Schwierigkeit/Anforderung
I = wenig schwierig, Wandertour, mittlere Anforderung, Tagestour.
Von Prutz über Kauns in Richtung Pillerhöhe, bei einer Kapelle nach Schild »Aifner Alm« auf Waldstraße Auffahrt bis zur Straßenteilung ca. 1500 m, Parkplatz. Auf der Forststraße oder nach markiertem Weg zur Aifner-Alm.
Ab Alm nach Schild »Aifenspitze« über freies Gelände hinaus zum breiten N-Rücken und mäßig steil zum Kl. Aifner, ab hier steilerer Aufstieg, teils Blockwerk, zur Hohen Aifenspitze.
SW-seitiger Routenverlauf, markiert, viel begangen, für Familien geeignet.

Höchste Wegestelle/Gipfel
Kl. Aifenspitze 2566 m, Hohe Aifenspitze 2786 m.

Aufstiegsleistung
Ab Parkplatz 1300, ab Aifner-Alm 800 Höhenmeter.

Abstieg
Wie Aufstieg.

Gehzeiten
Parkplatz ca. 1500 m – Aifner-Alm 1974 m: $1^1/_2$ Std. – Kl. Aifenspitze 2566 m – Hohe Aifenspitze 2786 m: $2^1/_2$ Std.; Abstieg: 3 Std. Gesamtgehzeit: 7 Stunden.

Hütten/Stützpunkte
Aifner-Alm 1974 m, Jausenstation.

Karten
Siehe Tour 28.

28 Verpeilhütte
2025 m
Madatschjoch
3010 m
Kaunergrathütte
2811 m

Quer über den Kaunergrat

mäßig schwierig
Wander-/Gletschertour

Die Stichworte der Überschrift verraten die interessanteste Möglichkeit, den Kaunergrat zu queren, in unserem Falle von West nach Ost, von Feichten im Kaunertal über Verpeilhütte und Madatschjoch zur Kaunergrathütte; den Talzugang erhält die Hütte aus dem Pitztal, von Plangeroß.

Feichten erlaubt auf einer Almstraße die Auffahrt zum Parkplatz an der Verpeil-Alm (1835 m), 1/2 Stunde später erreichen wir die Verpeilhütte (2025 m), in weiteren 3 bis 4 Stunden, wenn wir zügig durchgehen wollen, die Kaunergrathütte als Tagesziel. Für diese Tour sollten wir uns jedoch Zeit lassen. Die Verpeilhütte, im Jahre 1905 von der Sektion Frankfurt a. Main auf ebenem Wiesenplan im Hochbecken des Verpeiltales erstellt, könnte der Ort für das zweite Frühstück sein zum Kräftesammeln für den 1000-Meter-Aufstieg zum Madatschjoch. Warum nun bevorzugen wir diese Kaunergrat-Traverse? Zu unserer Route aus Verpeil zum jenseitigen Plangeroßtal, dem Standort der Kaunergrathütte, rückt der Kaunergrat

seine markantesten und auch höchsten Felsgestalten. Die Rofelewand (3354 m) und der Schwabenkopf (3379 m) schützen den Bergraum der Verpeilhütte. Hoch über dem Verpeiltal bewacht die fast senkrecht aufgestellte Phalanx der Madatschtürme (2837 m) den Madatschferner, die Wazespitze (3533 m) formiert den Steilfels der Nordflanke zum Gletscher. Wir überschreiten das Eis hinauf zum Madatschjoch, dort verankert die Wazespitze fast vertikal zum Joch den furchterregenden Nordpfeiler – 500 Höhenmeter zum Gipfel. Die Verpeilspitze (3425 m) ragt mit geschrundetem Fels wenig entfernt im Nordosten, die Schritte vom Joch abwärts nach Osten führen uns, schon im Nahbereich der Kaunergrathütte, in einen Seitenarm des Plangeroßferners. Abgeschirmt von einer Moräne sehen wir die Hütte erst, wenn wir auf die Entfernung von 100 Metern plötzlich vor ihr stehen.

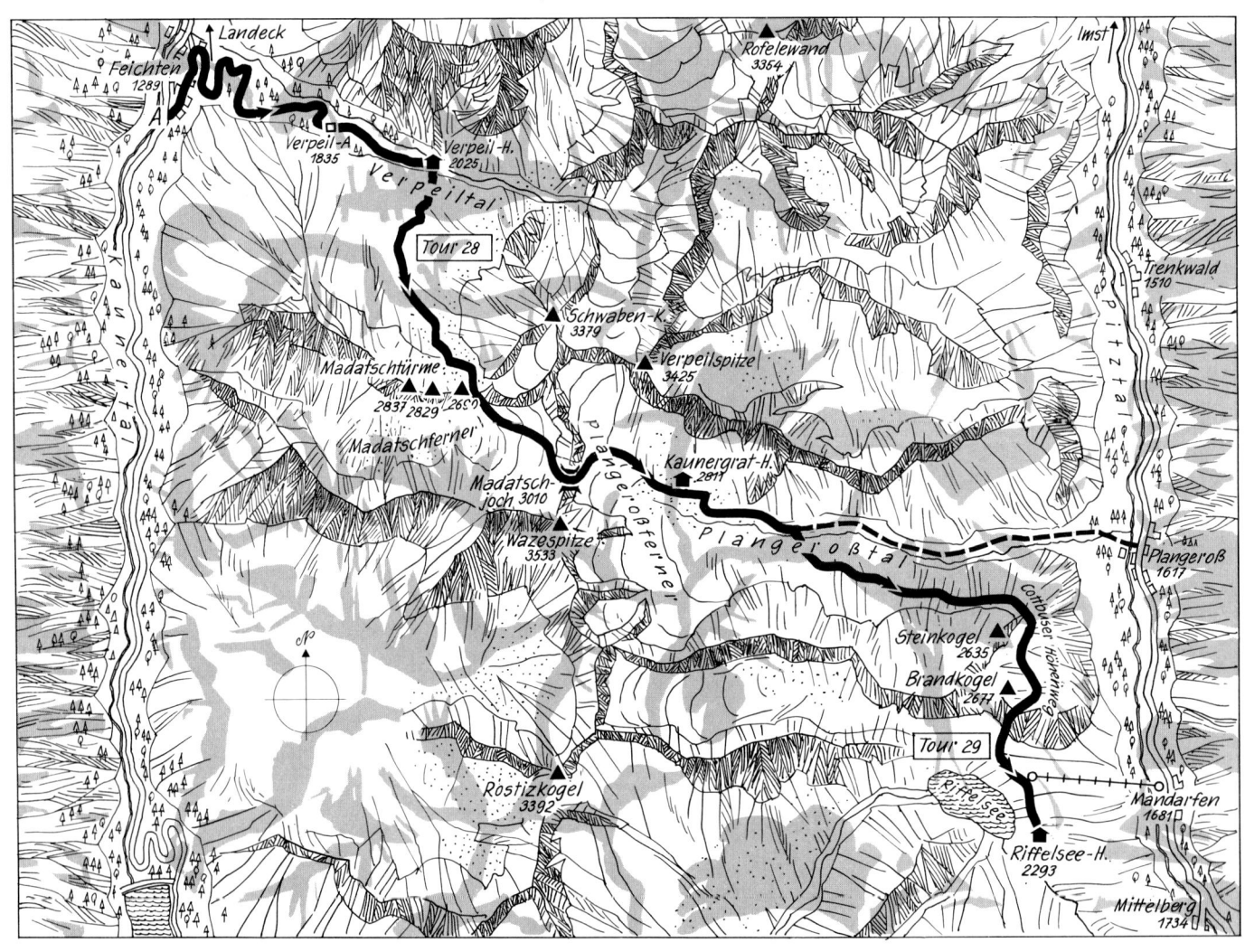

Tourensteckbrief

Ausgangsort
Feichten 1289 m im Kaunertal.

Die Tour in Stichworten
Feichten 1289 m – Verpeil-Alm 1835 m – Verpeil-hütte 2025 m – Madatschjoch 3010 m – Kaunergrathütte 2811 m.

Schwierigkeit/Anforderung
II = mäßig schwierig, Wander-/Gletschertour, mittlere Anforderung, Tagestour.
Von Feichten nach Schild »Verpeilhütte« auf Forst- und Almstraße (Auffahrt erlaubt) zum Parkplatz Verpeil-Alm, dort entweder auf Fuß- oder Wirtschaftsweg zur Verpeilhütte im gleichnamigen Tal (ab Feichten 2$^1/_2$ Std.).
Ab Hütte nach Wegweisung »Madatschferner« auf AV-Steig über Alpweiden in das Steinkar unter den Madatschtürmen und höher zu einem sichtbaren Joch (2690 m, Stange) links dieser Türme: dort Madatschferner und Madatschjoch in Sicht. Vom Joch etwas abwärts zum Gletschersee, am Fernersaum weglos hinauf zum Hochbekken und über den Gletscher in sanfter Steigung – Achtung, Spalten! – nach rechts zum sog. »Schneeigen« Madatschjoch (das »Apere« Madatschjoch bleibt links), zu dessen ebenfalls aperem Sattel das Eis fast heranreicht. Vom Joch wenig abwärts zu einem Ableger des Plangeroßferners, über den sanften Auslauf nach links, bis Markierungen durch eine Moränenflanke weisen und eine Stange auf der Moränenschneide die schon nahe Kaunergrathütte anzeigt.
N- und S-seitiger, in aperem Gelände markierter Routenverlauf, nur für geübte, ausdauernde Berggeher.

Höchste Wegestelle/Gipfel
Madatschjoch 3010 m.

Aufstiegsleistung
Ab Parkplatz Verpeil-Alm 1200, ab Verpeilhütte 1000 Höhenmeter.

Abstieg Siehe Routenverlauf.

Gehzeiten
Parkplatz Verpeil-Alm 1835 m – Verpeilhütte 2025 m: $^1/_2$ Std. – Madatschjoch 3010 m: 3 Std. – Kaunergrathütte 2811 m: $^1/_2$ Std.
Gesamtgehzeit: 4 Stunden.

Hütten/Stützpunkte
Verpeilhütte 2025 m, DAV-Sektion Frankfurt, 55 Matratzen, bew. von Ende Juni bis Ende Sept.
Kaunergrathütte 2811 m, siehe Tour 29.

Karten
Kompass Wanderkarte 1:50 000, Blatt 43, »Ötztaler Alpen«; Freytag & Berndt WK 251, 1:50 000, »Ötztal«; Alpenvereinskarte 1:25 000, »Ötztaler Alpen«, Blatt »Kaunergrat, Geigenkamm«.

Bild oben: Übergang von der Verpeilhütte zur Kaunergrathütte, vorbei am kleinen Gletschersee des Madatschferners im Nahbereich der Madatschtürme.

Bild rechts: Nachmittag an der Kaunergrathütte; im Hintergrund der Puitkogel.

Kaunergrat

29 Cottbuser Höhenweg

*Von der Kaunergrathütte
zum Riffelsee*

*mäßig schwierig
Wander-/Felstour*

Im Kaunergrat, diesem gewaltigen Bergzug, gibt es neben der Verpeilhütte nur noch die Kaunergrathütte, erbaut im Jahre 1903 von der ÖAV-Akad. Sektion Graz. Beide Hütten stehen etwa in der Mitte des Kaunergrates, dort, wo das dunkle Urgestein steil und mächtig ragt und hochgelegene, enge Fernerbecken den Reiz des Bergsteigens ungemein verstärken. Die Verpeil- und die Wazespitze dominieren zur Kaunergrathütte, erstere mit der felsigen Südwestflanke, durch die der »Normalweg« den Gipfel erschließt; die Wazespitze dagegen panzert die zur Hütte geneigte Nordostflanke mit Eis, steil und zerrissen. Das Bild auf Seite 63 versucht, den bergsteigerischen Anspruch der »Waze« zu vermitteln.

Bei der Kaunergrathütte stehen wir in 2811 Meter Höhe an der Ostseite des Kaunergrates im Pitztaler Bereich. Unser Zugang (siehe Tour 28) sowie das Zurück zur Verpeilhütte können gut auch eine Tagestour sein. Das Wegesystem im Kaunergrat öffnet jedoch die Chance, auf dem Cottbuser Höhenweg die Riffelseehütte zu erreichen und von dort in zwei Varianten (siehe Touren 30 bis 32) wieder ins westliche Gepatsch, nahe unserem Kaunertaler Ausgangsort Feichten, zu wechseln.

Der »Cottbuser Höhenweg« ist »Ein lohnender und anregender Höhenweg mit Sicherungen ..., nur trittsicheren und geübten Bergsteigern zu empfehlen«, so unterrichtet der AV-Führer. Der kritische Abschnitt beginnt weit unterhalb der Kaunergrathütte bei einer auffälligen Bergschulter (ca. 2300 m): die Querung der ostseitigen, felsdurchsetzten Steilhänge vom Steinkogel zum Brandkogel. Dieses Auf und Ab zwischen 2300 und 2400 Meter Höhe ist die Prüfung, die uns der Cottbuser Höhenweg auferlegt und die wir bestanden haben, wenn vor uns der Riffelsee aufblinkt.

Die Wazespitze, 3533 Meter, Berg der Berge im Kaunergrat! Wer war zuerst am Gipfel? Lois Ennemoser aus dem Pitztal im September 1869 in Erkundung eines möglichen Aufstiegs.

»Allein und nur mit Steigeisen und Eispickel bewaffnet, betrat er den Gletscher (Plangeroßferner). Breite Spalten, welche sich nicht umgehen liessen, musste er im Sprunge übersetzen. Der Ferner war furchtbar steil und ein einziges Ausgleiten hätte ihm den sicheren Tod gebracht, doch drang er unverdrossen vor und musste sich noch kurz unter der Einsattelung mit dem Stock an der steilsten Stelle über eine breite Kluft schwingen.« So die Chronik »Die Erschliessung der Ostalpen«. Der erste »Herr«, Moritz von

Im Cottbuser Höhenweg. Oben: Ausblick zur Wazespitze (2533 m) mit Plangeroßferner. Rechts: Im kritischen mittleren Abschnitt zwischen Steinkogel und Brandkogel.

Statzer aus Wien, betrat, geführt von Lois Ennemoser, die Wazespitze am 22. September 1870, deren vorherige Besteigung von dem Gemsjäger Leander Schöpf aus Mittelberg mit den Worten: »Da hinauf kommt kein Mensch, daher ist auch der Lois nicht oben gewesen«, in Abrede gestellt worden war.

Die Route des Erstersteigers ist heute ab Kaunergrathütte der »Normalweg« – für erfahrene, in steilem Eis und Fels unbedingt sichere Bergsteiger; ab Hütte benötigt man etwa 4 Stunden.

Tourensteckbrief

Ausgangsort
Kaunergrathütte 2811 m oder Plangeroß 1617 m
im Pitztal.

Die Tour in Stichworten
Kaunergrathütte 2811 m – Cottbuser Höhenweg
– Bergstation Riffelsee 2300 m – Riffelseehütte
2293 m.

Schwierigkeit/Anforderung
II = mäßig schwierig, Wander-/Felstour,
mittlere Anforderung, Tagestour.
Talzugang Kaunergrathütte: Von Plangeroß auf
Steig durch das Plangeroßtal, 3$^{1}/_{2}$ Std.
Von der Kaunergrathütte auf dem Talzugang
hinab zur Abzweigung ca. 2430 m »Cottbuser
Höhenweg« (hierher auch von Plangeroß,
2$^{1}/_{2}$ Std.). Der Höhenweg beginnt mit langgezoge-

ner, N-seitiger Hangquerung zu einer markanten
Geländeschulter (ca. 2350 m) unter dem Steinkogel und schwenkt dort durch O-Hänge zu einer
kleinen Kanzel (ca. 2400 m). Hier beginnt der
mittlere, der schwierige Wegeabschnitt; sehr steil,
etwa 70 Höhenmeter, über teils glatten, mit Klammern und Drahtseilen gesicherten Fels hinab zu
einer Schlucht und durch eine drahtseilgesicherte,
steile Rinne etwa 40 m wieder hinauf. In nun gut
gangbarer Wegetrasse leicht fallend weiter, noch-
maliger Aufstieg bis auf etwa 2400 m; das Bergab
läuft zur Bergstation Riffelsee aus.
N- und O-seitiger, markierter Routenverlauf, viel
begangen, nur für trittsichere Bergwanderer.

Höchste Wegestelle/Gipfel Etwa 2400 Meter.

Aufstiegsleistung
Ab Kaunergrathütte 200, ab Plangeroß 1000 Höhenmeter.

Abstieg
Siehe Routenverlauf oder ab Bergstation Riffelsee mit Sessellift oder auf Steig nach Mandarfen.

Gehzeiten
Kaunergrathütte 2811 m – Bergstation Riffelsee
2300 m bzw. Riffelseehütte 2293 m: 4 Std.; von
Plangeroß 1617 m: 6 Std.
Gesamtgehzeit: 4 Stunden ab Kaunergrathütte.

Hütten/Stützpunkte
Kaunergrathütte 2811 m, ÖAV-Akad. Sektion
Graz, 70 Betten und Matratzen, bew. von Ende
Juni bis Mitte Sept.;
Riffelseehütte 2293 m, siehe Tour 31;
Restaurant Bergstation Riffelsee, 2300 m.

Karten
Siehe Tour 28.

30 Offenbacher Höhenweg

Vom Riffelsee zum Gepatschhaus

mäßig schwierig
Wander-/Gletschertour

Die Urzeit hinterließ den Ötztaler Alpen mehr oder weniger große Bergseen, fast alle versteckt hoch oben im Gebirge. Steinwannen, vor 1000 Jahren vom Eis ausgeschabt, fangen die Gletscherschmelze auf, lassen sie ruhen und schenken sie schließlich als silbernen Bergquell den Tälern. Der Riffelsee gibt ein gutes Beispiel natürlicher Wasserbestimmung: 600 Meter über dem inneren Pitztal sammelt er, herab von ostseitigen Eiskammern, die Schmelze von fünf Gletschern, zum Riffelsee, dem größten Bergsee der Ötztaler Alpen. Der Mensch hat ihm die Natürlichkeit belassen, den Zugang aber durch einen Sessellift herauf von Mandarfen (1682 m) erleichtert. Bereits im Jahre 1939 bekam der Riffelsee von den Sektionen

Cottbus und Höchst a. Main den nach ihm benannten Alpenvereins-Stützpunkt.
Die Riffelseehütte (2293 m) verknotet auf der Pitztaler Seite des Kaunergrates den Cottbuser, den Offenbacher und den Fuldaer Höhenweg. In unserer großen Kaunergrat-Schleife haben wir die Wahl, entweder auf der Offenbacher Route in einem Tag hinüber nach Gepatsch zu wechseln oder, verteilt auf zwei Tage, mit der Fuldaer Traverse zum Taschachhaus und über das Ölgrubenjoch dorthin zu gelangen (siehe Touren 31 und 32).
Beide Routen fordern den sowohl erfahrenen als auch ausdauernden Berggeher und stellen als Hürde einen Gletscher in den Weg.

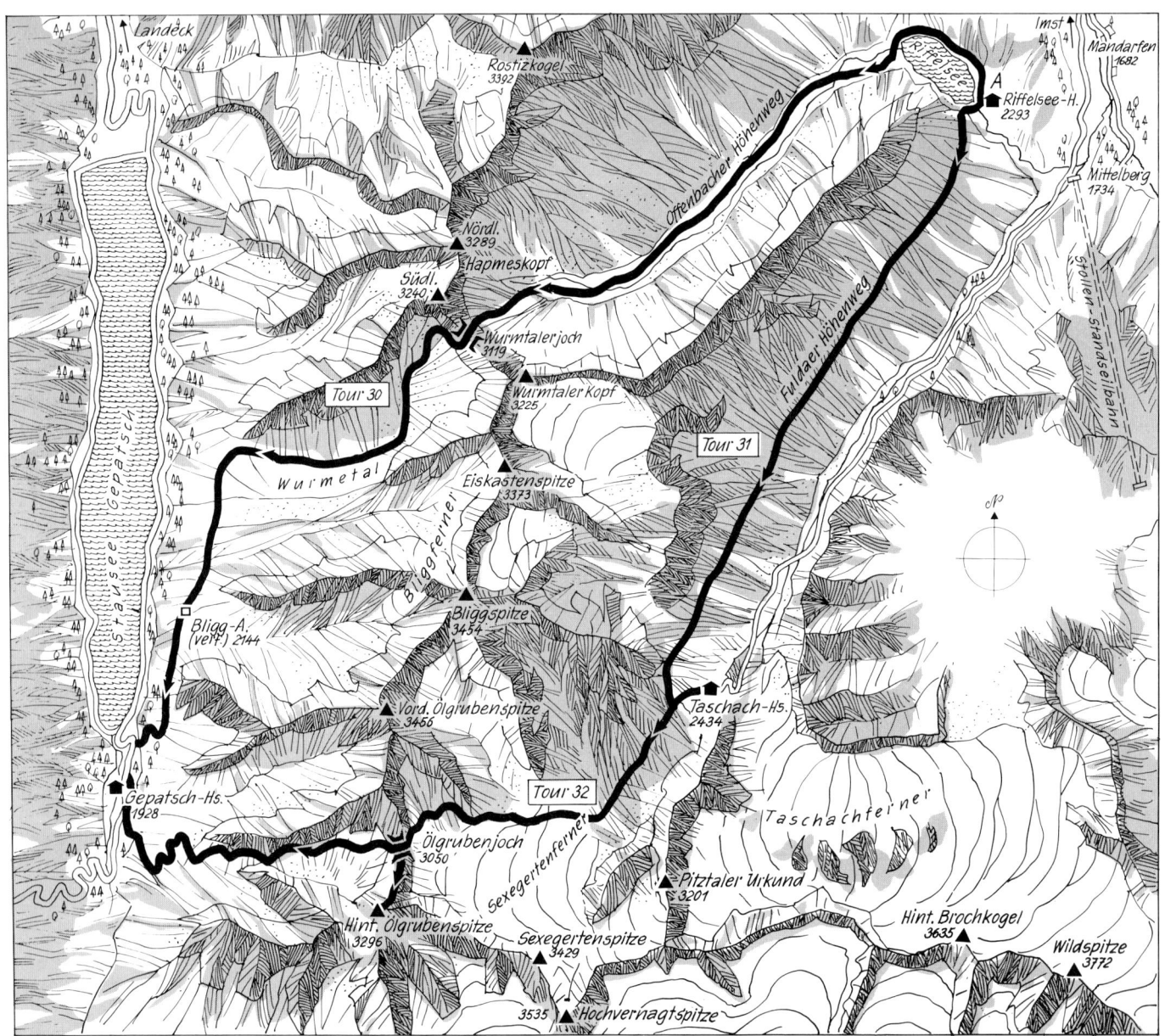

Tourensteckbrief

Ausgangsort
Riffelseehütte 2293 m oder Mandarfen 1682 m im Pitztal.

Die Tour in Stichworten
Bergstation Riffelsee 2300 m oder Riffelseehütte 2293 m – Offenbacher Höhenweg – Wurmtaler Joch 3119 m – Gepatschhaus 1928 m.

Schwierigkeit/Anforderung
II = mäßig schwierig, Wander-/Gletschertour, große Anforderung, Tagestour.
Talzugang Riffelseehütte: Von Mandarfen entweder mit Sessellift oder auf markiertem Steig, 2 Std.
Nach Wegweisung »Offenbacher Höhenweg« hinab zum Riffelsee. Im Riffeltal auf Steig zum weitläufigen Schottervorfeld des Riffelferners und höher zum Gletschersaum. Ab etwa 2900 m nach links mäßig steiler Firnanstieg zur sichtbaren Stangenmarkierung am Wurmtaler Joch.
Ab Joch nach Stangenmarkierungen über Blockwerk sehr steil hinab ins Wurmetal zum Geröllkessel »Im Kar«. Aus dem Kar leiten Markierungen durch einen engen Graben hinaus zu offenem Gelände. Weiterhin weglos zu einer grünen Terrasse (Schafleger), nochmals steil hinab zu einem Hochboden mit See und Bach. Entlang des Baches über blockdurchsetzte Alpweiden, zum Schluß auf dem Kamm einer bewachsenen Seitenmoräne zu einer kleinen Holzhütte (ca. 2250 m). Dort Wegeteilung: Nach rechts bequemer Steig zu einer Jagdhütte (2117 m), von dort schneller Direktabstieg (1 Std.) zur Uferstraße am Gepatsch-Stausee.
Oder: Nach Schild »Offenbacher Höhenweg, Gepatschhaus« von der Holzhütte nach links zur Bliggalm (verf.) und in langgezogener, fast horizontaler Wegetrasse hoch über dem Stausee nach Süden zur Einmündung in die Uferstraße kurz vor dem Gepatschhaus.
O- und W-seitiger, markierter Routenverlauf, wenig begangen, nur für erfahrene, ausdauernde Berggeher.

Höchste Wegestelle/Gipfel
Wurmtaler Joch 3119 m.

Aufstiegsleistung
Ab Riffelsee 900 Höhenmeter.

Abstieg
Siehe Routenverlauf.

Gehzeiten
Riffelsee 2232 m – Wurmtaler Joch 3119 m: 3 Std. – Gepatschhaus 1928 m: 4 Std.
Gesamtgehzeit: 7 Stunden.

Hütten/Stützpunkte
Riffelseehütte 2293 m, DAV-Sektion Frankfurt, 100 Betten und Matratzen, Sommerbew. von Anfang Juni bis Ende Sept.;
Gepatschhaus 1928 m, siehe Tour 32.

Karten Siehe Tour 28.

Bild oben: Unterwegs auf dem Offenbacher Höhenweg im Westabschnitt vom Wurmtaler Joch ins Gepatschtal; vor uns die 3454 Meter hohe Bliggspitze.

Der Offenbacher Höhenweg, 1981 eröffnet, legt die Direktverbindung, der Kartenausschnitt nebenan verdeutlicht die erhebliche Wegestrecke – wenigstens 7 Stunden Gehzeit. In großen Abschnitten ist die Route nur in mehr oder weniger häufigen Markierungen erkennbar, am Wurmtaler Joch – 3119 Meter –, der höchsten Wegestelle, rasten wir in herrlicher Bergeinsamkeit, meilenweit von den Tälern, aber auch von jeder Hilfe entfernt.
Das Joch ist vom Riffelsee aus nicht sichtbar. Vom Seeufer schwenkt die Route durch grüne Alpweiden, erst ab 2600 Meter Höhe beginnt im Schottervorfeld des Gletschers der steilere Aufstieg zum Riffelferner, den wir in einem leichten Linksbogen hinauf zur

Markierungsstange am Wurmtaler Joch queren. Die Sektion Offenbach deponiert am Joch das »Gipfelbuch«. Im Blick voraus ins Wurmetal erwartet uns wegloses, teils sehr steiles, mühsames Blockgelände. Am »Schafleger« (ca. 2750 m) schimmert das erste Grün, die Umwelt bekommt sanftere Konturen und der Weg eine erkennbare Trasse im Bergab zu einem Holzhüttchen; dort Wegeteilung: links zum Gepatschhaus, nach rechts über den Hapmesboden zur Uferstraße am Gepatsch-Stausee.
Bei der Hapmes-Almhütte und oben am Gepatschhaus hält der Postbus herab vom Weißsee, er bringt uns zurück nach Feichten, dem Ausgangsort unserer großen Tour am Kaunergrat.

Kaunergrat

31 Fuldaer Höhenweg

Vom Riffelsee zum Taschachhaus

wenig schwierig
Wandertour

Der Fuldaer Höhenweg ist berühmt wegen seiner Ausblicke in die Gletscherszenerien des Weißkammes.
Vor uns die Abflußzunge des Taschachferners, darüber die Taschachwand, das Übungsrevier der Eiskurse vom nahen Taschachhaus.

In Bewertung der drei ab Riffelsee möglichen Höhenwege, dem Cottbuser, Offenbacher und dem Fuldaer Höhenweg, erhält die letzte Route die meisten Pluspunkte. Im Tourenkreisel des inneren Ötztales ist der Fuldaer Höhenweg fast unentbehrlich, mit Start am Riffelsee schließen wir beim Taschachhaus (2434 m) auf zur nordseitigen Gletscherwelt am Weißkamm.

Unter uns das Taschachtal, der Höhenweg begleitet es auf sonnseitiger Hanglage, schwingt in mäßiger Steigung vom Riffelsee (2232 m) zum Scheitel in etwa 2500 Meter Höhe. Immer deutlich ausgeprägt und gut markiert, in einer engen, abschüssigen Felsennische auch gesichert, ist diese Wegetrasse Traum und Wunsch fast aller Bergfreunde, die herein ins Pitztal kommen und aus dem Tal in Tagestouren wandern wollen. Nach der gesicherten Stelle gelangt der Weg zum höchsten Punkt, einem grasigen Plateau, und dort bleiben wir stehen.

Der Begriff »Taschach« präsentiert seine Inhalte: die tiefgespaltenen Eiskaskaden des Taschachferners, den Gletscherschild der nordseitigen Taschachwand, darüber schwebt eine weiße Linie – die Wildspitze; der graue Eisstrom vor uns mag vor 1000 Jahren hoch oben im Nährbecken des Gletschers noch jungfräulicher Firn gewesen sein. Zu uns herauf dringt das Brausen der Gletscherwasser, der Taschachbach eilt mit seinem Schatz hinaus nach Mittelberg zur Pitze. Dieses Bild und die Laute von Wind und Wasser zaubern die uralte, berauschende Melodie weltentlegener Hochgebirge, zu der nun schon über 100 Jahre das Taschachhaus gehört. Von unserer Aussichtskanzel erreichen wir in 30 Minuten unser Ziel.

Gehen wir vom Haus den kurzen Weg zum Ferner, erleben wir die Urgewalt des Gletschers hautnah – die unergründliche Tiefe blauer Spalten in blankem Eis –; der Weg ab Taschachhaus zur Wildspitze muß dieses Spaltengewirr überlisten.

Tourensteckbrief

Ausgangsort
Riffelseehütte 2293 m oder Mandarfen 1682 m im Pitztal.

Die Tour in Stichworten
Bergstation Riffelsee 2300 m oder Riffelseehütte 2293 m – Fuldaer Höhenweg – Taschachhaus 2434 m.

Schwierigkeit/Anforderung
I = wenig schwierig, Wandertour, mäßige Anforderung, Tagestour.
Talzugang Riffelseehütte siehe Tour 30.
Am Abfluß des Riffelsees die Wegweisung »Fuldaer Höhenweg, Taschachhaus«. Der gut trassierte Weg steigt mäßig an, schneidet auf langer Strecke in etwa 2450 m Höhe SO-seitige Alphänge, kommt im letzten Wegeviertel im Bereich des Vord. Köpfl zu einer ausgesetzten, aber gut gesicherten Felsquerung und erreicht bei einem

kleinen grasigen Plateau die höchste Wegestelle, 2550 m. Ab hier im Bergab zur Brücke über den Sexegertenbach und wenig aufwärts zum nahen Taschachhaus.
SO-seitige, übersichtliche, markierte Wandertrasse, viel begangen.

Höchste Wegestelle/Gipfel
Etwa 2550 m.

Aufstiegsleistung
Ab Riffelsee 300 Höhenmeter.

Abstieg
Vom Taschachhaus auf Steig hinab zur Talstation 2042 m der Materialseilbahn, auf Wirtschaftsweg über die Taschach-Alm 1796 m zurück zum Parkplatz an der Liftstation Mandarfen.

Gehzeiten
Riffelsee 2232 m – Taschachhaus 2434 m: 3$^1/_2$ Std.; Abstieg Mandarfen 1682 m: 2$^1/_2$ Std. Gesamtgehzeit: 6 Stunden.

Kaum eine Hütte im Zentralalpenkamm steht so nah am Eis wie das Taschachhaus am Taschachferner.
Der Eindruck wirkt gewaltig, das Haus ist deshalb auch für Tageswanderer ein begehrtes Pitztaler Ausflugsziel.

Hütten/Stützpunkte
Riffelseehütte 2293 m, DAV-Sektion Frankfurt, 100 Betten und Matratzen, Sommerbew. von Anfang Juni bis Ende Sept.;
Taschachhaus 2434 m, DAV-Sektion Frankfurt, 120 Betten und Matratzen, bew. von Ende Juni bis Ende Sept.

Karten
Kompass Wanderkarte 1:50 000, Blatt 43, »Ötztaler Alpen«; Freytag & Berndt WK 251, 1:50 000, »Ötztal«; Alpenvereinskarte 1:25 000, »Ötztaler Alpen«, Blatt »Weißkugel«.

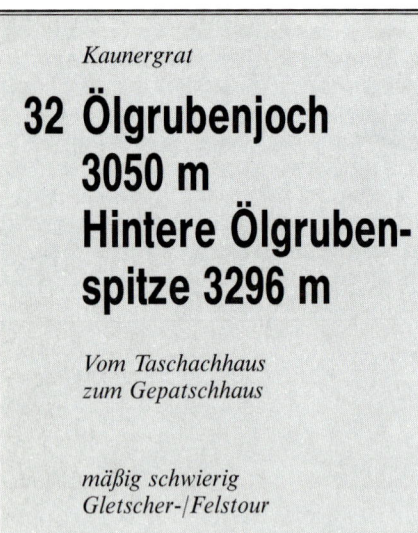

Kaunergrat

32 Ölgrubenjoch 3050 m Hintere Ölgruben- spitze 3296 m

Vom Taschachhaus zum Gepatschhaus

*mäßig schwierig
Gletscher-/Felstour*

Rast am Ölgrubenjoch, darüber die Ölgruben-spitze.

Das Taschachhaus verdanken wir der Alpenvereinssektion Frankfurt a. Main. Die Frankfurter wiederum hatten das Glück, in der Aufbruchzeit des Alpenvereins nach 1870 in Dr. Theodor Petersen (1836–1918) einen Mann zu besitzen, der an das Format eines Erschließers heranreichte. Dr. Petersen, damals Vorsitzender der Sektion, glänzte als unermüdlicher Protagonist der Berge im Weißkamm und im Kaunergrat. Seine Ötztaler Unternehmungen startete er bevorzugt aus dem Pitztal und dem Kaunertal, fast zwangsläufig erfolgten deshalb von Frankfurt aus die Hüttengründungen: in den Jahren 1872 und 1874 das Gepatsch-und das Taschachhaus. Die Tätigkeit von Theodor Petersen registriert »Die Erschließung der Ostalpen« – die Erinnerung an diesen verdienten Mann bleibt in der »Petersenspitze« (3484 m) nahe dem Taschachhaus auch nach außen hin lebendig.

Aus dem Urbau der Väterzeit schufen die Frankfurter im Jahre 1899 ein größeres, einstöckiges Haus, das über die Jahrzehnte bis nach dem Zweiten Weltkrieg genügen mußte. Der wieder aufblühende Alpinismus erzwang 1964 bis 1967 die erste und 1979 bis 1981 eine nochmalige Erweiterung und Sanierung, damit das Taschachhaus auch als Ausbildungsstätte des Deutschen Alpenvereins dienen kann. Die Gletscher-Lehrkurse reihen sich in der Sommersaison von Termin zu Termin: vom Haus nur wenige Schritte zu blankem, mehr oder weniger steilem Eis! Die Krönung einer Ausbildungswoche wird wohl die Wildspitze sein, die vom Taschachhaus in Überschreitung des Nord- und Südgipfels die schönste, aber auch anspruchsvollste Route erhält.

Ölgrubenjoch und Hintere Ölgrubenspitze
Das Taschachhaus ist das Sprungbrett zum 3000 Meter hoch gelegenen Ölgrubenjoch, der Schwelle zum jenseitigen Gepatsch. Dieser vielgerühmte Übergang berührt am Joch die Hintere Ölgrubenspitze; beziehen wir die Gipfelbesteigung mit ein, erhält unsere Tour bergsteigerisches Gewicht und als Dreingabe eine großartige Ötztaler Aussicht, die jeden Superlativ verdient (siehe Bild rechts).

Der Weg zum Ölgrubenjoch liegt offen, die Richtung weisen der Sexegertenferner und die Ölgrubenspitze darüber; auch die Jochsenke erkennen wir im Aufblick vom Taschachhaus. An geeigneter Stelle queren wir die flache Fernerzunge zur jenseitigen Randmoräne; bei einer hübschen Moränenlacke (2849 m) grüßt das Jochkreuz zu uns herab, wenig später stehen wir bei ihm.

Der Ausblick vom Joch über den Sexegertenferner zur Wildspitze (Bild Seite 9) ist ein berühmtes Ötztaler Fotomotiv. Mit diesem Bild voll zufrieden, wendet sich der Bergwanderer westwärts zum Abstieg über die Ölgrube nach Gepatsch.

Der Bergsteiger taxiert die nahe Hintere Ölgrubenspitze und sucht den Aufstieg: Über Jochfelsen zu einem nordseitigen Gletscherfleck, am auffälligen Schotterstreifen jenseits fußt eine steile, blockige Felsrippe, über die wir in 1/2 Stunde hinauf zum Gipfel turnen.

Die vom Joch nur geringe Höhendifferenz von 250 Metern weitet den Horizont nun auch nach Norden, trotzdem bezaubert uns allein die Bergwelt im Osten: das schimmernde Gletscherdach des Weißkammes, das glänzende Firntrapez der Wildspitze, Königin der Ötztaler Alpen.

Tourensteckbrief

Ausgangsort
Taschachhaus 2434 m oder Mittelberg 1734 m im Pitztal.

Die Tour in Stichworten
Taschachhaus 2434 m – Ölgrubenjoch 3050 m – Hint. Ölgrubenspitze 3296 m – Ölgrubenjoch – Gepatschhaus 1928 m.

Schwierigkeit/Anforderung
II = mäßig schwierig, Gletscher-/Felstour, große Anforderung, Tagestour.
Talzugang Taschachhaus: Entweder auf dem Fuldaer Höhenweg (siehe Tour 31) oder von Mittelberg auf Güterweg und Steig.
Ab Taschachhaus links des Gletscherbaches auf Steig zum Sexegertenferner. In etwa 2700 m Höhe Überschreitung der flachen Gletscherzunge zur jenseitigen Randmoräne (Steinmänner) und auf markiertem Steig hinauf zu dem großen Steinmann, der schon vom Taschachhaus aus zu sehen ist. Nach Steigspuren an einem Moränensee, 2849 m, rechts vorbei, steil über ein Firnfeld höher zum sichtbaren Ölgrubenjoch.
Hintere Ölgrubenspitze: Über Fels zum nahen Ölgrubenferner und über ihn in kurzer Distanz zu einem O-seitigen, auffälligen Schotterstreifen, der zum Gipfel eine markante Gratrippe ausbildet. Auf diesem O-Grat nach Steigspuren gut gangbarer Felsaufstieg direkt zum Gipfel.
O-seitiger, markierter Routenverlauf, viel begangen, nur für geübte Berggeher.

Höchste Wegestelle/Gipfel
Ölgrubenjoch 3050 m, Hint. Ölgrubenspitze 3296 m.

Aufstiegsleistung
Ab Taschachhaus 900 Höhenmeter.

Abstieg
Zurück zum Ölgrubenjoch. Ab Joch markierter AV-Steig vorbei an einem Moränensee durch die Innere Ölgrube hinab in das Gepatschtal. Nahe dem Gepatschhaus mündet der Steig in die Kaunertaler Gletscherstraße.

Gehzeiten
Taschachhaus 2434 m – Ölgrubenjoch 3050 m: 2 1/2 Std. – Hint. Ölgrubenspitze 3296 m: 1 Std.; Abstieg: Ölgrubenjoch – Gepatschhaus 1928 m: 3 Std.
Gesamtzeit: 6 1/2 Stunden ab Taschachhaus.

Hütten/Stützpunkte
Taschachhaus 2434 m, DAV-Sektion Frankfurt, 120 Betten und Matratzen, bew. von Ende Juni bis Ende Sept.;
Gepatschhaus 1928 m, DAV-Sektion Frankfurt, 100 Betten und Matratzen, Sommerbew. von Ende Juni bis Ende Sept.

Karten
Siehe Tour 31.

Bild rechts: Vom Gipfel der Hinteren Ölgrubenspitze schauen wir nach Süden zum Firntrapez der Wildspitze; davor die weißen Pyramiden des Hinteren Brochkogels und die kleinere der Petersenspitze.

Glockturmkamm — Radurscheltal

Der Glockturmkamm, benannt nach seinem Hauptgipfel, dem Glockturm, ist der westlichste der drei mächtigen Nordkämme, die hinaus zum Inntal die Ötztaler Alpen gliedern. Östlich seines Zuges liegt das Kaunertal, westlich das Pfunds-Radurscheltal; im Inneren, beim Glockturm, haben die genannten Täler über das Rifftljoch und das Rotschragenjoch nur einen kurzen Weg zueinander. Interessante Kammgipfel gibt es gewiß mehrere, der gletschergesäumte Glockturm wirkt jedoch in der Ausstrahlung so stark, daß die Bergsteiger sich fast ausschließlich zu ihm orientieren.

Der Bergwanderer pendelt zwischen Gepatsch- und Hohenzollernhaus, begeht auch den **Aachener Höhenweg,** der den Kamm diagonal schneidet, und berührt auf dieser Route die Anton-Renk-Hütte (2261 m, Selbstversorger) mit Talzugang von Fendels (1356 m) oberhalb von Ried im Oberinntal. Diese Wegeverbindung, eröffnet 1984 von der AV-Sektion Aachen, sollten, so schreibt der AV-Führer »Ötztaler Alpen«, nur berggewohnte Hochgebirgs-wanderer begehen. Zwischen Renkhütte und Gepatschhaus 8 bis 10 Stunden Gehzeit, die Rifenkarscharte (2850 m) ist der höchste Punkt, der Paß von der Westseite des Glockturmkammes hinein nach Gepatsch.

Von den Tälern aus der Innfurche ins Innere der Ötztaler Alpen ist das Pfunds-Radurscheltal das weitaus kleinste Tal – etwa 13 Kilometer zum Hauptkamm –, besiedelt nur am Eingang auf südseitigem, steilem Hang. Die Verbindung durch dichten Bergwald entlang der tiefen, schmalen Talfurche aufwärts bis zur großzügigen Weitung bei der Radurschel-Alm (1815 m) unterhält ab Pfunds a. Inn (970 m) eine für den allgemeinen Verkehr gesperrte Forststraße (11 km). Hinter dem welligen Wiesenteppich der Alm hebt eine felsige Steilstufe das Radurscheltal hinauf zum Hochbecken; das Hohenzollernhaus am oberen Rand der Felsentreppe, flankiert von dunklen Zirben, grüßt die Alm.

Bild rechts: Das obere Radurscheltal. Zur hohen Zeit im Sommer ist das Hochbecken eine herrliche, weltenferne grüne Oase, belebt nur von wenigen Wanderern.

Bild unten: Das Gepatschhaus an der Kaunertaler Gletscherstraße, beliebt und viel besucht.

33 Gepatschhaus 1928 m Glockturm 3355 m Hohenzollernhaus 2123 m

Westlicher Eckpfeiler der Ötztaler Alpen

schwierig
Gletscher-/Felstour

Der Glockturm, dieser mächtige Ötztaler Vorposten nach Westen, ist nicht mehr das, was er einst war: ein einsamer Berg, der vom Gepatsch- wie vom Hohenzollernhaus wenigstens 4 Stunden Aufstieg und deshalb fast obligatorisch die Nächtigung in den Häusern forderte; Entfernung und Höhendifferenz bremsten den Gelegenheitsbergsteiger.

Vom Gepatsch herauf kam und kommt heute der meiste Besuch: Die Kaunertaler Gletscherstraße überspringt das Gepatschhaus, wir fahren bis zu einem Parkplatz in 2300 Meter Höhe; die Straße kürzt also den Aufwand beträchtlich, im Aufstieg durch das Riffltal zum Riffljoch ist der Glockturm fast im Handstreich zu haben. Dieser Vorteil bindet den schnellen Tourismus an Gepatsch und rückt das Hohenzollernhaus etwas ins Abseits. Deshalb die Empfehlung, die Glockturm-Tour mit Abstieg zum Hohenzollernhaus auf zwei bis drei Tage auszuweiten; das Radurschel-Hochtal ist ursprünglich geblieben, eine wahre Augenweide unverfälschter Bergnatur – vielleicht sogar eine Trauminsel (siehe Bild Seite 77).

Die beste Seite zeigt der Glockturm nach Gepatsch. Der Rifflferner und die Rifflseen am Fernersaum schmücken den Berg, bewahren wohl für noch lange Zeit die Harmonie, den Zusammenklang von Eis und Urgestein. Vom unteren Rifflsee (2821 m) übersehen wir die Route: Das Riffljoch über uns lenkt den Aufstieg nach links, teils im Rifflferner, teils über hoch im Fels haftende Firnflecken, zum Schluß – bei guten sommerlichen Verhältnissen – über aperen Fels zum Gipfel.

Wann und von wem der Glockturm seinen schönen Namen erhalten hat, ist nicht überliefert. »Die Erschließung der Ostalpen« (1894) verkündet: »Kein anderer Gipfel im Glockturmkamme kann mit dem Glockturm rivalisieren, er behauptet seine Herrschaft, indem er alle Nachbarn mit seiner prächtigen Glockenform bedeutend überragt und deshalb eine umfassende Aussicht gewährt.« Dieser »Auslug« wurde anläßlich der Landesvermessung im Jahre 1853 von dem Mappierungsoffizier Oberlieutenant Pöllinger von Feichten im Kaunertal aus in $9^{1}/_{2}$ Stunden erstmals bestiegen!

Tourensteckbrief

Ausgangsort
Gepatschhaus 1928 m im Kaunertal.

Die Tour in Stichworten
Gepatschhaus 1928 m – Parkplatz Glockturm 2380 m an der Kaunertaler Gletscherstraße – Riffljoch 3146 m – Glockturm 3355 m – Riffljoch – Hohenzollernhaus 2123 m.

Schwierigkeit/Anforderung
III = schwierig, Gletscher-/Felstour, große Anforderung, Tagestour.
Talzugang Gepatschhaus: Auf der Kaunertaler Gletscherstraße (Maut, Postbus).
Vom Gepatschhaus Auffahrt zum Parkplatz »Glockturm« (ca. 2380 m, zwischen Kehre 7 und 6; Postbus-Haltestelle) am Rifflboden. Nach Schild »Riffljoch, Glockturm« auf markiertem Steig ins Riffltal, über Alpweiden höher zum Moränenvorfeld des Rifflferners. Dort, am unteren Rifflsee, sind das Riffljoch, der Glockturm und der Routenverlauf vom Joch zum Gipfel gut ein-

zusehen. Steiler Aufstieg über Blöcke und Schotter zum Joch. Vom Riffljoch auf Steig über Kammhöhen und Firnflecken nach S gegen den Glockturm. In hoher Querung des Rifflferners, meist Trittspuren, bis unter den Gipfelaufbau und über steilen, gut gangbaren Fels zum Gipfel.
O-seitiger Routenverlauf, häufig begangen, bis zum Riffljoch markiert; nur für erfahrene Berggeher.

Höchste Wegestelle/Gipfel
Riffljoch 3146 m, Glockturm 3355 m.

Aufstiegsleistung
Ab Parkplatz Glockturm 1000 Höhenmeter.

Abstieg
Zurück zum Riffljoch. Nach Schild »Hohenzollernhaus« an geeigneter Stelle steil hinab zum Hüttekarferner, am rechten Rand – Achtung, Spalten! – zum markierten AV-Steig, der nach W durch das Hüttekar hinab in das Radurscheltal zum Hohenzollernhaus führt.

Gehzeiten
Parkplatz Glockturm an der Kaunertaler Glet-

Bild oben: Der Glockturm mit der Aufstiegsseite aus dem Riffltal. Rechts das Riffljoch, von dort geht es über die Schneeflecken am Grat zum Gipfel.

Bild links: Im Hohenzollernhaus ist gut bleiben; im Umkreis Wiesen, Wald und Berge und viel Wasser.

scherstraße ca. 2380 m – Riffljoch 3146 m: $2^{1}/_{2}$ Std. – Glockturm 3355 m: 1 Std.; Abstieg: Glockturm – Hohenzollernhaus 2123 m: 3 Std. Gesamtgehzeit: $6^{1}/_{2}$ Stunden.

Hütten/Stützpunkte
Gepatschhaus 1928 m, siehe Tour 32;
Hohenzollernhaus 2123 m, siehe Tour 34.

Karten
Kompass Wanderkarte 1:50 000, Blatt 42, »Nauders – Reschenpaß«; Freytag & Berndt WK 253, 1:50 000, »Landeck – Reschenpaß – Kaunertal«; Alpenvereinskarte 1:25 000, »Ötztaler Alpen«, Blatt »Nauderer Berge«.

Hohenzollernhaus Dem Wunsch, vom Hohenzollernhaus aus den Glockturm zu besteigen, dient der AV-Steig zum Hüttekar. Im Übergang nach Gepatsch verzweigt er unter dem Roten Schragen eisfrei zum Rotschragenjoch (2965 m) und über den kleinen Hüttekarferner zum Riffljoch (3146 m), dem Sprungbrett zum Glockturm. Das Riffljoch also ist, ob vom Gepatsch- oder vom Hohenzollernhaus, der Schlüssel zum Glockturm.

Das Hohenzollernhaus residiert hoch über dem Tal auf einem mit herrlichen Zirben bewachsenen Urgesteinsriegel, Meereshöhe 2123 Meter. Wasser, Zirbenbäume und ebenes Wiesengrün prägen die nahe Umgebung, der Radurschelbach sägt seit Jahrtausenden am Fels, in enger, steiler Klamm schüttet er den nassen Schatz hinab zur Alm, 300 Meter tiefer. Das Hohenzollernhaus überrascht als freundlich-heitere Insel zwischen Berg und Tal – 4 Stunden vom Talort Pfunds a. Inn entfernt verbleibt das Haus gewiß auch weiterhin eine Oase naturhafter Stille. Als Bauherr zeichnete im Jahre 1924 die Berliner Sektion Hohenzollern; der jetzige Besitzer, die DAV-Sektion Starnberg, beließ der Hütte den ursprünglichen, liebenswerten Charakter – hölzern-heimelig, im besten Sinne.

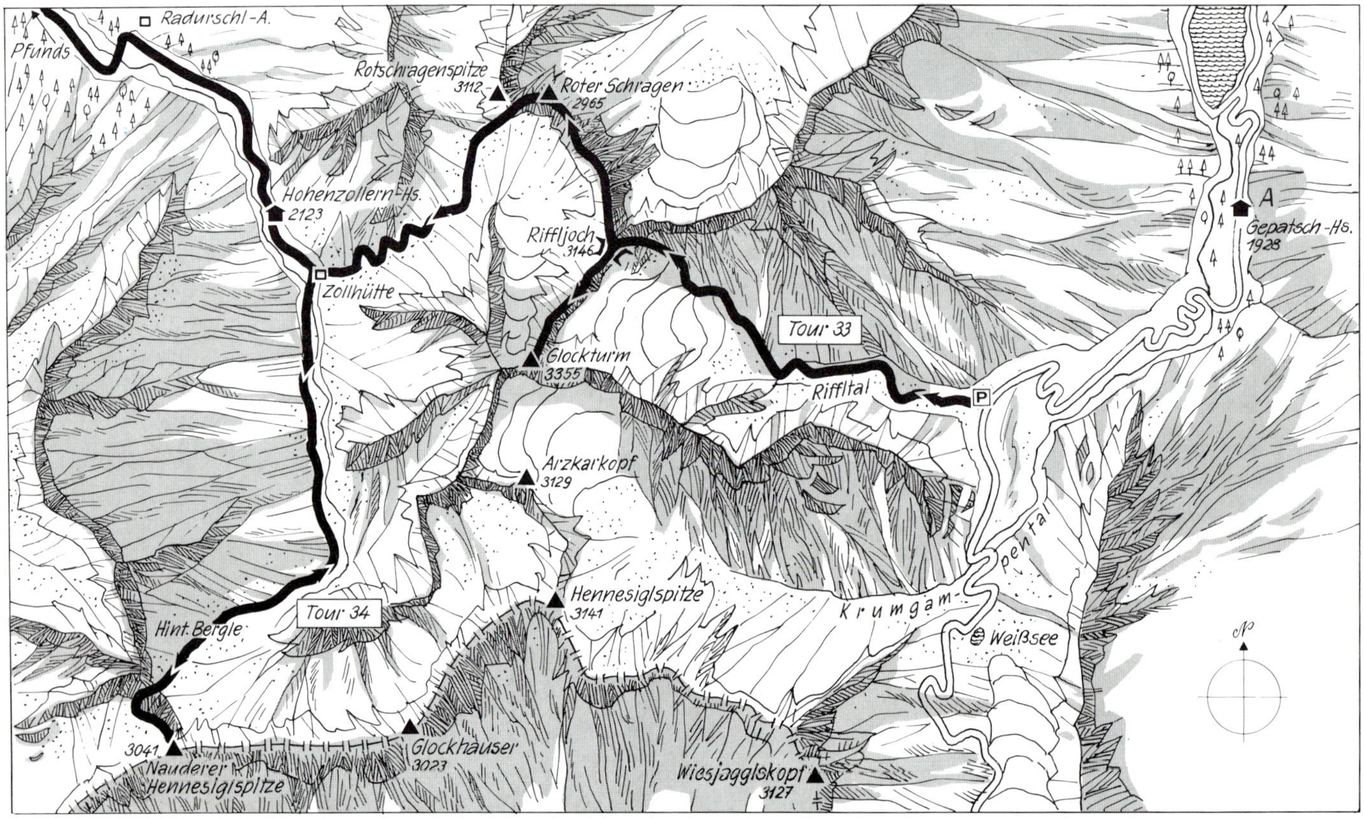

34 Nauderer Hennesiglspitze 3041 m

Ausblick ins Südtiroler Langtaufers

wenig schwierig
Wandertour

Tourensteckbrief

Ausgangsort
Pfunds 970 m im Oberinntal.

Die Tour in Stichworten
Pfunds 970 m – Hohenzollernhaus 2123 m – Nauderer Hennesiglspitze 3041 m.

Schwierigkeit/Anforderung
I = wenig schwierig, Wandertour, mittlere Anforderung, $1^1/_2$-Tage-Tour.
Von Pfunds auf Forststraße zur Radurschel-Alm (1815 m) und auf Steig zum Hohenzollernhaus. Ab Hohenzollernhaus talein zur sichtbaren Zollwachhütte (2197 m), dort nach Schild »Nauderer Hennesiglspitze« rechts des Radurschelbaches auf Steig in den Talboden, über »Die Absätze«, eine Geländestufe, in das Hochbecken am Hinteren Bergle und (Steinmänner) in sanfter Steigung hinauf zum sichtbaren Seekarjoch (2897 m). Die beiden Gipfel der Hennesiglspitze stehen links: entweder vom Joch über gut gangbaren Grat zur westl. Spitze (Steinmann und Stange) und über eine schwache Senke zum östl. Gipfel mit Vermessungszeichen; oder noch unter dem Seekarjoch nach links auf Steigspuren durch eine steile Schotterflanke zum östl. Gipfel.
N-seitiger, durchgehend markierter Routenverlauf, für ausdauernde Bergwanderer.

Höchste Wegestelle/Gipfel
Nauderer Hennesiglspitze 3041 m.

Aufstiegsleistung
Hohenzollernhaus 900 Höhenmeter.

Abstieg
Wie Aufstieg.

Gehzeiten
Pfunds 970 m – Radurschel-Alm 1815 m: 3 Std. – Hohenzollernhaus 2123 m: 1 Std. – Nauderer Hennesiglspitze 3041 m: 3 Std.; Abstieg Hohenzollernhaus: $2^1/_2$ Std.
Gesamtgehzeit: $5^1/_2$ Stunden ab Hohenzollernhaus.

Hütten/Stützpunkte
Hohenzollernhaus 2123 m, DAV-Sektion Starnberg, 40 Betten und Matratzen, bew. von Ende Juni bis Ende Sept.

Karten
Siehe Tour 33.

Das Radurscheltal trennt den Glockturmkamm von den Nauderer Bergen, das Hohenzollernhaus unterstützt Touren hierhin wie dorthin. Das Hochtal ab Hohenzollernhaus nach Süden zum Ötztaler Haupt- und Grenzkamm öffnet die Bergwelt weithin und zur hohen Zeit im Sommer auch ungemein verführerisch (siehe Bild Seite 77). Die Wiesen prangen in berauschendem Grün, Bergblumen blühen in reichem Maß, der Radurschelbach trägt die Schneeschmelze, hebt die überschäumende Fülle spielerisch über Felsenschwellen, spült feinen Sand in seichte Buchten, nagt und schleift eifrig am Stein – auch er genießt den Sommer, den Reichtum, die Reinheit seiner klaren Wasser.
Der Glockturm (3355 m) zeigt eine dunkle, steile Spitze, sein Kamm knüpft beim Hennesiglkopf an den Grenzkamm; in Westausdehnung ist der Grenzkamm als Ötztaler Hauptkamm auch das Rückgrat der Nauderer Berge und im Glockhauser und der Nauderer Hennesiglspitze noch über 3000 Meter hoch. Die Nauderer Hennesiglspitze ist ein Dreitausender fast für jedermann, aus dem Radurscheltal erreichen wir den Berg einfacher und schneller als von der Nauderer Seite.
Vom Hohenzollernhaus folgen wir dem

Bild oben: Am Weg zur Nauderer Hennesiglspitze; darüber der Grenzkamm zwischen Nord- und Südtirol.

Bild links: Blick ins Hüttekar, unterm Riffljoch der Hüttekarferner, rechts der Glockturm.

Steig zur sichtbaren Grenzerhütte, die Anhöhe dort öffnet das Hochkar weithin, das Schild »Nauderer Hennesiglspitze« weist das Ziel. Der markierte Steig durchläuft den Hochboden des Radurscheltales, bleibt am Wasser, überwindet »Die Absätze« und schwenkt bei 2500 Meter Höhe hinein in den obersten Kessel, der zum Grenzkamm aufschließt. Über die bemoosten Hügel des »Hinteren Bergle« steigen wir aufwärts zur obersten Mulde, darüber das Seekarjoch (2897 m). Der Grenzkamm kommt vom Glockhauser herüber, die Nauderer Hennesiglspitze überrascht mit einem östlichen und einem westlichen Gipfel; der östliche trägt ein Vermessungszeichen, muß also der höchste Punkt unseres Berges sein. Aufstiegsprobleme vom Joch über den mäßig steilen Nordgrat zum westlichen und von dort zum östlichen Gipfel gibt es keine.
Der erste neugierige Umblick gehört dem Südtiroler Langtaufers und seinen hohen Firnen – wir grüßen die Weißkugel.

Nauderer Berge

Die alpine Geographie zählt die Nauderer Berge noch zu den Ötztaler Alpen. Von Osten, herüber von der Weißseespitze, sinkt der Ötztaler Hauptkamm, identisch mit dem Zentralalpenkamm, zum Reschenpaß ab. Der Hauptkamm ist Wasser- und Länderscheide und ab Nauderer Hennesiglspitze das Rückgrat, mit dem begleitenden Südtiroler Langtauferer Tal auch die Südgrenze der Nauderer Berge. Die Ostgrenze zieht von der Nauderer Hennesiglspitze durch das Radurscheltal hinab zum Inn, die Straße von Stuben-Pfunds zum Reschenpaß umschlingt die Nauderer Berge von Nord nach West.

Die kleine Welt dieser nach der Ortschaft Nauders benannten Berge atmet und lebt seit 1919 an einer europäischen Dreiländerecke: An der Reschen-Talfurche treffen sich Österreich, Italien und das schweizerische Graubünden. Das Dorf Nauders ist über die Jahrhunderte durch die Reschenstraße ein bekannter, inneralpiner Ort, wer aber kennt und nennt die Berge darüber?

Ihren derzeitigen Bekanntheitsgrad verdanken die Nauderer Berge dem Skilauf. Die Alpenvereinssektion Bremen erbaute im Jahre 1927 die »Nauderer Skihütte«, und bis in die sechziger Jahre störte nur der winterliche Tourengeher die Stille und Einsamkeit der durchschnittlich 2800 Meter hohen Gipfel. Das Alpenvereins-Jahrbuch 1954 widmete den Nauderer Bergen ein Kapitel und als Beilage die erste Ausgabe der AV-Karte »Nauderer Berge«. Nauders nützte die Gunst von Berg und Klima, eröffnete die Bergkastel-Bahn – seit 20 Jahren setzt der Pistenskilauf neue, farbige Akzente. Im Sommer blieben die Nauderer Berge das, was sie schon immer waren: ein herrliches, wenig überlaufenes Erholungsgebiet, ein Dorado für den Bergwanderer, der am Abend gerne zu Tal geht.

Nauders Wer heute von Kajetansbrücke (991 m) westlich von Stuben/Pfunds aus dem Oberinntal hinauffährt nach Nauders und den kunstvollen, in den achtziger Jahren unseres Jahrhunderts aufs modernste hochstilisierten Ausbau der Reschenstraße bewundert, wird vielleicht auch dem Straßenbauer Respekt zollen, dem es gelang, der schreckenerregenden Finstermünzer Schlucht die seitdem gültige Trassenführung abzuringen. Karl Ritter von Ghegadem schuf 1853/54 aus dem von Kutscher und Pferd gefürchteten, kaum wagenbreiten Fahrweg mit Hilfe von Tunnels und Galerien eine Straße, die den Namen verdiente

und bis in unser Auto-Zeitalter auch genügte.

Nauders – bei der Kirche im Oberdorf 1394 Meter Meereshöhe – ist in der Ausbreitung herab zur Reschenstraße modern geworden. Das alte Dorf schart sich um den hohen, spitzen Kirchturm, wir erkennen es auch im Schloß Naudersberg, einst Gerichts- und Ministerialsitz unten an der Paßstraße. In der Geschichte tritt uns Nauders im Jahre 1150 als »Nudres« entgegen. Pestilenz und Feuersbrünste haben den Ort nicht verschont und Jahrhunderte hindurch

des öfteren schwer heimgesucht. Unter den Pfarrherren, denen das früher sehr arme Nauders nur ein mehr schlechtes als rechtes Auskommen ermöglichte, finden wir in den Jahren 1872 bis 1881 Franz Senn, den Mitbegründer des Alpenvereins.

Bild rechts: Nauders am Reschenpaß. Darüber Bergkastel mit seiner markanten Spitze, nach rechts der Grenzkamm zum Reschen mit Plamorder- und Klopaierspitze.

Tourensteckbrief zur Tour 35

Ausgangsort
Nauders 1394 m am Reschenpaß.

Die Tour in Stichworten
Nauders 1394 m – Partitschhof 1644 m – Labaun-Alm 1977 m – Saderer Joch 2397 m – Schmalz-kopf 2724 m.

Schwierigkeit/Anforderung
I = wenig schwierig, Wandertour,
mittlere Anforderung, Tagestour.
Von Nauders auf Bergstraße zum Partitschhof (Jausenstation) und auf Forststraße zur Labaun-

Alm (Jausenstation). Ab Labaun auf Almsträß-chen höher zum Schild »Saderer Joch, Schmalz-kopf«; auf Steig über Alpgelände zum Joch. Dort nach Schild »Schmalzkopf« auf Steig mäßig steil über grasige Schrofenhänge zum Gipfel.
SW-seitiger, markierter Routenverlauf, viel be-gangen.

Höchste Wegestelle/Gipfel
Saderer Joch 2397 m – Schmalzkopf 2724 m.

Aufstiegsleistung
Ab Nauders 1300 Höhenmeter.

Abstieg
Wie Aufstieg.

Gehzeiten
Nauders 1394 m – Partitschhof 1644 m – Labaun-Alm 1977 m: 2 Std. – Saderer Joch 2397 m – Schmalzkopf 2724 m: $2^1/_2$ Std.; Abstieg Nauders: $3^1/_2$ Std.
Gesamtgehzeit: 8 Stunden.

Hütten/Stützpunkte
Partitschhof 1644 m;
Labaun-Alm, Jausenstation 1977 m.
Karten
Siehe Tour 36.

35 Labaun-Alm
1977 m
Schmalzkopf
2724 m

Nauderer Vorposten zum Inntal

*wenig schwierig
Wandertour*

Die Labaun-Alm inmitten der Nauderer Berge, Stützpunkt zum Schmalzkopf.

Wünschen wir uns am Anfang unserer Nauderer Zeit zur Einstimmung in die Bergwelt am Reschen einen besonders lohnenden Aussichtsberg, sollten wir den Schmalzkopf besteigen. In dem nach Norden ausgreifenden Zug der Nauderer Berge ragt zur Mitte der Schartlkopf (2808 m) und als Vorposten zum Inntal der aus dem Tal gut sichtbare Schmalzkopf. Diese Lage, aber auch die respektable Höhe von 2724 Metern profilieren den Schmalzkopf, er gibt uns die Gewähr für die erhoffte Information und zudem für eine große Fernschau. Diese Vorzüge und auch die problemlose Wanderung bis zum Gipfelkreuz sichern dem Schmalzkopf bis weit in den Herbst einen regen Besuch.

Den ersten Wandertag in Nauders beginnen wir beim Kirchturm, im »Oberdorf«, in 1400 Meter Höhe. Zum Partitschhof (1644 m, Jausenstation) und weiter bis zur Labaun-Alm an der 2000-Meter-Grenze folgen wir durch schattigen Hochwald einer Wirtschaftsstraße. Die Alm, ein beliebtes Nauderer Sommerziel, bietet Rastbank, Tisch und Jause, aber dieses Vergnügen erlaubt sich der zielstrebige Wanderer erst nach erfolgter Leistung. Das Schild »Schmalzkopf« weist zum Saderer Joch (2397 m) – den Aufstieg begleiten leider riesige Strommasten; ab Joch folgen wir über weite, mäßig steile, südseitige grüne Hänge einem Steig, der am Gipfel ausläuft.

Der Partitschhof ist einer von mehreren, im Ursprung sehr alter Berghöfe, die wir in unseren Nauderer Tagen noch kennenlernen. Die Höfe Partitsch, Novelles und Stables stehen am Wiesensaum zum Bergwald, erfreuen mit reizvoller Talsicht und – weil dies voll den Erwartungen und Bedürfnissen der Urlaubsgäste entspricht – auch mit gemütlicher Einkehr.

(Tourensteckbrief siehe Seite 83.)

Nauderer Berge

36 Nauderer Höhenweg

Im sonnigen Westhang der Nauderer Berge

wenig schwierig
Wandertour

Die Berghöfe Stables (im Vordergrund) und Novelles im Westhang der Nauderer Berge, Meereshöhe am Stableshof 1833 Meter.

Der ursprüngliche Siedlungskern von Nauders liegt wohlüberlegt etwas erhöht am westseitigen Hang. Diese Lage schützt zwar nicht vor den rauhen Paßwinden, aber sie ist »trocken«. Die Talwiesen entlang der Reschenstraße saugen die Nässe gleich einem Schwamm auf und überlassen sie in schwachem, nordseitigem Gefälle nur ungern dem Stillebach zum Transport hinab zum Inn. Das Reschen-Hochtal unterliegt von Nord nach Süd und umgekehrt einem ständigen Luftaustausch, das wechselhafte Wetter bewirkt jedoch ein Reizklima mit verstärktem Erholungsfaktor, es erhöht Vitalität und Wohlbefinden und fördert somit die Wanderlust der Nauderer Sommergäste.

Ein sehr gutes Angebot ist der Nauderer Höhenweg. In westseitiger Hanglage begleitet er ab Bergkastel (2170 m) den Nauderer Kamm hinaus nach Norden zur Labaun-Alm (1977 m) unter dem Schmalzkopf. Am reizvollsten ist dieser für einen Tag fast zu lange Weg im nördlichen Abschnitt ab Stablesboden.

Von Nauders-Oberdorf gehen wir, vorbei am Novelleshof (1694 m), zum Stableshof (1833 m), gewinnen auf einem Steig durch den Waldgürtel den Stablesboden (2150 m) und damit die Höhe, die wir brauchen, wollen wir die lichte Weite der Nauderer Berge in vollen Zügen genießen. Bis knapp vor die Labaun-Alm bleiben wir auf durchschnittlich 2100 Meter Höhe, wandern auf einem Steig durch blumige Alpweiden, den wer weiß wie lange zurück die Hirten bei der Betreuung des Almviehs einmal ausgetreten haben.

Der Höhenweg ist hinaus nach Norden am lohnendsten. Interessante hohe Bergketten staffeln sich vor uns, oberhalb der Labaun-Alm streifen wir einen lockeren Lärchenstand, und hochbefriedigt sitzen wir wiederum, wie schon nach der Tour zum Schmalzkopf, am Tisch der gastlichen Alm.

Tourensteckbrief

Ausgangsort
Nauders 1394 m am Reschenpaß.

Die Tour in Stichworten
Nauders 1394 m – Novelleshof 1694 m – Stableshof 1833 m – Stablesboden 2150 m – Nauderer Höhenweg – Labaun-Alm 1977 m – Partitschhof 1644 m – Nauders.

Schwierigkeit/Anforderung
I = wenig schwierig, Wandertour, mäßige Anforderung, Tagestour.
Von Nauders auf Bergstraße (nur für Anlieger) zum Novelleshof (Jausenstation) und auf Wiesenweg höher zum alten Stableshof (der neue Hof steht etwas tiefer).
Ab Stables auf Waldsteig mäßig steil zum Stablesboden über der Waldgrenze. Dort Einmündung in den S-Abschnitt des Höhenweges, der von der Goldseehütte herüberkommt.
Ab Stablesboden fast horizontal durch W-seitige, freie Alphänge zum Novellesboden (2200 m), weiter zur breiten Geländefalte des Gamorbaches (2180 m), beschilderte Abzweigung nach Nauders. Von dort über die Viehweiden des Ochsenlegers zum Labauner Köpfle (2208 m), Labaun-Alm in Sicht; durch lockeren Lärchenbestand hinab zur Alm. (Siehe auch Tour 35.)
Auf Forststraße, vorbei am Partitschhof, zurück nach Nauders.
W-seitige, durchgehend markierte Wandertrasse, viel begangen.

Höchste Wegestelle/Gipfel
Stablesboden 2150 m, Labauner Köpfle 2208 m.

Aufstiegsleistung
Ab Nauders 800 Höhenmeter.

Abstieg
Siehe Routenverlauf.

Gehzeiten
Nauders 1394 m – Novelleshof 1694 m – Stableshof 1833 m – Stablesboden 2150 m: $2^1/_2$ Std. – Nauderer Höhenweg – Labaun-Alm 1977 m: 2 Std.; Abstieg Nauders: $1^1/_2$ Std. Gesamtgehzeit: 6 Stunden.

Im Zugang zum Nauderer Höhenweg führt uns ein Pfad durch den Bergwald hinauf zu den Weidewiesen über der Baumgrenze, zum Wetterkreuz am Stablesboden in 2150 Meter Höhe. Ab hier, hinüber zum Novellesboden und weiter zur Labaun-Alm, hält der Höhenweg eine fast horizontale Trasse ein.
Am Horizont schweizerische Samnauner Berge, der Kammzug nach Westen zum Muttler.

Hütten/Stützpunkte
Novelleshof 1694 m, Jausenstation;
Labaun-Alm 1977 m, Jausenstation;
Partitschhof 1644 m, Jausenstation.

Karten
Kompass Wanderkarte 1:50 000, Blatt 42, »Nauders – Reschenpaß«; Freytag & Berndt WK 253, 1:50 000, »Landeck – Reschenpaß Kauncrtal«; Alpenvereinskarte 1:25 000, Ötztaler Alpen, Blatt »Nauderer Berge«.

Nauderer Berge

37 Goldseen 2587 m Mataunkopf 2890 m

Von Bergkastel zum Grenzkamm

wenig schwierig
Wandertour

Der Bildstock weist den Weg von der Bergstation Bergkastel zu den Goldseen und zum Mataunkopf (links), im Grenzkamm gegen Italien.

Mit der Bergkastel-Seilbahn besitzt Nauders einen Trumpf, der auch im Sommer sticht. Moderne Kleingondeln schwingen aus der Wiesenebene südlich der Ortschaft durch eine Schneise im Bergkastelwald nach Südosten, hinauf zur Bergstation am Klasjunger Köpfle. Die Bahn schenkt uns 800 Höhenmeter und eine Menge Zeit, ein Gewinn, den wir für die Wanderung vorbei an den Goldseen hinauf zum Mataunkopf gut einsetzen können.

Bergkastel ist ein Ort, bei dem so mancher Nauderer Urlaubsgast einen warmen, sonnigen Tag mit mehr oder weniger Bewegung gerne auch mal verbummelt. Wer die Landschaft noch freier und lichter haben möchte, ohne an eine größere Tour zu denken, folgt der mit dichtem, blumigem Bodenwuchs bedeckten Skipiste über den Bergkastelboden bis hinauf in etwa 2450 Meter Höhe. Der Blick über die Nauderer Bergwelt, hinab zum Talort und weit hinaus nach Norden kann fast als Gipfelerlebnis gelten.

In nur geringer Entfernung zur Bergstation engt der Ötztaler Haupt- und Grenzkamm das Blickfeld nach Südosten zu ein, im Unterschied zu den zahmen Höhen im Nauderer Kammzug ragen die Berge dort am höchsten und steilsten. Diese dunkle Felsenmauer erhebt als markante Eckgipfel den Großen Schafkopf (3000 m) und die Plamorderspitze (2982 m) und zur Mitte den weniger auffälligen, 2890 Meter hohen Mataunkopf, den wir im Ausblick von der Bergstation gut beurteilen können. Beliebt wie kein zweiter Gipfel im Grenzkamm, beansprucht der Mataunkopf im zielstrebigen Hin und Zurück nur etwa 4 bis 5 Stunden Gehzeit.

Wenn die letzte Lärche, der höchste Wiesenfleck »Beim Stein« im Blockkar des Ganderbild zurückbleibt, weist eine Tafel den Abstecher zu den vom Steig aus nicht sichtbaren Goldseen (2555 m und 2587 m). Am Mataunkopf angekommen, glänzen die beiden Wasseraugen verführerisch im Hochkar unter uns, rufen uns vielleicht frühzeitig zurück zur idealen, ruhigen Rast irgendwo an ihrem Ufer.

Ausgangsort
Nauders 1394 m am Reschenpaß.

Die Tour in Stichworten
Nauders 1394 m – Bergstation Bergkastel-Bahn 2170 m – Goldseen 2555 m und 2587 m – Pedroß-scharte 2816 m – Mataunkopf 2890 m.

Schwierigkeit/Anforderung
I = wenig schwierig, Wandertour, mäßige Anforderung, Tagestour.
Von Nauders mit der Bergkastel-Bahn (Kleingon-deln) zur Bergstation: Tourenverlauf im Blickfeld. Ab Station nach Schild »Pedroßscharte, Mataun-kopf« auf Steig durch das Blockfeld des Gander-bild in Richtung zu einem weißen Bildstöckl, wei-ter zu den Felsblöcken »Beim Stein« (2422 m) und über eine Steilstufe zur beschilderten Abzweigung »Goldseen«. Dort schwach aufwärts zu einem Ge-länderiegel über dem unteren Goldsee, den man von hier gut überblicken kann, der obere Goldsee

liegt in einem Becken versteckt etwas weiter süd-lich. Zurück zur Abzweigung, vorbei an zwei Kar-seelein, steil höher zur sichtbaren Pedroßscharte, nach links über den Grat zur Stempelstelle: »Ma-taunkopf« (2890 m, nach AV-Karte liegt der höchste Punkt 2895 m) – in Überschreitung einer schwachen Senke leicht erreichbar etwas entfernt im Osten.
N-seitiger, übersichtlicher, durchgehend markier-ter Routenverlauf, viel begangen.

Höchste Wegestelle/Gipfel
Goldseen 2555 m und 2587 m, Mataunkopf 2890 m.

Aufstiegsleistung
Ab Bergstation Bergkastel 700 Höhenmeter.

Abstieg
Wie Aufstieg; oder Überschreitung: ab Mataun-kopf auf Steig hinab zum Oberen Mataunboden, im Saletztal zur Pieng-Alm 1993 m, von dort auf markiertem Steig zurück zu der Bergstation, $2^1/_2$ Std.

Gehzeiten
Bergstation Bergkastel 2170 m – Goldseen 2555 m: $1^1/_2$ Std. – Mataunkopf 2890 m: 1 Std.; Abstieg Bergstation wie Aufstieg: $1^1/_2$ Std. Gesamtgehzeit: 4 Stunden.

Hütten/Stützpunkte
Bergkastel-Bahn, Bergstation 2170 m, Restaurant;
Pieng-Alm 1993 m, Jausenstation.
Karten
Siehe Tour 36.

Tip
Für ausdauernde Bergwanderer: Auf dem Grenz-kamm hinüber zum Großen Schafkopf 3000 m (siehe Tour 38), Abstieg zur Pieng-Alm.

Am unteren Goldsee, den oberen See ver-steckt der blockige Steinwall. Darüber bildet der Grenzkamm eine zackige Bergkette aus, nach rechts zur Plamorder- und Klopaier-spitze.

38 Großer Schafkopf 3000 m

Höchster Gipfel der Nauderer Berge

*mäßig schwierig
Wander-/Felstour*

Tourensteckbrief

Ausgangsort
Nauders 1394 m am Reschenpaß.

Die Tour in Stichworten
Nauders 1394 m – Bergstation Bergkastel-Bahn 2170 m – Pieng-Alm 1993 m – Wölfelesjoch 2833 m – Großer Schafkopf 3000 m.

Schwierigkeit/Anforderung
II = mäßig schwierig, Wander-/Felstour, mittlere Anforderung, Tagestour.
Von der Bergstation Bergkastel zur Pieng-Alm. Ab Pieng-Alm in das Saletztal und entlang des Bergbaches über den Unt. und Ob. Mataunboden, im Schlußanstieg sehr steil, zum sichtbaren Zeichen am Wölfelesjoch (die Ruine der Grenzerhütte, 2580 m, bleibt rechts). Ab Joch steil über den felsigen SW-Grat zum Gipfel.
N-seitiger Routenverlauf, durchgehend markiert, nur für trittsichere Bergwanderer.

Höchste Wegestelle/Gipfel
Wölfelesjoch 2833 m, Gr. Schafkopf 3000 m.

Aufstiegsleistung
Ab Pieng-Alm 1000 Höhenmeter.

Abstieg
Wie Aufstieg; oder über Wölfeleskopf und Mataunkopf zurück zur Bergstation (siehe »Tip« Tour 37, 3¹⁄₂ Std.).

Gehzeiten
Bergstation Bergkastel 2170 m – Pieng-Alm 1993 m: ¹⁄₂ Std. – Wölfelesjoch 2833 m – Schafkopf 3000 m: 3 Std.; Abstieg Pieng-Alm: 2 Std. – Bergstation: ¹⁄₂ Std.
Gesamtgehzeit: 6 Stunden.

Hütten/Stützpunkte
Bergstation Bergkastel 2170 m, Restaurant;
Pieng-Alm 1993 m, Jausenstation;
Goldseehütte 1880 m, Berggasthaus.

Karten
Kompass Wanderkarte 1:50000, Blatt 42, »Nauders – Reschenpaß«; Freytag & Berndt WK 253, 1:50000, »Landeck – Reschenpaß – Kaunertal«; Alpenvereinskarte 1:25000, »Ötztaler Alpen«, Blatt »Nauderer Berge«.

*Am Gipfel vom Großen Schafkopf, einer Höhe genau 3000 Meter ü. d. Meer.
Im Mittelgrund der Hauptkamm im schweizerischen Samnaun, von links Piz Mondin und Piz Alpetta.*

Die für viele Bergwanderer magische Zahl 3000 bieten die Nauderer Berge nur am Großen Schafkopf, dort, wo der Nauderer Kamm sich nach Norden hinaus zum Schmalzkopf vom Grenzkamm trennt. Der Große Schafkopf – genau 3000 Meter billigen die Vermesser dem Gipfel zu – ist ein auffälliger Markstein, der letzte Dreitausender des Ötztaler Hauptkammes im Auslauf zum Reschenpaß.
Den direkten Weg ab Nauders weisen die Wanderkarten über die Goldseehütte (1880 m) zur Pieng-Alm (1993 m) und im Saletztal hinauf zum Wölfelesjoch (2833 m), knapp südwestlich des Gipfels. Entfernung und Höhendifferenz sind erheblich – 1600 Höhenmeter –, für eine Tagestour ab Nauders zu Fuß fast zu weit. Benützen wir jedoch die Bergkastel-Bahn und gehen von der Bergstation, zwar mit etwas Höhenverlust, zur Pieng-Alm hinüber, kürzen wir die Tour erheblich. Die Pieng-Alm (auch Jausenstation), ein offener, ebener Wiesenfleck, liegt wenig über dem privaten Berggasthaus Goldseehütte, das im Graben des Piengbaches unten im Bergwald steckt. Der Große Schafkopf reizt mit kräftigem Felsaufbau hinab zur Alm, noch 1000 Höhenmeter zum Gipfel. Ein markierter Wandersteig quert durch hochstämmigen Lärchenwald zum Saletztal, der muntere Talbach durcheilt dichtes, blumenreiches Al-

mengrün, vor uns der grasbewachsene Untere und 200 Meter höher der mit kleinem Schotter bedeckte Obere Mataunboden, ausgelegt zu schrägen, fast glatten Ebenen. Der Grenzkamm darüber blockiert vom Großen Schafkopf über das Wölfelesjoch und den Wölfeleskopf mit hoher Felsenbarriere zum Mataunkopf hin das Tal. Die Grenzerhütte, die im Aufstieg zum Wölfelesjoch durch einen steilen Geröll- und Schotterhang, den sog. »Jochpleisen«, rechts bleibt, entläßt einen Steig zum Mataunkopf (siehe Tour 37).
Am Joch schauen wir Langtaufers: Hanglehnen, mit kurzem Rasen bedeckt, weitläufig und sanft geschwungen, blinkende Wasser, ruhend und fließend, modellieren ein typisches Südtiroler Hochalmenbild. Eine Tafel am Wölfelesjoch weist unseren Berg. In ¹⁄₂ Stunde klettern wir über blockigen Fels hinauf zum einfachen hölzernen Gipfelkreuz. Mit dem »simplen« Schafkopf ziehen wir den Nauderer Hauptgewinn: Herrlicher und größer ist keine andere Gipfelschau!

39 Plamorderspitze 2982 m

Klettersteig »Tiroler Weg«

*schwierig
Felstour/Klettersteig*

Der Ötztaler Haupt- und Grenzkamm verwickelt im Schwung herüber vom Großen Schafkopf vor dem Absturz zum Reschenpaß einen Knoten wildzerklüfteter Berge, die zueinander versetzt stehen und fast unzugänglich erscheinen, so steil und abweisend ragt der rotbraun schimmernde Fels. Im Aufblick von Nauders und Bergkastel dominiert die nach Norden vorgeschobene Bergkastelspitze (2912 m), in der Kammlinie dahinter winkt unser Ziel, die mehrgipfelige Plamorderspitze (2982 m); die benachbarte Klopaierspitze (2918 m) ist der Eckgipfel zum Reschenpaß. Die Staatengrenze Österreich–Italien vollführt dort – aus welchen Gründen auch immer – einen Rösselsprung und läßt keinen Gipfel aus, bevor auch sie nach Reschen absinkt.

Diese hochalpine Urgesteinsfestung, bisher nur für Kletterer interessant, ist seit 1985 auch ein Magnet für gewandte Berggeher: Nauders bietet seinen alpin-sportlichen Gästen einen Klettersteig, den »Tiroler Weg« zur Plamorderspitze.

Ab Bergstation Bergkastel folgen wir der Wegweisung »Zum Klettersteig«, gehen die Skipiste aufwärts zum obersten Lifthäuschen (ca. 2450 m, siehe auch Seite 87) am Bergkastelboden. Vor uns ein von Steilfels umrahmtes, blockgefülltes Hochkar, das Nauderer Gaißloch, besonders auffällig die markante, in Stufen abgesetzte Nordpfeiler der Plamorderspitze – die Klettersteigroute zum Gipfel. Der Einstieg (ca. 2650 m) erwartet uns am Pfeilerfuß: Straffe, fest verankerte Drahtseile und spärlich gesetzte Klammern und Stifte dienen als Steighilfen über die teils sehr ausgesetzte, manchmal fast senkrechte Pfeilerkante hinauf zum Gipfelkreuz, 300 Meter höher. Diese Ferrata ist für Anfänger beileibe kein »Zukkerl«, geführt und betreut von der Bergschule Nauders vielleicht aber ein Genuß.

Tourensteckbrief

Ausgangsort
Nauders 1394 m am Reschenpaß.

Die Tour in Stichworten
Nauders 1394 m – Bergstation Bergkastel-Bahn 2170 m – Klettersteig »Tiroler Weg« – Plamorderspitze 2982 m.

Schwierigkeit/Anforderung
III = schwierig, Felstour/Klettersteig, mittlere Anforderung, Tagestour.
Mit der Bergkastel-Seilbahn zur Bergstation, dort Schild »Zum Klettersteig«. Entlang einer Lifttrasse zur Bergstation des Liftes (ca. 2450 m): Plamorderspitze mit dem N-Pfeiler, der den Klettersteig trägt, in Sicht.
Zugang: »Zum Klettersteig«, das Schild und Markierungen weisen in das Nauderer Gaißloch, einen mit Blöcken gefüllten Kessel, zum Ansatz des Pfeilers und damit zum Einstieg (ca. 2650 m); dort Schild: »Klettersteig Tiroler Weg«.
Klettersteig: Der Einstieg am Pfeilersockel ist fast senkrecht, nachdem legt der Fels sich etwas zurück. Ein sehr gut geführtes Drahtseil, einige

Bild oben und links: Der »Nauderer Klettersteig« – so wird der »Tiroler Weg« zur Plamorderspitze zumeist angesprochen – ist wenig empfehlenswert für nur gelegentliche Klettersteiggeher. An dieser »Ferrata«, verankert im steilen Fels des Nordpfeilers, hat nur der geübte, gut ausgerüstete Bergsteiger eine Freude.

Stahlstifte und Klammern sichern über die Stationen: Kante – Führerturm – Himmelsleiter – Piaztritt die Route bis zum Gipfel. Der Fels ist angenehm fest, zudem bietet er ausreichend Griffe und Tritte.
NW-seitiger, markierter Routenverlauf, sehr steil und ausgesetzt, nur für gewandte Klettersteiggeher bei aperem, trockenem Fels; häufig begangen.

Höchste Wegestelle/Gipfel
Plamorderspitze 2982 m.

Aufstiegsleistung
Ab Bergstation Bergkastel 800, davon Klettersteig 300 Höhenmeter.

Abstieg
Vom Gipfel mit Drahtseilsicherung gegen W abwärts zu einer glatten, N-seitigen Wand mit dem ausgesetzten »Sepplriß«. Nach dieser schwierigen Stelle in die S-Flanke und kurzer Wiederanstieg. Aus etwa 2900 m Höhe nach rechts die sehr steile Block- und Schotterflanke hinab in Richtung zu dem auffälligen großen Block unter dem N-Pfeiler. Von dort auf Zugang zurück zur Bergstation.

Gehzeiten
Bergstation Bergkastel 2170 m – Einstieg 2650 m Klettersteig: $1^1/_2$ Std. – Klettersteig Plamorderspitze 2982 m: 2 Std.; Abstieg Bergstation Bergkastel: $2^1/_2$ Std.
Gesamtgehzeit: 6 Stunden.

Hütten/Stützpunkte
Bergstation Bergkastel, 2170 m, Restaurant.

Karten
Kompass Wanderkarte 1:50 000, Blatt 42, »Nauders – Reschenpaß«; Freytag & Berndt WK 253, 1:50 000, »Landeck – Reschenpaß – Kaunertal«; Alpenvereinskarte 1:25 000, »Ötztaler Alpen«, Blatt »Nauderer Berge«.

Samnaun-Gruppe

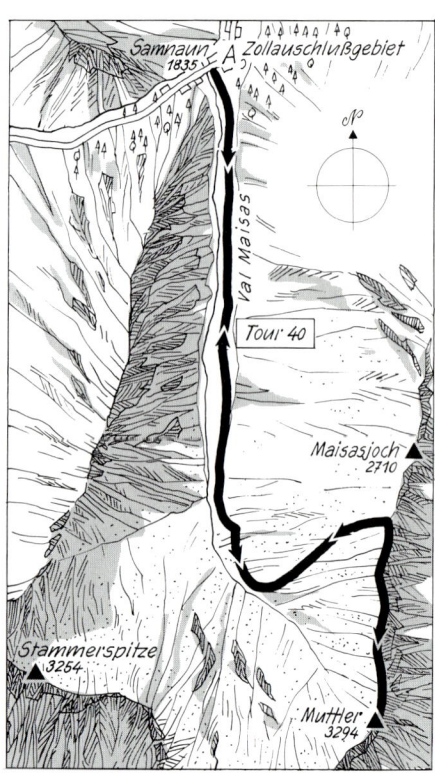

Die Samnaun-Gruppe ist ein winziges und dazu gletscherfreies Glied der Zentralalpen, ein Puffer zwischen Ötztaler Alpen und Silvretta. Österreich und die Schweiz haben daran Anteil, die Schweiz im südwestlichen Abschnitt mit einem Zollausschlußgebiet, darin als Hauptort das Dorf Samnaun.

Zu Österreich, zum Tiroler Samnaun, gehört der Bergraum von der Schweizer Grenze nach Nordosten, deutlich umschlossen vom Paznauntal und vom Oberinntal. Als Samnauner Hauptkamm gilt die Linie Hexenkopf (3035 m) – Furgler (3004 m) – Rotbleiskopf (2936 m) hinaus zur Thialspitze (2398 m) nahe Landeck.

Die Geologie der Berge gleicht der benachbarten Silvretta, besteht aus härteren Gneisen, Hornblende und Glimmerschiefer, im Abfall vom Hauptkamm zum Oberinntal in der Hauptsache jedoch aus verwitterungsanfälligem Bündner Schiefer. Dieses jüngere Gestein modelliert zum Nutzen für die Skierschließung einförmige, gerundete Schotterberge, weite Hangmulden, großzügige Hochterrassen und schenkte dem Samnaun letztlich auch die herrlichen Sonnenbalkone, für die es besonders im Tiroler Raum berühmt ist.

Dort, herauf vom Oberinntal, siedelte der Mensch schon sehr früh, die Ursprünge von Ladis, Fiss und Serfaus – Meereshöhe zwischen 1200 und 1500 Meter – wurzeln im ersten Jahrtausend.

Allseits bekannt wurde das Samnauner Gebirge erst durch den winterlichen Tourenskilauf, und dieser sanften Erschließung diente – 500 Meter über Serfaus – das im Jahre 1929 auf der Alpe Komperdell eröffnete Kölner Haus. Die sonnentrunkene Einsamkeit der Alpe aber ist längst dahin. Der Pistenskilauf hat das Tiroler wie auch das Schweizer Samnaun in weiten Bereichen voll vereinnahmt – »Schattenseiten«, die der Sommer grell beleuchtet.

Abgesehen vom Muttler, suchen wir unsere Tourenziele im österreichischen Samnaun, im Hauptkammbereich zwischen Hexenkopf und Rotbleiskopf, sowohl von der Inntaler Seite mit Ausgangsort Serfaus als auch aus dem Paznaun, vom Talort See.

Die Bergstation auf Komperdell, links das Kölner Haus, darüber der Furgler.

40 Samnaun
1835 m
Muttler
3294 m

Höchster Gipfel im Samnaun

mäßig schwierig
Wander-/Felstour

Die in unserer Zeit so bekannte und vielbesuchte schweizerische Ortschaft Samnaun – Meereshöhe 1835 Meter – war über Jahrhunderte ein von aller Welt vergessenes Gemeinwesen. Die Straße, die das Dorf im waghalsigen Geschlängel durch die steilen, felsigen Nordosthänge des Spisser Tales mit Vinad (1099 m) im Graubündner Oberinntal verbindet, gibt es erst seit dem Jahre 1912. Diese mit vielen Tunnels belastete Trasse allein könnte den heutigen Verkehr längst nicht mehr tragen. Die Hauptzufahrt nach Samnaun eröffnete endlich in den achziger Jahren das Land Tirol. Eine moderne Bergstraße schneidet ab Zollamt Kajetansbrücke (991 m) die freundlichen, südseitigen Hanglagen des Spisser Tales zum Dörfchen Spiss (1627 m), der Anschluß über eine neue Zollstation bei Spisser Mühle war letztlich nur noch Formsache; ab Kajetansbrücke 15 Kilometer. Das Auto rollt das ganze Jahr über, die Stippvisite im Zollausschlußgebiet Samnaun ist für jeden Reisenden, unterwegs im Oberinntal, irgendwann einmal fast ein Muß.

Die höchsten Berge ragen im Süden auf, der Talschaft sehr nah, der Zentralalpenkamm postiert dort den Muttler (3294 m) und die Stammerspitze (3254 m). Der Muttler, höchster Gipfel der Samnaun-Gruppe, steht als auffällige Pyramide sehr günstig zum Dorf, dieses Angebot wissen Bergsteiger zu schätzen. Im Aufblick von den Wiesen am südseitigen Ortsrand übersehen wir den Routenverlauf – fast schnurgerade zum Gipfel. So richtig schön und luftig wird die Tour über die letzten 300 Höhenmeter am Nordgrat. Großartig die Aussicht, der Muttler zeigt uns Samnaun, sein Gipfelkreuz verbindet unseren Blick mit den Ötztaler Alpen im Osten und der Silvretta im Westen.

Tourensteckbrief

Ausgangsort
Samnaun 1835 m im Zollausschlußgebiet Samnaun.

Die Tour in Stichworten
Samnaun 1835 m – Maisasjoch 2710 m – Muttler 3294 m.

Schwierigkeit/Anforderung
II = mäßig schwierig, Wander-/Felstour, große Anforderung, Tagestour.
Ab Samnaun auf Fahrweg ins Val Maisas zu einer Almhütte, ab hier Steig hinein ins Tal; nach links hinauf zum Maisasjoch nördl. des Gipfels. Ab Joch auf Steig über einen gut gangbaren, felsigen Rücken zum N-Grat und am Grat nach Steigspuren in leichter Blockkletterei steil zum Gipfel.
N-seitiger Routenverlauf, durchgehend markiert, nur für trittsichere, ausdauernde Berggeher, viel begangen.

Höchste Wegestelle/Gipfel
Maisasjoch 2710 m, Muttler 3294 m.

Der Muttler, mit der Nordflanke nach Samnaun, ist bis zum Frühsommer ein weißer Berg, ein schöner Schmuck für die grüne Talschaft. Wir erkennen den Ansatz des Nordgrates, die Route zum Gipfel.

Aufstiegsleistung
Ab Samnaun 1500 Höhenmeter.

Abstieg
Wie Aufstieg.

Gehzeiten
Samnaun 1835 m – Maisasjoch 2710 m: $2^1/_2$ Std. – Muttler 3294 m: 2 Std.; Abstieg Samnaun: $3^1/_2$ Std.
Gesamtgehzeit: 8 Stunden.

Hütten/Stützpunkte
Keine.

Karten
Siehe Tour 41.

41 Kölner Haus 1965 m Hexenseehütte 2580 m Hexenkopf 3035 m

Geographischer Mittelpunkt im Samnauner Gebirge

mäßig schwierig
Wander-/Felstour

Von den Nauderer Bergen, aus der Schau vom Hohenzollernhaus über das Radurscheltal oder von den Ötztaler Bergen um den Glockturm, bleibt der Blick nach Norden stets an einem breiten, dunklen Berg haften: am 3035 Meter hohen Hexenkopf, dem Kulminationspunkt im Samnauner Hauptkamm. Diese Bedeutung erhebt den Berg zu einem begehrten Ziel; wer im Sam-

naun wandert und sich etwas anspruchsvollere Gipfel zutraut, erwägt beim Studium der Wanderkarten die Tour zum Hexenkopf.

Die Wege aus dem Oberinntal, aus dem Paznaun und vom schweizerischen Zollausschlußgebiet herüber sind weit, auch Serfaus (1427 m) und das Kölner Haus (1965 m) auf Komperdell scheinen auf den ersten Blick abseits zu sein. Das Kölner Haus ist aber das passende Sprungbrett: Die Komperdell-Seilbahn zum Haus und der Sessellift zum Lazid-Grat (2346 m) rücken den Hexenkopf in das Maß einer Tagestour, die erste Auffahrt jedoch sollte nicht versäumt werden. An der Bergstation Lazid ist unser Gipfel im Auf und Ab der Routenführung noch 1000 Höhenmeter und in Luftlinie 6 Kilometer entfernt, auch ein ausdauernder Wanderer muß im Hin und Zurück mit 7 bis 8 Stunden Gehzeiten rechnen.

Die Tour läuft südseits des Hauptkammes über sommerlich stille Schlepplift-Stationen, die zueinander in Sichtweite stehen. Ab Lazid bleiben wir bis zur »Scheid« (2429 m) noch auf der Grathöhe, schwenken dann hinein in den weiten Raum des Lader Mooses, wandern über blockiges Gestein und aus einem nassen, sumpfigen Boden hinauf zum Arrezjoch (2587 m), das den Bergraum

der Hexenseehütte öffnet. Nochmals müssen wir hinab zum Abfluß des Hexensees etwas Höhe opfern, bevor wir über einen blockigen Rücken die Hütte erreichen.

Die DAV-Sektion Rheinland/Köln, einst Wegbereiter für den Tourismus auf der Alpe Komperdell, fühlte sich weiterhin verpflichtet und erstellte im Jahre 1974 auf einem guten Platz über dem Hexensee im Schutze des nahen Hexenkopfes ein kleines, hübsches Holzhaus, die 2580 Meter hoch gelegene Hexenseehütte. Anfangs nur als bewarteter Stützpunkt gedacht, fand die Hütte im Schwung des zunehmenden Sommertourismus bald einen ständigen Wirt, der auch Nachtlager bereithält.

Die Gipfelroute unterteilt der Hexensattel (2740 m), den zügigen Schlußaufstieg verstellen große und kleine Felsblöcke, doch gute Markierungen führen in leichter Kletterei zum Gipfelkreuz – 3035 Meter –, das seine exponierte Position mit einem trigonometrischen Zeichen teilt.

Unternehmungslustige und erfahrene Berggeher wählen den Abstieg über den felsigen Nordostgrat zum Masner Joch (2685 m, Abstieg zur Ascher Hütte möglich). Markierungen helfen weiter zum Arrezjoch, der wichtigen Station für den Rückweg nach Lazid und zum Kölner Haus.

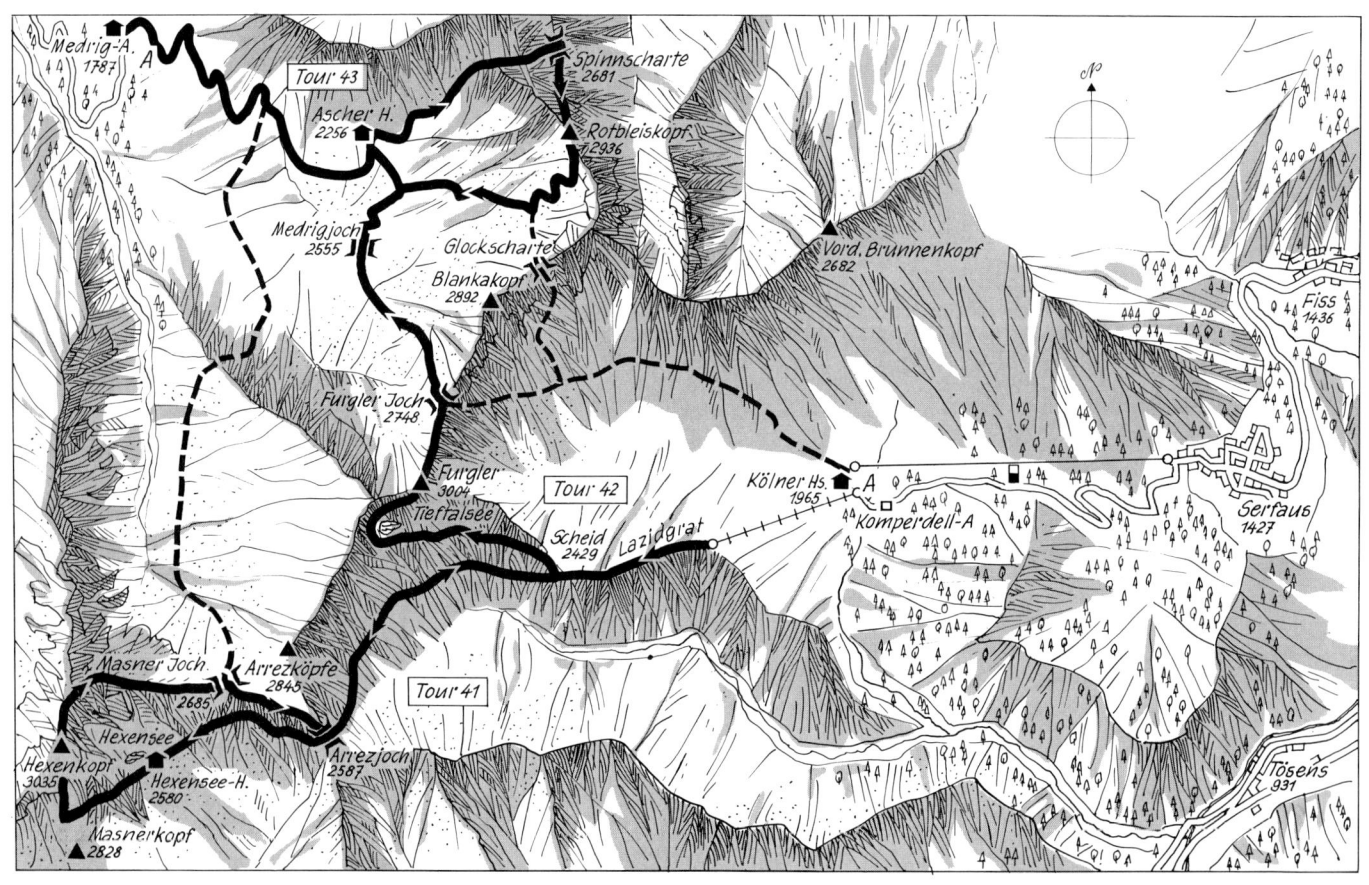

Tourensteckbrief

Ausgangsort
Serfaus 1427 m im Oberinntal.

Die Tour in Stichworten
Serfaus 1427 m – Kölner Haus 1965 m – Bergstation Lazid 2346 m – Scheid 2429 m – Arrezjoch 2587 m – Hexenseehütte 2580 m – Hexensattel 2740 m – Hexenkopf 3035 m.

Schwierigkeit/Anforderung
II = mäßig schwierig, Wander-/Felstour, große Anforderung, Tagestour.
Ab Serfaus mit der Komperdell-Seilbahn (1454 m–1982 m) zum Kölner Haus und mit Sessellift zur Bergstation Lazid.
Von dort Wanderweg über den Lazid-Grat zur Liftstation Scheid. Ab Scheid führt ein Steig durch das weite Gelände des Lader Mooses oberhalb einer Pistentrasse zum Arrezjoch – hier Hexenseehütte in Sicht; etwas bergab zum Abfluß des Hexensees und Wiederanstieg zur Hütte. Ab Hütte auf Steig zum sichtbaren Hexensattel, von

dort über den S-Rücken, steil, auf Steigspuren über Felsgelände zum Gipfel.
S-seitiger, durchgehend markierter Routenverlauf, bis Hexenseehütte viel begangen.

Höchste Wegstelle/Gipfel
Arrezjoch 2587 m, Hexensattel 2740 m, Hexenkopf 3035 m.

Aufstiegsleistung
Ab Bergstation Lazid 1000 Höhenmeter.

Abstieg
Wie Anstieg; oder in Überschreitung des Hexenkopfes nach Markierungen in leichter Blockkletterei über den nordöstl. Gratverlauf hinab zum Masner Joch (2685 m), dort auf Steig zum Hexensee oder weiter nach Steigspuren zum Arrezjoch. Nur bei guten Verhältnissen ratsam.

Gehzeiten
Bergstation Lazid 2346 m – Scheid 2429 m – Arrezjoch 2587 m – Hexenseehütte 2580 m: 3 Std. – Hexensattel 2740 m – Hexenkopf 3035 m: $1^1/_2$ Std.; Abstieg wie Aufstieg: $3^1/_2$ Std. Gesamtgehzeit: 8 Stunden.

Der Sommer hält Einzug am Hexensee, nimmt dem Wasser den Eisdeckel und den Bergen den letzten Winterschnee.
Überm See die Hexenseehütte, darüber der 2828 Meter hohe Masnerkopf.

Hütten/Stützpunkte
Kölner Haus 1965 m, DAV-Sektion Rheinland/Köln, 60 Betten und Matratzen, Sommerbew. von Anfang Juni bis Ende Sept.;
Hexenseehütte 2580 m, DAV-Sektion Rheinland/Köln, 20 Matratzen, Sommerbew. von Ende Juni bis Ende Sept.

Karten
Kompass Wanderkarte 1 : 50 000, Blatt 42, »Landeck – Nauders – Samnaungruppe«; Freytag & Berndt WK 253, 1 : 50 000, »Landeck – Reschenpaß – Kaunertal«.

Tip
Rundtour ab Komperdell: Kölner Haus – Furgler – Ascher Hütte – Rotbleiskopf – Ascher Hütte – Masner Joch – Hexenkopf – Hexenkopfhütte – Kölner Haus.

42 Furgler
3004 m

*Renommiergipfel zwischen
Kölner Haus und Ascher Hütte*

*wenig schwierig
Wandertour*

Tourensteckbrief

Ausgangsort
Serfaus 1427 m im Oberinntal.

Die Tour in Stichworten
Serfaus 1427 m – Kölner Haus 1965 m – Bergstation Lazid 2346 m – Scheid 2429 m – Tieftalsee 2700 m – Furgler 3004 m – Furgler Joch 2748 m – Medrigjoch 2555 m – Ascher Hütte 2256 m.

Schwierigkeit/Anforderung
I = wenig schwierig, Wandertour,
mittlere Anforderung, Tagestour.
Ab Serfaus zur Bergstation Lazid siehe Tour 41. Ab Lazid auf Wanderweg zur Liftstation Scheid, nach Schild »Furgler, Tieftalsee« auf Steig zum See und steil höher zum Furgler-Gipfel. Ab Gipfel über den blockigen N-Grat auf Felsensteig zum Furgler Joch und weiter zum sichtbaren Medrigjoch. Dort steil hinab zu einer ersten Geländestufe, weiter zum Kübelgrund und zur sichtbaren Ascher Hütte.
S- und N-seitiger Routenverlauf, durchgehend markiert, für trittsichere Bergwanderer, viel begangen.

Höchste Wegestelle/Gipfel
Furgler 3004 m, Furgler Joch 2748 m.

Aufstiegsleistung
Ab Kölner Haus 1000, ab Bergstation Lazid 700 Höhenmeter.

Abstieg
Siehe Routenverlauf; oder wie Aufstieg; oder über das Furgler Joch zurück zum Kölner Haus.

Gehzeiten
Bergstation Lazid 2346 m – Scheid 2429 m: $^1/_2$ Std. – Furgler 3004 m: 2 Std.; Abstieg Furgler Joch 2748 m: $^1/_2$ Std. – Medrigjoch 2555 m – Ascher Hütte 2256 m: 2 Std.
Gesamtgehzeit: $5^1/_2$ Stunden.

Hütten/Stützpunkte
Kölner Haus 1965 m, siehe Tour 41;
Ascher Hütte 2256 m, DAV-Sektion Asch, 40 Matratzen, bew. von Mitte Juni bis Mitte Sept.

Karten
Siehe Tour 41.

Der Sommertourismus im tirolerischen Samnaun konzentriert sich in der Hauptsache auf den attraktiven, mittleren Abschnitt im Hauptkamm, vom Hexenkopf über den Furgler zum Rotbleiskopf. Diese drei Gipfel und der hohe Kammverlauf dazwischen erregen von Süden, vom innseitigen Serfaus, sowie vom nördlichen Paznaun das Interesse der Bergwanderer und den Wunsch zur Gipfeltour.

Serfaus (1427 m) empfiehlt mit der Komperdell-Seilbahn die Auffahrt zum Kölner Haus. Im Ausblick von der Bergstation erwarten den gehtüchtigen Urlaubsgast die Tour zum Hexenkopf (siehe Tour 41), der Übergang zur Ascher Hütte mit Besuch des Rotbleiskopfes (siehe Tour 43) und im Nahbereich der 3004 Meter hohe Furgler, der herab zum Kölner Haus die Südostflanke, die Aufstiegsseite, zeigt.

Der Furgler rangiert unbestritten an erster Stelle, die Wanderkarten verraten die Gründe: die Nähe und eine zusätzliche Aufstiegshilfe durch den Sessellift zum Lazidgrat (2346 m), von dort der kurze, wenn auch etwas steile Routenverlauf, die Dreitausenderhöhe des Gipfels und schließlich auch die verführerische Möglichkeit, den Rückweg über das Furgler Joch (2748 m) zu nehmen und damit eine große, nicht allzu lange Rundtour zu schließen. Spielt das Wetter mit, so ist der Entschluß, den Furgler

Das hohe Gipfelkreuz am Furgler ist weithin sichtbar, und so hat dieser Berg viele Freunde, herauf von Süd, vom Kölner Haus auf Komperdell, sowie von Nord aus dem Paznauntal, von der Ascher Hütte.

zu überschreiten, gewiß eine gute Entscheidung.

Im Ausblick vom Gipfel überschauen wir einen Teilabschnitt der Route herauf von der Ascher Hütte (2256 m), die vom Medrigjoch (2555 m) zum Furgler Joch zieht und dem Paznauner Aufstieg dient. Dieser Zugang dehnt sich etwas länger, die Ascher Hütte ist das nordseitige Pendant zum Kölner Haus. Das Tourenpendel schwingt hierhin wie dorthin, und so müssen wir in unseren Samnauner Tagen nicht nur auf Komperdell, sondern auch drüben im Kübelgrund, bei der Ascher Hütte, gewesen sein.

An unserem Bergtag versammelte das hohe Gipfelkreuz am Furgler, 1957 errichtet von Burschen und Männern aus Serfaus, eine Schar bergbegeisterter Wanderer von Serfaus wie von Paznaun. Die angeregte Unterhaltung lobte den Furgler, wir genossen Tiefblick und Fernsicht. Unser Aufstieg startete am Kölner Haus, und um den Furgler genau zu erkunden, gehen wir vom Gipfel hinab zur Ascher Hütte.

43 Ascher Hütte
2256 m
Rotbleiskopf
2936 m

Hausberg der Ascher Hütte

wenig schwierig
Wandertour

Tourensteckbrief

Ausgangsort
See 1056 m im Paznauntal.

Die Tour in Stichworten
See 1056 m – Bergstation Medrig-Alm 1787 m – Ascher Hütte 2256 m – Spinnscharte 2681 m – Rotbleiskopf 2936 m.

Schwierigkeit/Anforderung
I = wenig schwierig, Wandertour,
mittlere Anforderung, Tagestour.
Von See (Kirchdorf) im Paznauntal mit Sessellift zur Bergstation Medrig-Alm (hierher auch Forststraße) und auf Almstraße zur Ascher Hütte.
Ab Hütte nach Schild »Spinnscharte – Rotbleiskopf« über Alpböden zum Hochbecken unter der Spinnscharte, auf Steig zur Scharte und auf teils gesichertem Felsensteig über den gut gangbaren, blockigen N-Grat mäßig steil zum Gipfel.
W- und N-seitiger Routenverlauf markiert.

Höchste Wegestelle/Gipfel
Spinnscharte 2681 m, Rotbleiskopf 2936 m.

Aufstiegsleistung
Ab Bergstation Medrig-Alm 1200, ab Ascher Hütte 700 Höhenmeter.

Abstieg
Wie Aufstieg; oder Überschreitung auf Steig in der W-Flanke zum Schild »Kölner Haus« (ca. 2800 m = Übergang nach Komperdell), dort nach Steigspuren, markiert, sehr steil durch eine Schotterflanke hinab zum Kübelgrund zur Einmündung in den Weg herab von der Glockscharte; auf ihm zurück zur Ascher Hütte.

Gehzeiten
Medrig-Alm 1787 m – Ascher Hütte 2256 m: 1^1/$_2$ Std. – Spinnscharte 2681 m – Rotbleiskopf 2936 m: 2^1/$_2$ Std.; Abstieg wie Aufstieg zur Ascher Hütte: 2 Std. – Medrig-Alm: 1 Std.
Gesamtzeit: 7 Stunden.

Hütten/Stützpunkte
Bergstation Medrig-Alm 1787 m, Jausenstation;
Ascher Hütte 2256 m, siehe Tour 43.

Karten
Siehe Tour 41.

Der Komperdell-Alm gegenüber, in der Nordwestböschung des Samnauner Hauptkammes zum Paznauntal, steht in herrlich freier Lage auf 2256 Meter Meereshöhe die Ascher Hütte. Talwärts orientiert sie sich nach dem Gemeindeort See i. Paznaun (1056 m), von dort erhält sie mit Hilfe des Sessellifts zur Medrig-Alm (1787 m) und einem Almsträßchen einen bequemen und auch schnellen Zugang, den Paznauner Sommergäste sehr gerne zu einem Tagesausflug nützen. Auch wer an keine Bergtour denkt, vielleicht ruhen und sich auf irgendeinem Fleck im Kübelgrund nur sonnen möchte, ist bei der Ascher Hütte richtig – kein Liftmast und kein Drahtseil beeinträchtigen die Aussicht.
Von der Stadt Asch, einem Industrieort im früher deutschen Sudetenland, einst Heimat einer Alpenvereinssektion (heute Sitz München), kam der erste Anstoß zur allgemeinen Erschließung der Samnaun-Gruppe. Mit der Ascher Hütte richtete sich die schon im Jahre 1878 gegründete Sektion im Samnaun häuslich ein und baute Weg und Steg. Mit der Hüttengründung erfolgte der erste öffentliche Hinweis auf den hochalpinen und zentralen Hauptkammabschnitt zwischen Hexenkopf, Furgler und Rotbleiskopf, ein Fingerzeig, der seitdem den touristischen Schwerpunkt im österreichischen Samnaun absteckt.

Die Ascher Hütte empfängt Tagesausflügler herauf vom Kirchdorf See im Paznauntal; Wanderer von Hütte zu Hütte kommen meist herüber vom Kölner Haus, vom südseitigen Komperdell.
Der nach Norden freie Hüttenstandort zeigt den Hohen Riffler im Ferwall.

Als Hausberg der Ascher Hütte gilt der nahe Rotbleiskopf, ein breitgelagerter Berg mit schrofiger Westflanke herab zum Kübelgrund; das Profil im Aufschwung zum 2936 Meter hohen Gipfel zeichnen der Nord- und der Südgrat. Der allgemein bevorzugte Aufstieg benützt den Nordgrat, die gut erkennbare Spinnscharte (2681 m) am Ansatz des Grates ist der Schlüssel zum Gipfel. Die Gratroute überrascht mit einem unterhaltsamen Felsensteiglein, der Rotbleiskopf entpuppt sich als überaus lohnende Samnauner Tour, die wir im Abstieg über den Südgrat zum Kübelgrund vollenden sollten. Wollen wir die aussichtsreiche Höhe jedoch nicht so bald verlassen und fühlen wir uns gut in Form, können wir über die Glockscharte noch die Glockspitze (2846 m), erreichen. An der Scharte treffen wir die Wanderer, die vom Kölner Haus herauf zum Rotbleiskopf kommen.

Silvretta

Im Verbund der vergletscherten Ostalpen, den Zentralalpen, ist die Silvretta eine ungemein populäre Gebirgsgruppe – romantisch gerne als »blaue Silvretta« angesprochen. Der Zentralalpenkamm erhebt noch einmal Berge mit Höhen über 3000 Meter, schmückt die Silvretta nordseits des Hauptkammes mit Eis und Firn, mit dem Rätikon im Westen sinken die Ostalpen unvergletschert zum Rheintal hin ab.

Der Zentralalpenkamm, das Rückgrat der Ostalpen, bedeutet auch als primärer Bergzug für die Silvretta die Leitlinie. Er richtet das Gebirge aus, lenkt die Wasser nach Nord und Süd und scheidet auch Völker: Von der Silvretta-Ostgrenze am Fimberpaß (2608 m) über dem schweizerischen Fimbertal bis zur Westgrenze am Schlappiner Joch (2202 m) über dem Vorarlberger Gargellen-Tal trägt er als Silvretta-Hauptkamm seit Jahrhunderten die Staatengrenze zwischen Österreich und der Schweiz. Der Raum vom Hauptkamm hinab zum Engadiner Inntal, die Süd-Silvretta, gehört dem Kanton Graubünden. Die Bergwelt vom Hauptkamm nach Norden zum Paznauntal, zum Zeinisjoch am Stausee Kops und zum Illtal im Montafon teilen die österreichischen Bundesländer Tirol und Vorarlberg mit den Silvretta-Gemeinden Ischgl und Galtür in Tirol und Gaschurn in Vorarlberg unter sich auf.

Im Zentralalpenkamm stehen mit wenigen Ausnahmen die höchsten und mächtigsten Gipfel der Ostalpen. Die Silvretta bestätigt die Ausnahmeregel insofern, als sie den höchsten Gipfel, den Piz Linard (3411 m),

vom Hauptkamm nach Süden ins schweizerische Engadin und das nächsthöhere Fluchthorn (3399 m) nach Norden, zum Paznaun, rückt. Die Phalanx der Hauptkammberge ist jedoch so attraktiv, daß sich die österreichisch-deutsche sowie die schweizerische Alpin-Touristik, auch grenzüberschreitend, in der Hauptsache zu seiner Gipfelkette ausrichtet. Der Alpenvereinsführer »Silvretta«, vom verdienstvollen Bludenzer Bergsteiger Walther Flaig, gliedert im Hauptkammbereich die Silvretta in:

Ost-Silvretta zwischen Fimberpaß und Futschöl-Paß, **Mittel-Silvretta** zwischen Futschöl-Paß und Roter Furka, **West-Silvretta** zwischen Roter Furka und Schlappiner Joch; die **Nord-Silvretta,** ein Ableger zwischen Bielerhöhe und Zeinisjoch, schließt auf zum Ferwall.

Die hauptsächliche Anfahrt erfolgt von Osten, von Landeck in das Paznauntal (siehe Seite 100). Als erstes stoßen wir somit auf die Ost-Silvretta; eine große Silvretta-Tour kann demnach vorteilhaft im Osten beginnen, nach Westen auslaufen, und diesen geographischen Hinweis nimmt das folgende Konzept auf. Wir starten bei der Heidelberger Hütte im Fimbertal, dem östlichsten Stützpunkt, queren die Ost- und die Mittel-Silvretta zur Bielerhöhe, beginnen dort die Schleife durch die West-Silvretta, die uns im Finale wieder zurückführt zur Bielerhöhe, dem Zentrum der österreichischen Silvretta. Dieses anspruchsvolle Unternehmen mag für viele Zentralalpenfreunde ein seit langem gehegter Wunschtraum sein, auch ein geübter Bergwanderer, sofern er erfahren und ausdauernd ist, darf sich diesen Wunsch erfüllen.

Die Silvretta erstreckt sich über 770 Quadratkilometer Fläche, ist aufgebaut von kristallinen Urgesteinen, vorherrschend Gneise und Hornblende, und zählt 74 Dreitausender. Berühmte Gipfelnamen im Haupt- und Grenzkamm wirken als starke Magnete für Bergsteiger, am Saum der Gletscher laufen Alpenvereinswege von Hütte zu Hütte, von der Heidelberger Hütte im Osten hinüber zur Tübinger Hütte im Westen.

Bild rechts: Ausblick von einer Anhöhe bei der Jamtalhütte zum Jamtalferner, links die Hintere und Vordere Jamspitze, rechts die Dreiländerspitze mit dem Nordgrat hinab zur Oberen Ochsenscharte.

Bild links. Am Gipfel der 3197 Meter hohen Dreiländerspitze.

Paznauntal und Fimbertal

Paznaun Das Schriftband »100 Jahre Paznauntal-Straße«, im Jahr 1987 quer über die Taleinfahrt gespannt, weckte die Erinnerung an einen Straßenbau, der notwendig, aber für die damals sehr arme Talschaft fast unbezahlbar war. Wolle die Paznauner Bevölkerung den Anschluß an die Arlberg-Eisenbahn Landeck–Bludenz (Eröffnung am 20. September 1884), so solle sie selbst dafür sorgen und das Bauvorhaben in eigener Regie durchführen – so ein Erlaß vom 24. September 1883 aus dem österreichischen Handelsministerium.

Der finanzielle Kraftakt für die Talgemeinden See, Kappl, Ischgl und Galtür war gewaltig. »Die Gemeinden verpfändeten ihr gesamtes Vermögen, um die aufgenommenen Anleihen abzuzahlen bzw. sicherzustellen.« (H. Gasser: »Erlebnis Paznaun«) Trassenführung und Qualität der Straße änderten sich bis 1950 nur wenig, erst die Eröffnung der »Silvretta-Hochalpenstraße« Galtür – Bieler Höhe – Partenen und der aufblühende Autotourismus veranlaßten ab 1954 einen kontinuierlichen modernen Ausbau. Heute bleibt für die Paznauner Talstraße kaum ein Verbesserungswunsch offen – ab Einfahrt Wiesberg 33 Kilometer bis Galtür. Im Verein mit der Silvretta-Hochalpenstraße aus dem tirolerischen Paznaun hinüber ins Vorarlberger Montafon nach Partenen ist das früher abgeschlossene Paznaun für den großen sommerlichen Reise-

verkehr heute ein inneralpines Durchgangstal mit allen Vor- und Nachteilen, die daraus resultieren.

Die Silvretta-Gletscher spenden dem Paznaun die Wasser der Trisanna. Lebendig und durch das natürliche Gefälle auch flink durcheilt der Bach das Tal, mündet am Ausgang in das Stanzer Tal zu den Ferwall-Arlberg-Wassern der Rosanna; der neue Fluß, nun »Sanna« geheißen, verstärkt bei Landeck den Inn. Die Quellen der Trisanna liegen oberhalb Galtür im Jamtal, im Vermunt und am Zeinisjoch, ihre große Zeit jedoch ist dahin. Die Vorarlberger Innwerke zwängten nach 1950 fast alle Silvretta-Wasser in Rohre, verpflichteten sie zur Turbinenfron im Montafon, gönnen ihnen aber vorher noch ein Verweilen in künstlich angelegten Seen: In Verbindung mit der Hochalpenstraße bereichern der Silvretta- und der

Bild oben: Galtür im inneren Paznaun, schön gebettet in freundlicher Wiesenebene.

Bild links: Paznauner Motiv bei Mathon mit der Trisanna, darüber der Predigberg.

Kops-Stausee die Landschaft der Paznauner Talscheitel, die Bieler Höhe (2032 m) und das Zeinisjoch (1822 m).

Wie nun entfaltet sich das Paznauntal, wenn wir durch das Viadukt der Trisanna-Eisenbahnbrücke fahren und in das Tal einschwenken? Nach den Betongalerien der »Gföll« empfängt uns im Unterpaznaun, beim Kirchdorf See (1056 m), ein erster, ebener Wiesenboden. Die Talsohle bleibt schmal, Steilhänge, auf der Schattseite stark bewaldet, auf der Sonnseite hoch hinauf besiedelt, richten Paznaun nach Südwesten zu aus. Das Kirchdorf Kappl (1256 m) überrascht mit fast exponierter Hanglage, die Straße muß die meist sehr enge Tuchfühlung

zur Trisanna weiter hinnehmen. Erst im oberen Tal, in der Anfahrt zum Hauptort Ischgl (1376 m), weichen die Hänge zurück, Straße und Bach haben Platz, sich aus dem Weg zu gehen. Die Kirchdörfer talauf, Mathon (1454 m) und Galtür (1584 m), profitieren von breiten, ebenen Wiesenteppichen, von der Weite des Blicks zur Silvretta und auch von der Verheißung des Ferwall, dem Gebirge nordseits hinüber zum Arlberg. Ischgl setzt mit dem Skizirkus auf der Id-Alpe und der Liftschaukel ins schweizerische Samnaun sehr stark auf den Wintersport. Galtür, die höchstgelegene Paznauner Talschaft, gesegnet mit frischem Gletscherwind aus der Silvretta, lebt mehr vom Sommer, von Bergwanderern und Bergsteigern.

Entlang der gesamten Paznauner Talschaft können wir wählen: Ideale Zugänge zur Silvretta, zum Ferwall, auch ins Samnaun liegen direkt vor unserer Haustür.

Das Fimbertal, ein Hochtal von ungewöhnlicher Ausdehnung in Länge wie in Breite, kommt herab vom schweizerischen Tasna-Paß (2835 m) und dehnt sich in sanftem Gefälle, geschnitten von der österreichisch-schweizerischen Grenze, fast 20 Kilometer nach Norden. Wenig oberhalb von Ischgl mündet es schluchtartig und steil in das Paznauntal, im gesamten Verlauf trennt es die Samnaun-Gruppe von der Silvretta. Eine geschotterte, schmale Straße erreicht die Heidelberger Hütte, hinein zum Tasna-Paß erstreckt sich unberührtes, hochalpines Ödland von eigenartigem Reiz. Die Almen liegen im österreichischen Gebiet, die Gastwirtschaft Bodenhaus (1842 m) ist dort eine vielbesuchte Einkehr und auch Stützpunkt für den Weg über das Zeblasjoch (2545 m) nach Samnaun. Oberhalb vom Bodenhaus nimmt eine Wasserfassung dem Fimberbach das frische Leben, leitct cs hinüber zum Kops-Stausee am Zeinisjoch.

44 Ritzenjoch
2687 m
Heidelberger Hütte
2264 m

*Im Laraintal
zur Heidelberger Hütte*

*wenig schwierig
Wandertour*

Die Heidelberger Hütte hoch oben und weit hinten im Fimber wird vom Paznauner Talort Ischgl über ein Almsträßchen durch ein Jeep-Taxi versorgt, das neben dem täglichen Bedarf auch Gäste bringt, der Weg ist weit – 15 Kilometer. Der Fußgänger hat also Muße genug, das Fimber zu genießen, zur Wahl aber die Alternative: von Mathon (1454 m i. Paznaun) durch das Laraintal über das Ritzenjoch zur Heidelberger Hütte. Dieser Vorschlag paßt sehr gut auch für eine Tageswanderung, das Hüttentaxi übernimmt die rechtzeitige Rückkehr ins Tal.

Warum nun ist, besonders im frühen Bergsommer, der Weg über das Ritzenjoch so empfehlenswert? Bei der Larain-Alpe, nach der Schwelle vom Wald zur Alm, dehnt sich das Laraintal als tiefe, doch nach oben weit offene, bis über 2000 Meter hinaus begrünte Geländefalte, dazwischen die Fahnen lichter Lärchenstände, im dichten Bodenwuchs blühende Almrosen. Wasser rinnen, legen Silberfäden herab zum Larainbach, der seine schäumende Fülle bei der Alm unterirdisch verschwinden lassen muß. Seine Wasser sollen mithelfen, den Kops-Stausee zu füllen; talein wandern wir seinen ungezähmten Wasserspielen, gespeist vom Larainferner, entgegen.

Drei Talstufen heben in sanfter Steigung die Wegetrasse hinauf zu einer Zollwachhütte (2133 m), dort überschreiten wir den Larainbach. Das Schild: »Heidelberger Hütte über Ritzenjoch« weist den Aufstieg, im unteren Teil steil, im oberen Drittel bequem, durch einen interessanten Steinkessel hinauf zur Jochhöhe (2687 m); eine schwere, aus schwarzem Eisen in Innsbruck gegossene Grenztafel verkündet den Übertritt zur Schweiz. Unter uns, herauf vom Fimbertal, grüßt die schon nahe Heidelberger Hütte.

Tourensteckbrief

Ausgangsort
Mathon 1454 m i. Paznauntal.

Die Tour in Stichworten
Mathon 1454 m – Larain-Alm 1860 m – Ritzenjoch 2687 m – Heidelberger Hütte 2264 m.

Schwierigkeit/Anforderung
I = wenig schwierig, Wandertour, mittlere Anforderung, Tagestour.
Von Mathon auf Fußweg oder von der Ortschaft Tschafein (1570 m, kurz vor Galtür) auf Forststraße in das Laraintal und zur Larain-Alm. Dort nach Schild »Ritzenjoch – Fimbertal« auf Almweg entlang des Larainbaches zur Grenzerhütte (2133 m). Ab Hütte nach Schild »Heidelberger Hütte über Ritzenjoch« über zwei steile, W-seitige Geländestufen auf ausgeprägtem Steig zum Ritzenjoch, zum Grenzübertritt Österreich/Schweiz. Auf Steig hinab in das Fimbertal zur sichtbaren Heidelberger Hütte.
W- und O-seitiger Routenverlauf, durchgehend markiert, häufig begangen.

Höchste Wegestelle/Gipfel Ritzenjoch 2687 m.

Aufstiegsleistung
Ab Mathon 1200 Höhenmeter.

Abstieg
Siehe Routenverlauf.

Gehzeiten
Mathon 1454 m – Larain-Alm 1860 m – Ritzenjoch 2687 m: 4 Std. – Heidelberger Hütte 2264 m: 1 Std.
Gesamtgehzeit: 5 Stunden.

Hütten/Stützpunkte
Heidelberger Hütte 2264 m, DAV-Sektion Heidelberg, 156 Betten und Matratzen, Sommerbew. von Anfang Juli bis Anfang Okt.

Karten
Kompass Wanderkarte 1:50000, Blatt 41, »Silvretta – Ferwallgruppe«; Freytag & Berndt WK 373, 1:50000, »Silvretta-Hochalpenstraße – Piz Buin«; Alpenvereinskarte 1:25000, Blatt 26, »Silvrettagruppe«.

Tip
Ab Heidelberger Hütte Fahrverbindung mit Taxi-Jeep nach Ischgl i. Paznauntal, 15 km; zu Fuß ca. 4 Stunden.

Sommer im Laraintal, in Höhe der Zollwachhütte (2123 m).

Der Larainbach verfrachtet die Gletscherschmelze zu Tal; in Bildmitte der Nördliche Fluchthorngipfel, links die Larainfernerspitze.

Ost-Silvretta

45 Larainfernerspitze 3009 m Heidelberger Spitze 2963 m

Lohnende Gipfeltouren ab Heidelberger Hütte

mäßig schwierig Wander-/Felstour

Die Heidelberger Hütte im Fimber; links Larainfernerspitze, rechts Heidelberger Spitze.

Wanderer, die im Sommer herauf ins Fimber zur Heidelberger Hütte kommen, schätzen den großzügigen, fast nur grünen Raum, den auf weite Strecken keine Steilhänge behindern. Bergzüge von unterschiedlichem Charakter rahmen das Fimbertal: Im Osten die sanften Höhen der Samnaun-Gruppe, im Westen, doch mit genügend Abstand zur Hütte, der Steilfels des Fluchthorn-Massivs, von ihm greift der vielgipfelige felsige Larainkamm nach Norden bis nach Ischgl aus. Fluchthorn und Larainkamm, dazu noch der Piz Tasna drinnen im Süden, geben dem Fimber die spezielle, hochalpine Note und locken auch den Bergsteiger.

Als Eingehtour, auch der Information wegen, empfiehlt dieser Vorschlag die Larainfernerspitze (3009 m) und die benachbarte Heidelberger Spitze (2963 m) im Larainkamm. Beide Gipfel (siehe Bild) stehen, getrennt von der Heidelberger Scharte (2821 m), im Westen und haben bis dorthin den gemeinsamen Weg. Die Route zur Larainfernerspitze sehen wir von der Hütte zur Gänze ein, ab Scharte stehen wir $^1/_2$ Stunde später, im Aufstieg über leichtes Gelände, am Gipfelsteinmann.

Der Weg zur Heidelberger Spitze läuft aus der Scharte über Schotter und Schneeflecke zu einer Einkerbung, quert in die Westflanke, über Bänder und gestuftes Blockwerk gewährt bei normalen sommerlichen Verhältnissen auch dieser Gipfel einen problemlosen Zugang. Das schmiedeeiserne Kreuz auf der Heidelberger Spitze erinnert mit Datum 1.9. 1969 an das 100jährige Jubiläum der DAV-Sektion Heidelberg.

Tourensteckbrief

Ausgangsort Heidelberger Hütte 2264 m.

Die Tour in Stichworten
Heidelberger Hütte 2264 m – Heidelberger Scharte 2821 m – Larainfernerspitze 3009 m – Heidelberger Spitze 2963 m – Heidelberger Scharte – Heidelberger Hütte.

Schwierigkeit/Anforderung
II = mäßig schwierig, Wander-/Felstour, mittlere Anforderung, Tagestour.
Talzugang Heidelberger Hütte: Von Ischgl 1376 m i. Paznauntal auf Almstraße ins Fimbertal (15 km, 4–5 Std., bis zur Staatengrenze ca. 13 km; bis 8 Uhr früh und wieder ab 17 Uhr öffentlich befahrbar).
Ab Heidelberger Hütte markierter Steig zur sichtbaren Heidelberger Scharte.
Larainfernerspitze: Ab Heidelberger Scharte über den N-Rücken über Schotter, Fels, auch Altschnee, mäßig steil zum Gipfel.
Heidelberger Spitze: Ab Heidelberger Scharte über den S-Grat, nach Steigspuren zu einer Einkerbung, Querung in die W-Flanke und über gestuften Fels und Bänder steil zum Gipfel.

O-, N- und S-seitiger Routenverlauf, bis zur Heidelberger Scharte markiert, dann nur Steigspuren.

Höchste Wegestelle/Gipfel
Heidelberger Scharte 2821 m, Larainfernerspitze 3009 m, Heidelberger Spitze 2963 m.

Aufstiegsleistung
Ab Heidelberger Hütte 900 Höhenmeter für beide Gipfel.

Abstieg
Wie Aufstieg.

Gehzeiten
Heidelberger Hütte 2264 m – Heidelberger Scharte 2821 m: $1^1/_2$ Std. – Larainfernerspitze 3009 m und zurück: 1 Std.; – Heidelberger Spitze 2963 m und zurück zur Scharte: 1 Std.; Abstieg Heidelberger Hütte: 1 Std.
Gesamtgehzeit: $4^1/_2$ Stunden.

Hütten/Stützpunkte
Heidelberger Hütte 2264 m, siehe Tour 44.

Karten
Siehe Tour 44.

Ost-Silvretta

46 Piz Tasna
3179 m

Hoch über Engadin und Fimber

mäßig schwierig
Gletscher-/Felstour

Die Daten am Gipfelkreuz der Heidelberger Spitze greifen zurück in das Jahr 1869, dem Gründungsjahr der Sektion Heidelberg. Im selben Jahrgang, aber notwendigerweise vorher, am 9. Mai, wurde der Deutsche Alpenverein aus der Taufe gehoben. Die Sektion Heidelberg ist demnach eine »Gründersektion«, damals sogleich beschäftigt mit der Suche nach einem »Arbeitsgebiet«. Ein seitdem gültiger Brauch, der aber voraussetzt: »..., daß ein so erwähltes Gebiet nun durch fleißigen Besuch, durch Beschreibung im Vereinsjahrbuch und auch durch praktische Erschließung eifrigst gefördert wurde.« (W. Flaig)

Die Wahl der Heidelberger Alpenfreunde fiel auf die Ost-Silvretta, der Entschluß, dort eine Hütte zu bauen, war nur folgerichtig. Das Schild über der Haustüre verkündet mit der Jahreszahl 1889 den Erstbau. Die Heidelberger Hütte, heute ein geräumiges, großes Haus, hat, wie in der Silvretta möglich, zweimal Saison, von Dezember bis nach Ostern durchziehen Skispuren das Fimber kreuz und quer bis weit hinein zum Piz Tasna.

Herauf von Ischgl durch das Fimbertal passieren wir einen guten Kilometer vor der Heidelberger Hütte die deutlich markierte Grenze Österreich/Schweiz. Aus der Schweiz ist das Fimbertal, nun rätoromanisch Val Fenga geheißen, nur zu Fuß erreichbar: von Samnaun über das Zeblasjoch (2545 m), von Ramosch und von Ardez im Engadin über den Fimber- (2608 m) und den Tasna-Paß (2835 m). Diese Übergänge dienten über Jahrhunderte dem Handel und auch dem Schmuggel, heute bauen sie dem Wandertourismus bequeme Brücken von einem Bergraum zum anderen.

Bergsteiger, die zu einem wertvollen Gipfelziel gerne auch weit ausschreiten, richten von der Heidelberger Hütte ihren Schritt nach Süden, zum Piz Tasna. Bis in den Sommer hinein ist er ein fast weißer und deshalb besonders imposanter Berg, mit 3179 Meter Höhe der weitaus höchste Punkt im dortigen Bergraum, den Walther Flaig als »Tasna-Gruppe« anspricht. Von der Larainfernerspitze und der Heidelberger Spitze haben wir die mächtige Berggestalt bewundert und uns den Gipfel gewünscht.

Ab Heidelberger Hütte stehen wir nach 2¹/₂ Stunden Gehzeit durch das Val Fenga auf der Fuorcla Tasna (= Tasna-Paß), dem Piz Tasna gegenüber. Ein nordseitiger Streifen des Vadret da Tasna leitet zur Paßhöhe, über dem Hochbecken des Gletschers streben von Nordwest, Südwest und von Osten mehr oder weniger steile Felsgrate zur Höhe und runden die Gipfelkuppe. Das Vadret, das Eis, scheint harmlos zu sein, Steigeisen und Pickel sollten wir jedoch mitnehmen. Ein geübter Blick erkennt die möglichen Aufstiege: entweder, je nach den Verhältnissen, über die Schotter- und Firnhänge zwischen dem Nordwest- und Südwestgrat oder auf dem Gletscher nach links zu einem Gesteinsstreifen auf dem Eis und dort sehr steil im brüchigen Fels des Ostgrates über eine gut ausgebildete Schulter zum Gipfel. Der einfachste und ungefährlichste Weg führt über die Westflanke zwischen den erstgenannten Graten, die Bedeutung des Piz Tasna dokumentiert nur ungenügend ein einfacher Steinmann. Der Berg steht ganz frei, und so ist dem Gipfel in alle Richtungen der Windrose beste Fernsicht gegeben.

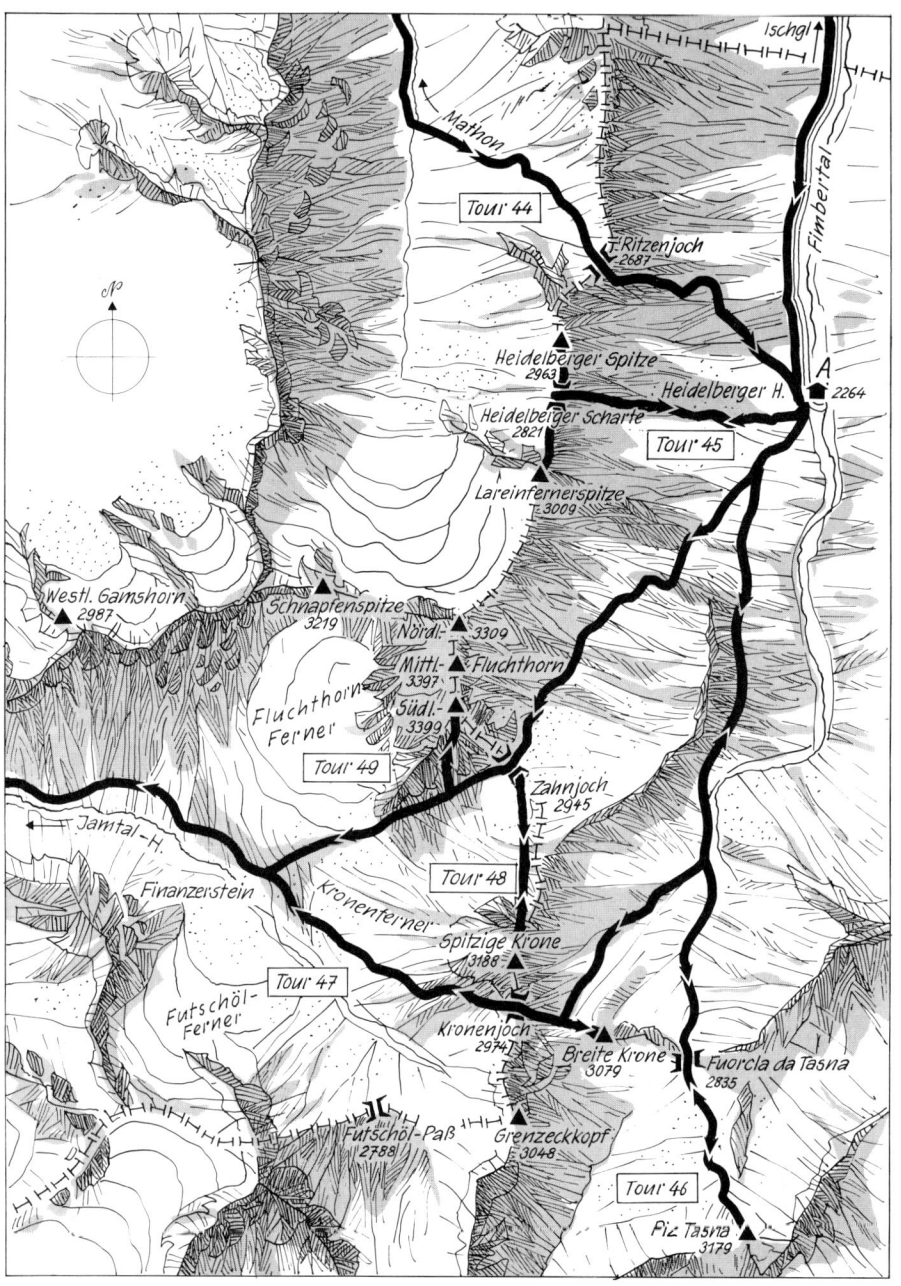

Tourensteckbrief

Ausgangsort
Heidelberger Hütte 2264 m.

Die Tour in Stichworten
Heidelberger Hütte 2264 m – Fuorcla da Tasna 2835 m – Piz Tasna 3179 m.

Schwierigkeit/Anforderung
II = mäßig schwierig, Gletscher-/Felstour, mittlere Anforderung, Tagestour.
Talzugang Heidelberger Hütte siehe Tour 45.
Ab Hütte nach Wegweisung »Fuorcla Tasna – Ardez« auf Steig in mäßig steilem Anstieg hinein in das innere Fimbertal gegen den sichtbaren Piz Tasna. (Bei ca. 2670 m bez. Abzweigung »Kronenjoch – Jamtalhütte«.) Aus dem Talbecken nach Steigspuren auf der linken Seite des Gletscherabflusses höher zu einer Stirnmoräne und über den sanften, geschlossenen Gletscher zum weiten Joch der vergletscherten Fuorcla: Gipfelaufbau mit möglichen Anstiegen in Sicht.

Ab Fuorcla auf dem Tasna-Gletscher wenig abwärts zur Flanke zwischen dem NW- und dem SW-Grat und über teils steilen Firn und Schotter weglos zum Gipfel; oder auf dem Tasna-Gletscher nach links höher zu einem Gesteinsstreifen, daraus sehr steil im brüchigen Fels des O-Grates (Steigspuren) zu einer markanten Bergschulter ca. 3050 m und weniger steil weglos zum höchsten Punkt; Steinmann.
Ab Fuorcla NW- oder NO-seitiger Anstieg, bis zur Scharte markiert, weglos, teils Firn und Eis, wenig begangen.

Höchste Wegestelle/Gipfel
Fuorcla da Tasna 2835 m, Piz Tasna 3179 m.

Aufstiegsleistung
Ab Heidelberger Hütte 900 Höhenmeter.

Abstieg
Wie Aufstieg.

Gehzeiten
Heidelberger Hütte 2264 m – Fuorcla da Tasna

Der Piz Tasna, weit hinten im schweizerischen Fimber plaziert, zeigt mit diesem Bild seine Aufstiegsrouten: aus der vergletscherten Fuorcla Tasna entweder über den Ferner nach links höher zu dem Schotterstreifen auf dem Eis und von dort über den Ostgrat oder durch die breite Westflanke über Schotter und Firn zum Gipfel.

2835 m: $2^1/_2$ Std. – Piz Tasna 3179 m: $1^1/_2$ Std.;
Abstieg Heidelberger Hütte: 3 Std.
Gesamtgehzeit: 7 Stunden.

Hütten/Stützpunkte
Heidelberger Hütte 2264 m, siehe Tour 44.

Karten
Siehe Tour 47.

Tip
Piz Tasna: Anstieg über den O-Grat, Abstieg über die W-Flanke zwischen NW- und SW-Grat.

Ost-Silvretta

47 Kronenjoch 2974 m Breite Krone 3079 m

Von der Heidelberger Hütte zur Jamtalhütte

*wenig schwierig
Wandertour*

Unser Vorhaben, die Silvretta von Ost nach West zu durchqueren, beginnt bei der Heidelberger Hütte. Zur Jamtalhütte, der ersten Etappe, stehen zwei Routen zur Wahl: einmal der kürzere, aber anspruchsvollere Weg über das 2945 Meter hohe Zahnjoch, zum anderen, etwas länger, aber einfacher, über das 2974 Meter hohe Kronenjoch; jenseits der Jöcher, im Futschöltal, vereinigen sich beim »Finanzerstein« (ca. 2500 m) beide Übergänge zum gemeinsamen Weg. Die eine wie die andere Route muß einen Gletscher queren, das Eis hinauf zum Zahnjoch ist ausgedehnter und steiler, der kümmerliche Ableger des Vadret da Fenga unterm Kronenjoch erweist sich als gefahrlos. Auch der Weg von den Jöchern hinab ins Futschöltal ist vom Kronenjoch aus einfacher zu gehen als der Steilabfall vom Zahnjoch. Hier wie dort wartet am Übergang ein leichter Dreitausender; vom Kronenjoch hinauf zur Breiten Krone ist es gar nur ein Katzensprung.

Wie schon zum Piz Tasna, wandern wir im Fimber talein bis zur markierten Abzweigung »Kronenjoch – Jamtalhütte«. Massiver, dunkler Fels wölbt vor uns, fast majestätisch, die Breite Krone, im Aussehen und nach der Karte muß der zackige, durch einen Firnsattel geschiedene Felskamm rechts von ihr demnach die Spitzige Krone sein.

Hinter dem Firnsattel verbirgt sich das »falsche« Kronenjoch (2958 m), aus seiner ausgeaperten Senke steigen wir in wenigen Minuten durch einen steilen, westseitigen Geröllhang hinauf zur stolzen Höhe – 3079 Meter – der Breiten Krone.

Dic Brcitc Kronc steht, vom Grenzkamm etwas nach Osten vorgerückt, auf Schweizer Boden. Diese Position und die Höhe gewähren eine großartige Aussicht hinab ins Fimber, der Gipfelsteinmann versammelt deshalb an vielen Tagen im Jahr Bergwanderer herauf von der Heidelberger Hütte sowie von der Jamtalhütte.

Im Fimber; in Bildmitte Fuorcla da Tasna, links Piz Tasna, rechts die Breite Krone.

Tourensteckbrief

Ausgangsort
Heidelberger Hütte 2264 m.

Die Tour in Stichworten
Heidelberger Hütte 2264 m – »Falsches« Kronenjoch 2959 m – Breite Krone 3079 m – Kronenjoch 2974 m – Jamtalhütte 2165 m.

Schwierigkeit/Anforderung
I = wenig schwierig, Wandertour, mäßige Anforderung, Tagestour.
Talzugang Heidelberger Hütte siehe Tour 45.
Ab Hütte das Fimbertal einwärts zur Abzweigung »Kronenjoch – Jamtalhütte«. Dort, schon im Nahbereich der Breiten Krone, auf Steig nach rechts über Schafweiden, Moränengeröll und Firnflecken hinauf zu dem Firnsattel rechts der Breiten Krone und zum ausgeaperten »falschen« Kronenjoch (AV-Karte Pt. 2959) dahinter. Aus

diesem Joch über mäßig steilen, W-seitigen Schotterhang zum Gipfel. Auf Anstiegsweg zurück und – geführt von Steinmännern – nach W zum nahen Kronenjoch in der Staatengrenze Schweiz/Österreich. Ab Joch auf ausgetretenem Serpentinensteig hinab zu einem meist schneegefüllten Hochkessel und im Futschöltal, vorbei am auffälligen »Finanzerstein«, auf Wanderweg zur Jamtalhütte. O- und W-seitiger Routenverlauf, durchgehend markiert, viel begangen.

Höchste Wegestelle/Gipfel
Breite Krone 3079 m, Kronenjoch 2974 m.

Aufstiegsleistung
Ab Heidelberger Hütte 800 Höhenmeter.

Abstieg
Siehe Routenverlauf.

Gehzeiten
Heidelberger Hütte 2264 m – Breite Krone

Am Kronenjoch; vor uns der westseitige Gipfelhang der Breiten Krone, ein steiler, aber nur wenig schwieriger Aufstieg zum Steinmann am höchsten Punkt.

3079 m: 3 Std. – Kronenjoch 2974 m – Jamtalhütte 2165 m: 2 Std.
Gesamtgehzeit: 5 Stunden.

Hütten/Stützpunkte
Heidelberger Hütte 2264 m, siehe Tour 44;
Jamtalhütte 2165 m, DAV-Sektion Schwaben, 220 Betten und Matratzen, Sommerbew. von Anfang Juli bis Ende Sept.

Karten
Kompass Wanderkarte 1:50000, Blatt 41, »Silvretta – Ferwallgruppe«; Freytag & Berndt WK 373, 1:50000, »Silvretta-Hochalpenstraße – Piz Buin«; Alpenvereinskarte 1:25000, Blatt 26, »Silvrettagruppe«.

48 Zahnjoch 2945 m Spitzige Krone 3188 m

*Der »alte« Weg
vom Fimber ins Jam*

*mäßig schwierig
Gletscher-/Felstour*

Im Nahbereich der Heidelberger Hütte bietet ein Hügel jenseits des Fimberbaches einen informativen Blick zum dreigipfeligen Fluchthorn, zum Vadret da Fenga hinauf zum Zahnjoch und zu dem Felskamm – dem Kronenkamm –, der vom Joch über Zahnspitze und Paulcketurm zur Spitzigen Krone zieht. Die Beifügung »Spitzige« für den in den Karten nur mit »Krone« benannten, 3188 Meter hohen Doppelgipfel ist bisher nur mündlich, mittlerweile jedoch allgemein im Gebrauch zur Unterscheidung von

der benachbarten »Breiten« Krone. Der Ausblick verdeutlicht den höheren alpinen Anspruch, den wir auf uns nehmen, wenn wir das Zahnjoch als Übergang zur Jamtalhütte wählen. Diese Route, heute als »alter« Weg bezeichnet, ist etwas aus der Mode gekommen, Wanderer, die möglichst problemlos von Hütte zu Hütte wollen, bevorzugen das Kronenjoch (siehe Tour 47).

Die alpine Würze des Anstiegs beginnt in etwa 2600 Meter Höhe, wenn der Steig im Gletschervorfeld ausläuft, Schmelzwasser den Schotter nässen und nur vereinzelte Steinmänner den günstigsten Weg über Moränengeröll zum Gletschersaum anzeigen. Der steile Eissturz des Vadret da Fenga bleibt rechts, ein Firnwinkel leitet hinauf zum Hochbecken. Zahlreiche Felsbrocken demonstrieren die Gefahren des Steinschlags herab vom Fluchthorn – über steilen Firn steigen wir direkt am Zahnjoch aus.

Unser Bergziel, die 3188 Meter hohe Spitzige Krone, lockt von Süden. Die Route, am hohen Saum des Kronenferners, vorbei am markanten Paulcketurm, zum breiten Ansatz des Nordgrates und über den Grat zum Nordgipfel ist für geübte, trittsichere Leute ein Vergnügen.

In der Umschau vom Gipfel und auch am Weg hinab zum Kronenferner fasziniert das nahe Fluchthorn, der Normalaufstieg durch die Südflanke zum Gipfel gibt aus dieser Sicht all seine Geheimnisse preis.

Tourensteckbrief

Ausgangsort
Heidelberger Hütte 2264 m.

Die Tour in Stichworten
Heidelberger Hütte 2264 m – Zahnjoch 2945 m – Spitzige Krone 3188 m – Jamtalhütte 2165 m.

Schwierigkeit/Anforderung
II = mäßig schwierig, Gletscher-/Felstour, mittlere Anforderung, Tagestour.
Talzugang Heidelberger Hütte siehe Tour 45.
Ab Hütte nach Schild »Zahnjoch – Jamtalhütte« über Schafweiden höher zu einem grünen Boden (Pt. 2479 AV-Karte), dort Zahnjoch in Sicht; über Moränengeröll, Blockwerk, geführt von Steinmännern hinauf zum Gletschersaum (ca. 2700 m). In einem Linksbogen in das fast geschlossene Hochbecken, daraus in steilerem Anstieg direkt zum ausgeaperten Zahnjoch, meist Trasse.
Spitzige Krone: Der Anstieg ist einzusehen. Vom Joch über den sanften Kronenferner, vorbei an Zahnspitze und Paulcketurm, zum breiten Ansatz des N-Grates. Steiler Aufstieg über kleine Felsstufen und evtl. Firnflecken, teils ausgesetzt, zu einer Senke und steil höher zum schmalen Felstürmchen des N-Gipfels.
Abstieg: Zurück zum Kronenferner, vor dem Zahnjoch hinab in das Hochbecken (ca. 2800 m), dort unbedingt rechts halten zur Moränenbank unter der Fluchthorn-S-Flanke zu ersten Steinmännern in Richtung zum Steilabfall in das Futschöltal. Sehr steiler Steig hinab zum »Finanzerstein« (ca. 2500 m) im Talgrund, dort Einmündung in den Weg vom Kronenjoch zur Jamtalhütte.
O- und W-seitiger Routenverlauf, nur Steinmänner, nur für erfahrene Berggeher.

Höchste Wegestelle/Gipfel
Zahnjoch 2945 m, Spitzige Krone 3188 m.

Aufstiegsleistung
Ab Heidelberger Hütte 900 Höhenmeter.

Abstieg
Siehe Routenverlauf.

Gehzeiten
Heidelberger Hütte 2264 m – Zahnjoch 2945 m: $2^1/_2$ Std. – Spitzige Krone 3188 m: 1 Std.; Abstieg Jamtalhütte 2165 m: $2^1/_2$ Std.
Gesamtgehzeit: 6 Stunden.

Hütten/Stützpunkte
Heidelberger Hütte 2264 m, siehe Tour 44;
Jamtalhütte 2156 m, siehe Tour 47.

Karten
Siehe Tour 47.

Tip
Bei sicherem Wetter und guter Kondition sollte man den Übergang für das Fluchthorn nützen (siehe Tour 49).

Wir stehen, herauf von der Heidelberger Hütte, am Zahnjoch; die vielzackige Spitzige Krone lockt zum Aufstieg – über den Gratverlauf von links nach rechts, zur ersten Spitze, dem höchsten Punkt.

49 Südliches Fluchthorn 3399 m

Höchster Gipfel im Grenzkamm

sehr schwierig
Felstour

»Das Fluchthorn ist zwar nur der zweithöchste Gipfel der Silvretta, dafür aber der gewaltigste Bergstock der Gruppe; eine riesige, von drei Gipfeln gekrönte Mauer, die genau von Süd nach Nord verläuft« – so die Beurteilung von Walther Flaig im AV-Silvretta-Führer. Diese Mauer steht in der Staatengrenze Österreich/Schweiz, im Kammverlauf vom Grenzeckkopf über die Spitzige Krone nach Norden hinaus zur Gemsbleissspitze im Laraintal.

Das Fluchthorn-Massiv, abgeschlossen vom Zahnjoch und vom Larainfernerjoch, orientiert sich näher zur Heidelberger Hütte im ostseitigen Fimbertal als zur Jamtalhütte im westseitigen Jamtal. Zum Fimber wendet das Fluchthorn auch die beste Seite, die dreigipfelige Mauer, aufgerichtet vom Süd- (3399 m), Mittel- (3397 m) und Nordgipfel (3309 m). Der südliche Punkt gilt als Hauptgipfel; im Aufstieg durch die Südflanke, entweder durch die Weilenmann-Rinne oder über eine benachbarte Felsrippe, ist das Fluchthorn ein großartiges Silvretta-Angebot und – wenn Verhältnisse und Wetter stimmen – auch kein allzu riskantes Unternehmen. Den Fingerzeig für diese Route gab der legendäre Schweizer Alpenpionier Johann Jakob Weilenmann, dem, begleitet vom Gemsjäger Franz Pöll aus Mathon, am 12. Juli 1861 die Fluchthorn-Erstbesteigung glückte.

Weilenmann (1819–1896), von Haus aus begütert, zeitlebens Junggeselle, äußerst genügsam und abgehärtet, war, als er das Fluchthorn bestieg, auf der Höhe seiner Unternehmungslust. »Seine Gestalt, groß und knochig, über Jahrzehnte in den Schweizer Alpen allgemein bekannt, steckte in einem weißleinenen Kleid – Rock und lange Hose. Unter dem breitkrempigen Panama lugte ein scharfgeschnittenes Gesicht hervor, von schwarzem Vollbart umrahmt – eine echte Mannsgestalt von kraftvollem

Eindruck. Er trug einen festen, langen Eschenstock mit starker Stahlspitze, kreuzweise über die Schulter gehängt ein Fernrohr und eine Reisetasche. In diesem Kleid durchzog er die Firnenwelt, war überall zuhause; ja, man erkannte ihn so schon von Weitem, wohin er auch kam.« (Walther Flaig)

Ob von der Heidelberger Hütte oder von der Jamtalhütte, fast alle Fluchthorn-Anwärter bevorzugen die Normalroute, treffen sich also auf der Schotterterrasse unter der Weilenmann-Rinne. Je nach Verhältnissen, entweder im Firn der Rinne oder über die Felsrippe zur Rechten, steigen wir steil höher zur Südscharte (ca. 3200 m), queren dort nach rechts zum Gipfelaufbau, bleiben

Im Aufstieg zum Fluchthorn bietet sich ein Felskopf bei der Südscharte zur Rast an – noch 200 Höhenmeter zum Gipfel.
Blick zur West-Silvretta, knapp in Bildmitte Großlitzner und Großes Seehorn.

südseits und erreichen über gestuften, ausgesetzten Fels und winzige Schotterterrassen den Gipfel.

Das Südliche Fluchthorn öffnet eine einzigartige Fernschau, die weit über die Silvretta hinausreicht und die Walther Flaig, der exzellente Silvretta-Kenner, in seinem Führer über fast zwei Seiten beschreibt. Gerade auch deshalb ist das Fluchthorn das ganz besondere Silvretta-Erlebnis.

Tourensteckbrief

Ausgangsort

Heidelberger Hütte 2264 m oder Jamtalhütte 2165 m.

Die Tour in Stichworten

Heidelberger Hütte 2264 m – Zahnjoch 2945 m – Südl. Fluchthorn 3399 m.

Schwierigkeit/Anforderung

IV = sehr schwierig, Felstour,
große Anforderung, Tagestour.
Talzugang Heidelberger Hütte und Jamtalhütte s. Touren 45 und 50, zum Zahnjoch s. Tour 48.
Vom Zahnjoch oder herauf von der Jamtalhütte über Moränenschotter zum Auslauf der breiten Firnrinne = Weilenmann-Rinne (ca. 3000 m, Steinmann), links einer markanten Felsrippe = O-Rippe. Bei gutem Firn ist die Weilenmann-Rinne hinauf zur S-Scharte (ca. 3200 m) links des Gipfels der beste Aufstieg; bei starker Ausaperung der Rinne empfiehlt sich die Felsroute über die Rippe rechts der Rinne (O-Rippe), die unter Auslassung der S-Scharte rechts des auffälligen Schartenkopfes bei etwa 3250 m den Gipfelaufbau direkt erreicht. Dort nach rechts über eine kleine Schotterterrasse zu einem deutlichen Steinmann, und über gestuften Fels (Achtung, Firn und Eis!) zum Gipfelkreuz.
S-seitiger Gipfelanstieg, steil, auch ausgesetzt, vereinzelt Steinmänner, nur für in Fels und Eis erfahrene Bergsteiger.

Höchste Wegestelle/Gipfel

Zahnjoch 2945 m, Südl. Fluchthorn 3399 m.

Aufstiegsleistung

Ab Heidelberger Hütte 1100, ab Jamtalhütte 1200 Höhenmeter.

Abstieg

Wie Aufstieg zurück bis zum Fuß der Weilenmann-Rinne; zur Jamtalhütte siehe Tour 48.

Gehzeiten

Heidelberger Hütte 2264 m – Zahnjoch 2945 m: $2^1/_2$ Std. – Südl. Fluchthorn 3399 m: 2 Std.; Abstieg Jamtalhütte 2165 m: $3^1/_2$ Std.
Gesamtgehzeit: 8 Stunden.

Hütten/Stützpunkte

Heidelberger Hütte 2264 m, siehe Tour 44;
Jamtalhütte 2165 m, siehe Tour 47.

Karten

Kompass Wanderkarte 1:50000, Blatt 41, »Silvretta – Ferwallgruppe«; Freytag & Berndt WK 373, 1:50000, »Silvretta-Hochalpenstraße – Piz Buin«; Alpenvereinskarte 1:25000, Blatt 26, »Silvrettagruppe«.

Tip Die Tour zum Fluchthorn ist im Spätsommer, vor allem für Felsgeher, bei ausgeaperter Südflanke günstiger.

Das Südliche Fluchthorn mit dem Routenverlauf herauf vom Zahnjoch.
Links die breite Weilenmann-Rinne; das winzige, spitzige Schartenköpfl (siehe Bild Seite 109) leitet den Aufstieg zur verfirnten Südscharte, von dort etwa in Linie der Firnrinne zum Gipfel (kleines Bild).

Jamtal – Ferner und Hütte

Das Jamtal schließt die Silvretta auf, von Galtür (1584 m) i. Paznaun nach Süden zum Hauptkamm. Nach 1870 konzentrierte sich die österreichisch-deutsche Silvretta-Touristik sehr bald auf Galtür und damit auch zum Jamtal. Hoch im Talschluß und bei dem damaligen Gletscherstand dem Jamtalferner sehr nah, entstand folgerichtig der erste Alpenvereins-Stützpunkt, die Jamtalhütte.

Das Jamtal mündet in breiter Öffnung nach Galtür. Der Eintritt ist denkbar bequem, in ostseitiger Hanglage durchzieht eine schmale Schotterstraße, vorbei an mehreren Almen, das Tal bis hinauf zur Jamtalhütte.

Ein erster Parkplatz hält etwa 3 Kilometer talein, bei der Egg-Alm (ca. 1650 m), den allgemeinen Verkehr auf. Weiter bis zum Parkplatz bei der Jambach-Wasserfassung (1841 m) gibt es nur eine beschränkte Fahrerlaubnis: vor 8 Uhr früh und wieder nach 17 Uhr – noch 4 Kilometer zur Jamtalhütte; insgesamt ab Galtür 10 Kilometer bei einer Differenz von 600 Höhenmetern.

Im Fußmarsch scheint der Weg fast endlos zu sein (ca. 4 Stunden), zudem empfängt er früh am Tag die Sonne; doch je höher wir kommen, desto prächtiger leuchtet der Gletscher im Süden, im Hauptkamm. Noch immer gelingt es dem Jamtalferner, eine geschlossene Eisdecke über mehrere Quadratkilometer auszubreiten und an der Vorderen Jamspitze durch eine schmale Gasse sogar noch die Verbindung zum Gipfel in 3178 Meter Höhe zu halten (siehe Bilder Seite 98/99). Der untere Fernersaum liegt fast 700 Meter tiefer, im Blick von der Jamtalhütte

hinter einem abgeschabten, blanken Felsriegel, den das Eis vielleicht vor 50 Jahren freigegeben hat. Bergsteiger, die im vergangenen Jahrhundert zur Jamtalhütte kamen, konnten allein schon durch das Schau-Erlebnis zum Ferner hochbefriedigt sein. Alte Fotos in der Hütte zeigen, wie es früher einmal war – wer möchte im Hinblick auf den Gletscherstand im ersten Jahrhundert nach dem Jahr 2000 wohl eine Prognose wagen?

Zur Zeit der Schneeschmelze stürmt der Futschölbach mit den Wassern vom Futschölferner und vom Kronenferner in breiter Front auf die Jamtalhütte zu, hinein in eine Felsengasse, die ihn an der Hütte vorbei hinablenkt zum Jambach.

Die Jamtalhütte Wer in der Silvretta wandert und auf die Berge steigt, wird auch die Jamtalhütte besuchen, meist für eine Nacht bleiben, denn wohin er auch geht, die Wege aufwärts ziehen sich in jedem Fall noch sehr in die Länge.

Die Eröffnung der ersten Jamtalhütte durch die Alpenvereinssektion Schwaben erfolgte im Jahre 1882, aber von dieser Keimzelle des Silvretta-Alpinismus finden wir keinen Stein und keine Grundmauer mehr. Diesen Platz nimmt seit der letzten Baumaßnahme vom Jahre 1978 der neue Haupttrakt ein; zu ebener Erde empfangen uns helle, freundliche Gasträume, im ersten Stock und

der Mansarde die Schlafgelegenheiten, insgesamt 220 Betten und Matratzenlager. Der Erstbau mußte bis 1950 genügen, obwohl schon im Jahre 1930 der Hüttenwirt 5000 Besucher zählte. Nach dem Zweiten Weltkrieg paßten sich die Schwaben dem rasch zunehmenden Tourismus an, die Erweiterungsbauten von 1950, 1961 und 1978 vollendeten schließlich die Hütte: jeder Besucher kann, ohne Annehmlichkeiten zu vermissen, tagelang bleiben, zumal auch die bestens ausgestattete Küche für gute Stimmung sorgt.

Als wertvoller Besitz hängt in einem Nebenraum, gerahmt hinter Glas, der alte, blei-

Das äußere Jamtal, wenig vor der Einmündung nach Galtür.
Die Talstraße ist bis zum Parkplatz Wasserfassung morgens und abends öffentlich befahrbar. Im Hintergrund der Jamtalferner.

stiftgezeichnete Bauplan der ersten Hütte. Die Urkunde, gesiegelt und gestempelt, schreibt:

»Deutscher/Österreichischer Alpenverein, Stiftung der Sektion Schwaben, Sitz Stuttgart. Jamtalhütte, Landgerichtsbezirk Landeck/Tirol, Gemeindebezirk Galthür. Gegend der Dreiländerspitze an der Vereinigung von Vorarlberg, Tirol und der Schweiz.«

50 Westliches Gamshorn 2987 m

*Aussichtsberg
über der Jamtalhütte*

*mäßig schwierig
Wander-/Felstour*

Tourensteckbrief

Ausgangsort
Jamtalhütte 2165 m.

Die Tour in Stichworten
Jamtalhütte 2165 m – Westl. Gamshorn 2987 m.

Schwierigkeit/Anforderung
II = mäßig schwierig, Wander-/Felstour,
mäßige Anforderung, Halbtagetour.
Talzugang Jamtalhütte: Von Galtür auf Wirtschaftsweg durch das Jamtal $3^1/_2$ bis 4 Std. (allgemeine Fahrerlaubnis: vor 8 Uhr und nach 17 Uhr
bis zum Parkplatz »Wasserfassung«, 1841 m).
Ab Hütte über den Futschölbach zum Schild
»Westl. Gamshorn«. Auf Steig in mäßiger Steigung durch S-seitige Alphänge höher, über mehrere Schotterfelder, zuletzt steil, bis unter den
Gipfelaufbau (ca. 2800 m). Nach rechts durch
eine steile, kurze Felsrinne, nach Steigspuren höher zum Grat rechts des Gipfels; leicht fallende
Querung unter dem Gipfelkreuz hindurch und
von W her mit wenigen Schritten zum höchsten
Punkt.
S-seitiger Routenverlauf, Steig und Steigspuren,
viel begangen.

Höchste Wegestelle/Gipfel
Westl. Gamshorn 2987 m.

Aufstiegsleistung
Ab Jamtalhütte 800 Höhenmeter.

Abstieg
Wie Aufstieg.

Gehzeiten
Jamtalhütte 2165 m – Westl. Gamshorn 2987 m:
$2^1/_2$ Std.; Abstieg $1^1/_2$ Std.
Gesamtgehzeit: 4 Stunden.

Hütten/Stützpunkte
Jamtalhütte 2165 m, siehe Tour 47.

Karten
Siehe Tour 49.

*Blick aus dem oberen Futschöltal, von der
Wandertrasse zum Futschölpaß, zu den
Gamshornspitzen; die Westliche Spitze ist die
erste von links.*

Jede Hütte braucht einen Hausberg, möglichst nah und leicht zu besteigen; eine Tagestour aus dem Tal mit Hütte und Gipfel
stärkt das alpine Selbstbewußtsein. Die
Jamtalhütte besitzt den idealen Hausberg
mit Gipfelkreuz und großer Aussicht: Das
Westliche Gamshorn, die Ecke im Kammzug herüber von der Schnapfenspitze, zeigt
zur Hütte die Südwestflanke, die Aufstiegsseite. Diese Himmelsrichtung wird von der
Sonne das ganze Jahr über verwöhnt – liegt
um die Hütte noch letzter Winterschnee, ist
das Gamshorn längst aper. Durch die im
unteren Teil grasige, mit glatten Schotter-
halden aufgelockerte und nicht zu steile
Flanke zieht ein Steig bis zum Gipfel. Wer
sich dort oben aus knapp 3000 Meter Höhe
umschaut, erfährt von der Silvretta um vieles mehr, als ihm die Jamtalhütte je erzählen
könnte.
Auch Sektionengeschichte bleibt lebendig.
Mit dem großen Holzkreuz auf dem Gamshorn, errichtet am 21. September 1969, eh-
ren die Ortsgruppen Aalen, Ellwangen,
Epplingen, Kirchheim/Teck, Laichingen
und Nürtingen ihre Stuttgarter Muttersek-
tion, die Sektion Schwaben, zum 100jähri-
gen Jubiläum.
Vom Westlichen Gamshorn überschauen
wir das Jam mit Tal, Bergen und Gletscher,
ein Raum, für den die Schwaben zum Wohle
der Bergsteiger und gewiß auch zum Nutzen
der Einheimischen draußen in Galtür sehr
viel geleistet haben.

Mittel-Silvretta

51 Getschnerscharte 2839 m

Von der Jamtalhütte ins Bieltal

*wenig schwierig
Wandertour*

Tourensteckbrief

Ausgangsort
Jamtalhütte 2165 m.

Die Tour in Stichworten
Jamtalhütte 2165 m – Getschnerscharte 2839 m – Bielerhöhe 2032 m.

Schwierigkeit/Anforderung
I = wenig schwierig, Wandertour,
mittlere Anforderung, Tagestour.
Talzugang Jamtalhütte siehe Tour 50.
Ab Hütte nach W hinab zum Jambach, dort zum anderen Ufer, in langgezogener Aufwärtsquerung den Hang höher zum Getschnerbach und nun steiler zum Karkessel unter der Getschnerscharte. Aus diesem Hochkar (Altschnee) nach rechts steil hinauf zur Scharte. Ab Scharte im Firnfleck des Madlener Ferners abwärts zu einer auffälligen Felsinsel (Pt. 2713 AV-Karte). Der Weg zur Bielerhöhe wendet sich dort nach rechts, durch die jeweils tiefsten Geländemulden zum Weißen Bach und fällt rechts des Baches steil hinab zum Steinmann auf dem Runden Kopf (2376 m); von dort zum schon sichtbaren Bieltalweg (Einmündung bei der Wasserfassung), der direkt zur Bielerhöhe führt. (Bei der Felseninsel Pt. 2713 Abzweigung nach links zur Wiesbadener Hütte, markiert, 3¹/₂ Std.)
O- und W-seitiger Routenverlauf, markiert, häufig begangen, nur bei guten Sichtverhältnissen ratsam.

Höchste Wegestelle/Gipfel
Getschnerscharte 2839 m.

Aufstiegsleistung
Ab Jamtalhütte 700 Höhenmeter.

Abstieg
Siehe Routenverlauf.

Gehzeiten
Jamtalhütte 2165 m – Getschnerscharte 2839 m: 2¹/₂ Std. – Bielerhöhe 2032 m: 2¹/₂ Std. Gesamtgehzeit: 5 Stunden.

Hütten/Stützpunkte
Jamtalhütte 2165 m, siehe Tour 47;
Wiesbadener Hütte 2443 m, siehe Tour 52.

Karten
Siehe Tour 49.

Zum Breiten Wasser im Futschöltal zeigen sich sehr gut die Getschnerspitzen (rechts). Wir erkennen die mit einer Firnrinne markierte Getschnerscharte, den Übergang zum Bieltal.

In Weiterführung unserer Silvretta-Durchquerung scheiden sich bei der Jamtalhütte noch stärker als bei der Heidelberger Hütte wiederum alpine Anschauungen und Wege. Wir wollen nach Westen, zur Wiesbadener Hütte oder zur Bielerhöhe, und haben die Wahl: entweder hochalpin über zwei Gletscher oder auf einem fast eisfreien Weg, der wohl anspruchsvoll, für einen erfahrenen Bergwanderer jedoch ohne Probleme ist. Die Gletscherroute läuft über den Jamtalferner zur Oberen Ochsenscharte (2970 m) und von dort über den Vermunt-Gletscher zur Wiesbadener Hütte (siehe Tour 52). Die »apere« Route vertraut ab Jamtalhütte dem markierten Alpenvereinsweg über die 2839 Meter hohe Getschnerscharte ins Bieltal, das zur Bielerhöhe ausläuft, sich aber über den Radsattel (2652 m) auch mit der Wiesbadener Hütte verbindet. Seit die Durchquerung weiter Gebirgsräume groß in Mode ist und die dazu propagierten Zentralalpenwege meist den markierten Alpenvereinssteigen folgen, bekommt die früher weniger beachtete Getschnerscharte wieder mehr Besuch. Die Scharte, von der Jamtalhütte sichtbar, schneidet zwischen Hinterer (2961 m) und Mittlerer Getschnerspitze (2965 m) einen langgestreckten Kamm, den »Großen Vermuntgrat«.

Den Übergang sollten wir nicht unterschätzen, der Silvretta-Führer empfiehlt die Getschnerscharte nur »berggewohnten Touristen« und hat mit dieser Beurteilung gewiß recht. Zum Kummer schwerbepackter Weitwanderer muß der Weg zuerst einmal »absteigen«, hinunter zum Abfluß des Jamtalferners. Bei Pt. 2104 AV-Karte überschreiten wir den Jambach, auf uns warten etwas mehr als 700 Meter Höhendifferenz, die relativ nur kurze Entfernung zur Scharte verheißt einen steilen Aufstieg. Der Steig zieht durch grüne, ostseitige Hanglagen und -mulden hinauf in das enge Getschnerkar, ein großer Geröllkessel, in dem auch im Hochsommer noch Altschnee nistet und den jähen Schlußaufstieg zur Scharte darüber erschweren kann. Jenseits teilen sich im Firnfleck des Madlener Ferners die Wege: nach rechts zum Weißen Bach und mit ihm ins untere Bieltal, zum Wanderweg hinaus zur Bielerhöhe, oder nach links ins obere Bieltal mit Wiederanstieg zum Radsattel, dem Paß hinüber zur Wiesbadener Hütte.

52 Dreiländerspitze 3197 m

Angelpunkt dreier Länder

schwierig
Gletscher-/Felstour

Die Silvretta-Durchquerung auf »hoher Route« muß, um ihrem Anspruch gerecht zu werden, den Hauptkamm verfolgen. Dort im Bereich der Mittel-Silvretta zwischen Futschöl-Paß (2788 m) und Roter Furka (2688 m) warten berühmte Dreitausender, schroffe, aus kristallinem Gestein steil aufgebaute Gipfel, geschmückt mit Firn und Eis und deshalb auch »Hochsilvretta« genannt. Die prominenten Namen: Dreiländerspitze (3197 m), Piz Buin (3312 m), Silvrettahorn (3244 m) kennt jeder Bergsteiger; ihnen gilt aus dem Jamtal wie von der Bielerhöhe über die Wiesbadener Hütte die hauptsächliche Silvretta-Hochtouristik.

Mit Start an der Jamtalhütte visiert unsere hohe Route als erstes die Dreiländerspitze an. In der Aussicht von der Hütte (siehe Bild) wird unser Gipfel im Vergleich zur Vorderen Jamspitze (3178 m) etwas benachteiligt, die zum Jam günstiger steht und zudem mit einem nordseitigen Eisschild der Dreiländerspitze die Schau stiehlt. Von ihr sehen wir die nordostseitige Felsflanke, das Dreieck zwischen Nord- und Ostgrat; der Nordgrat läuft zur Oberen Ochsenscharte

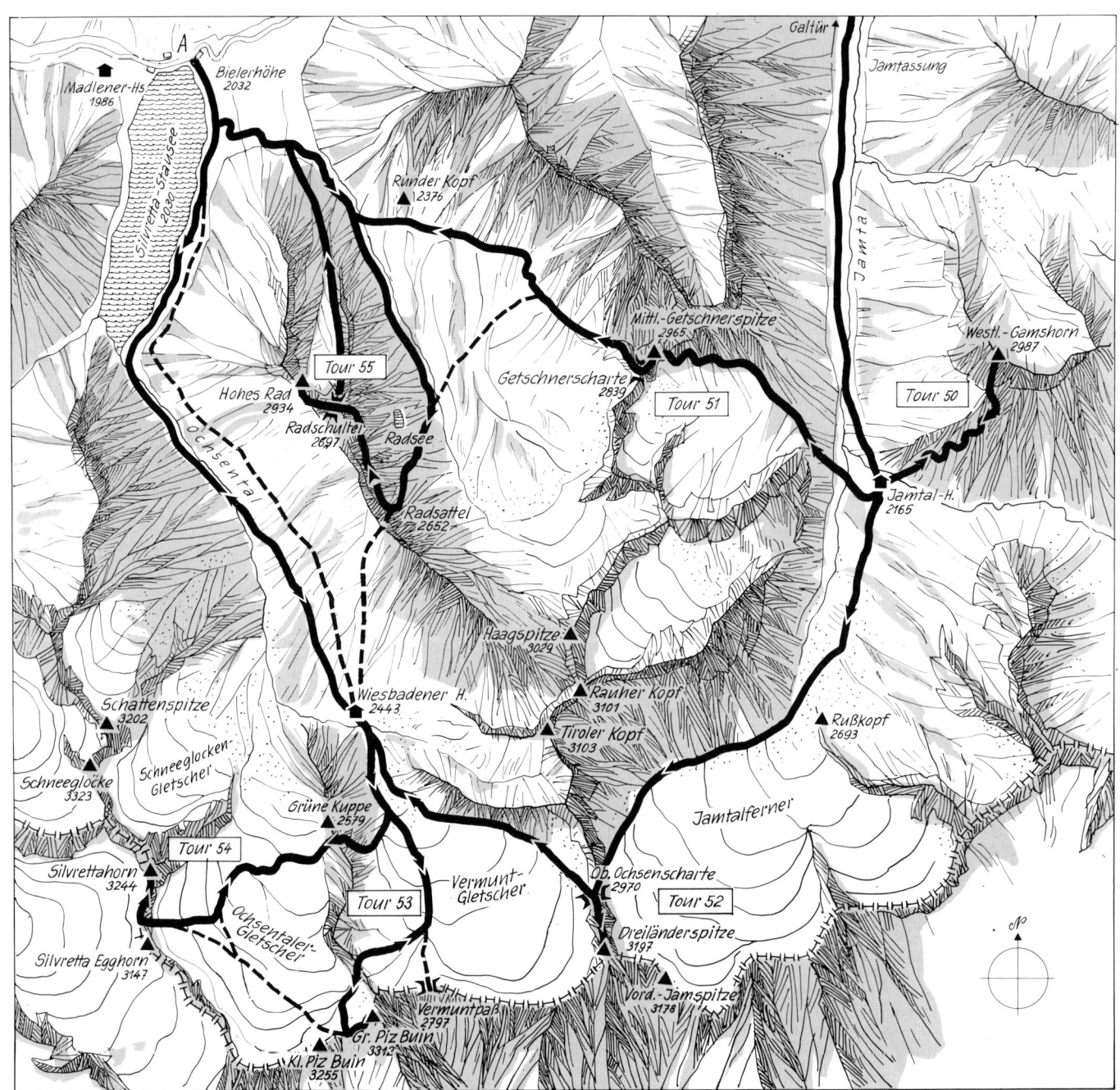

aus. Diese Scharte öffnet den Übertritt zum Vermunt-Gletscher und damit die Tür zur Dreiländerspitze.

Der Gletscherweg über den Jamtalferner zur Oberen Ochsenscharte (2970 m) wird im Hin und Her viel begangen. Die fast immer vorhandene Trasse schwenkt aus dem Geröllstreifen in der Zehrzone des Gletschers in einem Rechtsbogen durch das ziemlich geschlossene Hochbecken hinauf zur Scharte, zum »Bahnhof« Dreiländerspitze. Nicht nur unser Zug trifft dort ein, auch die um einiges kürzere Schiene herauf von der Wiesbadener Hütte läuft zur Oberen Ochsenscharte aus. Die Seilschaften halten an, legen den Rucksack ab und schauen sich erst einmal um.

Zwischen dem Nordgrat und dem Felssporn vom Gipfel herab zum Vermunt-Gletscher, dem oberen Westgrat, schmiegt sich ein Firndreieck. Der Firn berührt in steilem Winkel einen Gratsattel, die Aufstiegsroute quert das Dreieck dorthin, über blockigen

Fels klettern wir, umgeben von viel Luft und Tiefe, etwa 50 Höhenmeter hinauf zum Nordgipfel. Der nur wenig höhere Südgipfel trägt das Kreuz; durch eine Gratkerbe getrennt und nur eine schwache Seillänge entfernt lockt er diejenigen an, die sich die sehr ausgesetzte Passage zutrauen und den Nordgipfel räumen müssen, weil Nachfolger drängen. Zur sommerlichen Hochsaison herrscht bei Bergwetter den ganzen Tag über ein fast unentwegtes Kommen und Gehen: Die Dreiländerspitze ist der am meisten besuchte Silvretta-Dreitausender!

Drei-Länder-Spitze – wie sollen wir diese Anrede verstehen? Der Zentralalpenkamm stellt den Gratfels des Berges im Winkel zu drei Ländern. Der zu seiner Zeit berühmte Schweizer Kartograph Johann Wilhelm Fortunat Coaz (1822–1918, Erstbesteiger des Piz Bernina) erkannte die völker- und wasserscheidende Position der Spitze und gab deshalb in seiner SAC-Karte von 1865 diesem, vordem »Großochsenhorn« ge-

Dieses Bild präsentiert den Jamtalferner, die beiden Jamspitzen und nach rechts die Dreiländerspitze.
Am Nordgrat die verfirnte Obere Ochsenscharte, der Zugang zur Dreiländerspitze und auch Übergang von Tirol zum Vermunt-Gletscher drüben in Vorarlberg.

nannten Grenzberg den treffenden, guten Namen.

Zu welchen Völkern schauen wir von der Dreiländerspitze hinab und welche Wasser fließen wohin? Die österreichischen Bundesländer Tirol und Vorarlberg und das schweizerische Graubünden – die Sprach- und Kulturräume dreier Völker – treffen sich am Gipfel. Der Nordgrat und die Obere Ochsenscharte tragen die hydrographische Funktion und markieren eine europäische Wasserscheide: Die Vermunt-Gletscherschmelzen fließen mit Ill und Rhein zur Nordsee, die Jamwasser mit Trisanna, Inn und Donau zum Schwarzen Meer.

Tourensteckbrief

Ausgangsort
Jamtalhütte 2165 m.

Die Tour in Stichworten
Jamtalhütte 2165 m – Ob. Ochsenscharte 2970 m – Dreiländerspitze 3197 m – Ob. Ochsenscharte – Wiesbadener Hütte 2443 m.

Schwierigkeit/Anforderung
III = schwierig, Gletscher-/Felstour, mittlere Anforderung, Tagestour.
Talzugang Jamtalhütte siehe Tour 50.
Bei der Jamtalhütte weist das Schild »Ochsenscharte – Dreiländerspitze – Wiesbadener Hütte« einen Steig nach S zur sichtbaren Gletscherzunge des Jamtalferners, die man im Aufstiegssinne links eines auffallenden Felsenriegels bei ca. 2400 m erreicht. Aus dem Gletschervorfeld (Moränen) nach rechts höher zu einem Geröllstreifen auf dem Eis, der bei etwa 2500 m Höhe in das untere Gletscherbecken leitet. Auf dem fast geschlossenen Ferner in einem Rechtsbogen durch

das obere Becken in sanfter Steigung hinauf zur sichtbaren Ob. Ochsenscharte. Achtung Spalten, meist Trasse.

Dreiländerspitze: Ab Ochsenscharte über einen nordwestl. steilen Firnhang schräg aufwärts zum oberen W-Grat. Auf dem schmalen Grat über festen Fels steil und ausgesetzt etwa 50 Höhenmeter zum N-Gipfel. Heikler Übergang zum nur wenig entfernten S-Gipfel mit Kreuz.

Abstieg: Zurück zur Ochsenscharte und über den sanften Vermunt-Gletscher – meist Trasse – hinab zu einem Moränensteig, der zur sichtbaren Wiesbadener Hütte leitet.
NO- und NW-seitiger Routenverlauf, im aperen Gelände markiert, Steinmänner, viel begangen.

Höchste Wegestelle/Gipfel
Ob. Ochsenscharte 2970 m, Dreiländerspitze 3197 m.

Aufstiegsleistung
Ab Jamtalhütte 1000 Höhenmeter.

Abstieg
Siehe Routenverlauf.

Bild oben: Auf dem Jamtalferner im Weg zur Oberen Ochsenscharte. Von links: Westliches Gamshorn, Schnapfenspitze und dreigipfeliges Fluchthorn.

Bild rechts: Auf dem Vermunt-Gletscher im Aufstieg zum Piz Buin; im Hintergrund die Dreiländerspitze.

Gehzeiten
Jamtalhütte 2165 m – Ob. Ochsenscharte 2970 m: 3 Std. – Dreiländerspitze 3197 m und zurück: 1 Std.; Abstieg Wiesbadener Hütte 2443 m: 1 Std.
Gesamtgehzeit: 5 Stunden.

Hütten/Stützpunkte
Jamtalhütte 2165 m, siehe Tour 47;
Wiesbadener Hütte 2443 m, DAV-Sektion Wiesbaden, 200 Betten und Matratzen, Sommerbew. von Ende Juni bis Anfang Okt.

Karten
Siehe Tour 53.

53 Wiesbadener Hütte 2443 m Großer Piz Buin 3312 m

Höchster Gipfel im Hauptkamm

schwierig
Gletscher-/Felstour

Mit der Wiesbadener Hütte verbindet sich bei vielen Silvretta-Freunden die ungute Erinnerung an drangvolle Enge in Gast- und Schlafräumen; besonders im Frühjahr zur Skitourenzeit mußte die »blaue Silvretta« schon sehr hell leuchten, um das »Hüttenerlebnis« zu verdrängen. Das Haus, im Jahre 1896 von der Sektion Wiesbaden errichtet, wohl mehrmals erweitert, blieb im ganzen gesehen bis in unsere achtziger Jahre in seinem unzureichenden, verschlissenen Habitus stecken. Zur Zeit der Übergabe dieses Buches in die Hände der Bergsteiger und Bergwanderer beginnt für die Wiesbadener Hütte jedoch ein neues Kapitel. Die Generalsanierung war mit einem Festakt am 10. September 1989 abgeschlossen, hoch über dem Ochsental erwartet uns ein schmuckes, modernes, großes Haus. Die »neue« Wiesbadener Hütte verlockt zu längerer Bleibe, denn wo in der Silvretta könnte es schöner sein.

Auf der Bielerhöhe parken wir 2000 Meter ü. d. Meer, die Wiesbadener Hütte ist nur 2 1/2 Gehstunden entfernt. Am Weg vom Südufer des Silvretta-Stausees im Ochsental hinauf zur Hütte schäumt uns die junge Ill, die Schmelze des Vermunt- und des Ochsentaler Gletschers, entgegen; vom Eise nur wenige hundert Meter höher geboren. Vor uns ragen, von scharfen Felsgraten profiliert, der Große und der Kleine Piz Buin. Oben am Hüttenplatz, einer hervorragenden Position über den Gletscherzungen, schlägt das Herz der Hochsilvretta – Berge und Gletscher malen ein einmaliges Silvretta-Bild. Wen wundert es, daß die Wiesbadener Hütte an sonnigen Sommertagen von Ausflüglern überlaufen wird; sie alle wollen, wenn auch nur im Anschauen, den Reiz, den ungebrochenen Zauber von Eis und Urgestein erleben.

Zur Wiesbadener Hütte wetteifern der Große Piz Buin (3312 m), die Dreiländerspitze (3197 m) und das Silvrettahorn (3244 m) um die Gunst der Bergsteiger. Die Dreiländerspitze ist, weil einfacher zu erreichen, das hauptsächlich angesteuerte Ziel, als »höhere« Ziele gelten die genannten Nachbarberge. Eine zünftige Silvretta-Tour kommt von der Jamtalhütte über die Dreiländerspitze zur Wiesbadener Hütte (siehe Tour 52) und muß dann natürlich auch noch den Piz Buin und das Silvrettahorn »mitnehmen«.

Die Route zum Großen Piz Buin über den sanften Vermunt-Gletscher ist bis zum Wiesbadener Grätle präsent. Nach der steilen Felsbarriere des Grätle verschwindet sie in 3000 Meter Höhe auf dem kurzen Weg zur Buinlücke (3056 m) im Ochsentaler Gletscher. Aus der Buinlücke, der Einschartung zum Kleinen Piz Buin (3255 m), beginnt dann der eigentliche Gipfelanstieg. Steigspuren leiten in der Westflanke zu einem Absatz im Nordwestgrat, nach der schwierigsten Stelle, dem »Kamin«, einem engen, sehr steilen Felsschlupf (siehe auch Bild Seite 120) legt sich der Gipfel zurück – noch etwa 100 Höhenmeter zum alten, arg verwitterten Holzkreuz am höchsten Punkt im Silvretta-Hauptkamm, 3312 Meter ü. d. Meer.

Die Erstbesteiger, die Herren Josef Anton Specht, ein stiller, aber sehr erfolgreicher Zentralalpen-Erschließer (siehe auch Weißkugel Seite 42) und Johann Jakob Weilenmann, der Fluchthorn-Pionier (siehe Tour 49), betraten am 14. Juli 1865 den Gipfel. Am gleichen Tag erlebte Edward Whymper am Matterhorn seinen größten Triumph, aber auch seine größte Tragik.

Tourensteckbrief

Ausgangsort
Wiesbadener Hütte 2443 m.

Die Tour in Stichworten
Wiesbadener Hütte 2443 m – Wiesbadener Grätle 3022 m – Buinlücke 3056 m – Großer Piz Buin 3312 m.

Schwierigkeit/Anforderung
III = schwierig, Gletscher-/Felstour, mittlere Anforderung, Tagestour.
Talzugang Wiesbadener Hütte: Vom Parkplatz Bielerhöhe 2032 m entlang am O-Ufer des Silvretta-Stausees auf Wirtschaftsweg zum S-Ufer und in mäßig steilem Aufstieg durch das Ochsental zur Hütte, 2¹/₂ Std.

Ab Hütte auf Steig nach S in Richtung Vermunt-Gletscher Vermunt Paß. Bei etwa 2650 m Höhe Übertritt zum Gletscher und im flachen, fast geschlossenen Hochbecken in einem Rechtsbogen zum Schluß steil zum Felsansatz des Wiesbadener Grätle; meist Trasse, von der Hütte aus einzusehen. Sehr steiler Durchstieg in gut gestuftem Fels über etwa 100 Höhenmeter zum Grat = Pt. 3022 AV-Karte. Dort Übertritt zum höchstgelegenen Winkel des Ochsentaler Gletschers, Querung zu einem markanten Felssporn und von seinem Fuß zur nahen Buinlücke. Aus der Lücke über Geröll nach links hinaus zu einem Absatz im NW-Grat, am Grat steil höher, durch den »Kamin« = schwierigste Stelle hinauf zu einer breiten Geröllabdachung und nach Steigspuren mäßig steil zum Gipfel.
N-seitiger Routenverlauf, nur für erfahrene Bergsteiger, häufig begangen.

Höchste Wegestelle/Gipfel
Wiesbadener Grätle 3022 m, Buinlücke 3056 m, Großer Piz Buin 3312 m.

Aufstiegsleistung
Ab Wiesbadener Hütte 900 Höhenmeter.

Abstieg
Wie Aufstieg; oder ab Buinlücke über den Ochsentaler Gletscher, meist Trasse – Achtung, Spalten! – zurück zur Wiesbadener Hütte; oder Übergang zum Silvrettahorn siehe Tour 54.

Gehzeiten
Wiesbadener Hütte 2443 m – Wiesbadener Grätle 3022 m – Buinlücke 3056 m: 3 Std. – Großer Piz Buin 3312 m: 1 Std.; Abstieg wie Aufstieg: 3 Std. Gesamtgehzeit: 7 Stunden.

Hütten/Stützpunkte
Wiesbadener Hütte 2443 m, siehe Tour 52.

Karten
Kompass Wanderkarte 1:50000, Blatt 41, »Silvretta – Ferwallgruppe«; Freytag & Berndt WK 373, 1:50000, »Silvretta-Hochalpenstraße – Piz

Buin«; Alpenvereinskarte 1:25000, Blatt 26, »Silvrettagruppe.

Tip
Rundwanderung für ausdauernde Berggeher zur Wiesbadener Hütte als Tagestour.
Von der Bielerhöhe durch das landschaftlich sehr reizvolle Bieltal zum Radsattel – großartige Aussicht zur Hochsilvretta –; Abstieg zur Wiesbadener Hütte und durch das Ochsental wieder hinab zum Silvretta-Stausee, entweder über Wirtschaftsweg oder auf dem Sommersteig.

Bild rechts: Ausblick vom Hohen Rad. In Bildmitte Großer und Kleiner Piz Buin, links Vermunt-Gletscher, rechts Ochsentaler Gletscher, rechts unter dem Großen Piz Buin, vor der Buinlücke, das Wiesbadener Grätle.

Bilder oben: Links im »Kamin« am Piz Buin, der schwierigsten Stelle. Rechts Durchstieg im Wiesbadener Grätle.

54 Silvrettahorn
3244 m

Die »Fleißaufgabe«

schwierig
Gletscher-/Felstour

Bergsteiger, die am Vormittag auf dem Piz Buin stehen, sich in Form fühlen und im Wetterglück sonnen, sollten, wenn der persönliche Auftrieb dazu anspornt, das Silvrettahorn in die Tour einbeziehen. Im Ausblick vom Piz Buin wirkt der Berg mit der Südwestseite viel weniger abweisend als die Nordostflanke zur Wiesbadener Hütte. Der Silvretta-Haupt- und Grenzkamm zieht vom Großen Piz Buin über die Buinlücke zum Nachbargipfel, dem Kleinen Piz Buin (3255 m). Dort schwenkt er nach Norden über das Signalhorn (3147 m) zur Eckhornlücke (3040 m), einer Doppellücke im Kammverlauf mit südlicher und nördlicher Senke. Aus der nördlichen Senke wächst die Grenze Österreich/Schweiz wieder empor, schwingt letztmalig auf zu einer Höhe über 3200 Meter und bestimmt das Silvrettahorn zu einer großen, weithin sichtbaren Landmarke zwischen den Staaten. Eingebettet im Nordosten unter dem Kammverlauf, glänzt das geschlossene Firnbecken des Ochsentaler Gletschers, das Silvrettahorn lockt, und so zögern wir nicht länger, den Übergang zu wagen. Von der hohen Warte am Großen Piz Buin (3312 m) erkennen wir den oberen Teil der Aufstiegsstrasse von der Wiesbadener Hütte zum Silvrettahorn, hinein in die nördliche Eckhornlücke am Fuße des Silvrettahorn-Südgrates. Die AV-Karte beläßt die Eckhornlücke bis jetzt ohne Höhenangabe, der Silvretta-Führer gibt ihr die Kote 3040. Aus dem nördlichen Sattel der Lücke, gegenüber dem südlichen etwas höher und durch einen Schartenturm markiert, beginnt der Gipfelaufstieg. Die Gletschertrasse ab Buinlücke bis dorthin sehen wir voll ein.
Die Route herauf von der Wiesbadener Hütte betritt nach Überschreitung der Grünen Kuppe (2579 m) den Ochsentaler Gletscher, quert die Abflußzone zu einer jenseitigen Felsenmauer und erreicht entlang dieser Mauer in etwa 2900 Meter Höhe die geschlossene Firnterrasse des Gletschers

(siehe Bild rechts); bei Sicht kann niemand die allein wichtige und mit dem schon genannten Felsturm besetzte Nordsenke verfehlen. Das Silvrettahorn gibt sich großzügig, das zur Sonne geneigte, südwestseitige Gelände bereitet mit grobem Geröll, feinem roten Schotter und gut gestuftem Fels, verschönt von einer überreichen Fülle blühenden Gletscherhahnenfußes, keinen allzu schwierigen Weg hinauf zum großen, hölzernen Gipfelkreuz.

»Anno domini 1969 Bergfreunde Partenen« –

diese Inschrift im Querbalken verrät: Das Kreuz stammt aus dem Vorarlberger Montafon; Partenen im Untervermunt, an der Westrampe der Silvretta-Hochalpenstraße – 2200 Meter tiefer und 14 Kilometer Luft-

Wiesbadener Hütte, darüber Großer Piz Buin, rechts der waagrechte Felsgrat des Wiesbadener Grätle.
Im Aufstieg von der Hütte schwenken wir aus dem Vermunt-Gletscher hinauf zum höchsten Ansatz des Gletschers unter der horizontalen Linie des Grätle.

linie entfernt – grüßt die Bergsteiger. Der schöne und passende Name »Silvrettahorn« – westlich unter dem Gipfel in der schweizerischen Silvretta liegt der Silvretta-Gletscher – stammt von dem Schweizer Kartographen Coaz (siehe Dreiländerspitze Seite 117) und trifft Charakter und Position des Gipfels sehr deutlich.

Tourensteckbrief

Ausgangsort
Wiesbadener Hütte 2443 m.

Die Tour in Stichworten
Wiesbadener Hütte 2443 m – Nördl. Eckhornlücke 3040 m – Silvrettahorn 3244 m.

Schwierigkeit/Anforderung
III = schwierig, Gletscher-/Felstour, mittlere Anforderung, Tagestour.
Talzugang zur Wiesbadener Hütte siehe Tour 53. Ab Hütte auf Steig zur nahen Grünen Kuppe (2559 m), von ihr zum Ochsentaler Gletscher und Querung der Abflußzone zu einer jenseitigen Felsenmauer. Entlang dieser Felsen auf schräger Gletscherrampe mäßig steil höher zum Hochbekken. Am Auslauf einer Bruchzone nach rechts höher zur Nördl. Eckhornlücke, gekennzeichnet mit einem Felsturm. Aus dieser vergletscherten Senke mäßig steil über Schotter zu einer Schulter im S-Grat, über teils ausgesetzten, gestuften Fels steil zum Gipfel.
N- und SW-seitiger Routenverlauf, nur für erfahrene Gletschergeher, Spalten! – häufig begangen.

Höchste Wegestelle/Gipfel
Nördl. Eckhornlücke 3040 m, Silvrettahorn 3244 m.

Aufstiegsleistung
Ab Wiesbadener Hütte 800 Höhenmeter.

Abstieg
Wie Aufstieg. Oder über den schweizerischen Silvretta-Gletscher zu den Silvretta-Häusern.

Gehzeiten
Wiesbadener Hütte 2443 m – Nördl. Eckhornlücke 3040 m: 2$^1/_2$ Std. – Silvrettahorn 3244 m: 1 Std.
Abstieg wie Aufstieg: 2$^1/_2$ Std.
Gesamtgehzeit: 6 Stunden.

Hütten/Stützpunkte
Wiesbadener Hütte 2443 m, siehe Tour 52.

Karten
Siehe Tour 53.

Der Ochsentaler Gletscher und das Silvrettahorn im Ausblick von der Wiesbadener Hütte. Die langgestreckte Terrasse zwischen den Eisbrüchen und der Felsmauer trägt den Aufstieg ins Hochbecken; dort nach rechts zur Nördlichen Eckhornlücke.

55 Radsattel 2652 m Hohes Rad 2934 m

Aussichtsloge über dem Silvretta-Stausee

mäßig schwierig Wander-/Felstour

Tourensteckbrief

Ausgangsort
Bielerhöhe 2032 m.

Die Tour in Stichworten
Bielerhöhe 2032 m – Radsattel 2652 m – Radschulter 2697 m – Hohes Rad 2934 m – Radschulter – Bielerhöhe.

Schwierigkeit/Anforderung
II = mäßig schwierig, Wander-/Felstour, mittlere Anforderung, Tagestour.
Ab Bielerhöhe auf Wanderweg in das Bieltal und auf Steig mäßig steil höher zum Radsattel. (Hierher auch markierter Zugang herauf von der Wiesbadener Hütte, 1 Std.) Ab Radsattel auf Steig nach N zur markanten Radschulter. Nun sehr steiler Felsensteig, teils ausgesetzt, durch die O-Flanke zum Gipfel. Abstieg zurück zur Radschulter, hinab nach N zu einer Mulde – meist Schnee – und über Alpweiden auf Steig hinab zum Silvretta-Stausee.
NO-seitiger Routenverlauf, durchgehend markiert, nur für trittsichere Bergwanderer, viel begangen.

Höchste Wegestelle/Gipfel
Radsattel 2652 m, Radschulter 2697 m, Hohes Rad 2934 m.

Aufstiegsleistung
Ab Bielerhöhe 900 Höhenmeter.

Abstieg
Siehe Routenverlauf.

Gehzeiten
Bielerhöhe 2032 m – Radsattel 2652 m: $2^{1}/_{2}$ Std. – Radschulter 2697 m – Hohes Rad 2934 m: $1^{1}/_{2}$ Std.
Abstieg Bielerhöhe: 3 Std.
Gesamtgehzeit: 7 Stunden.

Hütten/Stützpunkte
Keine; ggf. Wiesbadener Hütte.

Karten
Siehe Tour 52.

Weithin hallt das Lob vom Hohen Rad! Um welchen Berg handelt es sich und warum das Lob?
»Das Hohe Rad – einer der schönsten Aussichtsberge der Silvretta – ist ein mächtiges, freistehendes Massiv zwischen Bieltal und Ochsental – Silvretta-See«, schreibt der Silvretta-Führer. Der höchste Punkt in diesem Bergzug erreicht 2934 Meter, das Hohe Rad steht sehr günstig in der Landschaft, hat keine direkten Nachbarn, und so ist der Ausblick – vom Gipfel über die gesamte Windrose – ein Silvretta-Erlebnis für sich. Doch ohne Fleiß kein Preis – nur trittsichere und ausdauernde Bergwanderer können die Tour gehen: Ab Radschulter (2697 m) ist der Aufstieg durch die Ostflanke, ein Felsensteig über die letzten 300 Höhenmeter, rücksichtslos steil und vor allem im Bergab bei schlechten Verhältnissen – Nässe, Schnee und Eis – auch gefährlich.
Wir starten bei der Bielerhöhe hinein in das Bieltal. Ein landschaftlich herrlicher Weg, vorbei am Radsee (2477 m), führt er uns hinauf zum 2652 Meter hoch gelegenen Radsattel, ein Wiesenrücken, den auch Weidevieh auf seine Weise genießt, während der Wanderer in der großartigen Aussicht schwelgt. Am Sattel stehen wir südlich des Gipfels, ein Steig verbindet uns mit der Rad-

Bild oben: Im Bieltal, am Weg zum Radsattel.

Bild rechts oben: Das Hohe Rad im Aufschwung vom Radsattel; links unten Wiesbadener Hütte.

Bild rechts unten: Der Silvretta-Stausee; über dem Boot das Hochmaderer Joch, rechts der Hochmaderer. Das Boot verkehrt stündlich zwischen Bielerhöhe und südlichem Seeufer.

schulter, einem markanten Geländevorsprung in der Ostflanke des Berges. Im Anblick der Ostflanke wird der Entschluß, das Hohe Rad zu besteigen, vielleicht schwankend, zu steil und abweisend erscheint der Fels.
Die Aussicht vom Hohen Rad beschreibt Walther Flaig im alten Silvretta-Führer mit $1^{1}/_{2}$ Seiten Kleingedrucktem! Also Führer mitnehmen, hinsetzen, schauen und lesen – oder einfach nur genießen. Im Vergleich von Berggestalt und Namen könnte die Gipfelwölbung die Namensgebung erklären. Walther Flaig meint jedoch: »..., daß der Name von einem alten Flurnamen ›beim Hohen Rat‹ herkommt, d. h. von einem aussichtsreichen Ort am Nordfuß des Massivs, wo früher die zahlreichen Besitzer der großen Viehalpen im Vermunt jährlich zu einem ›Hohen Rat‹, einer Beratung, zusammenkamen.«

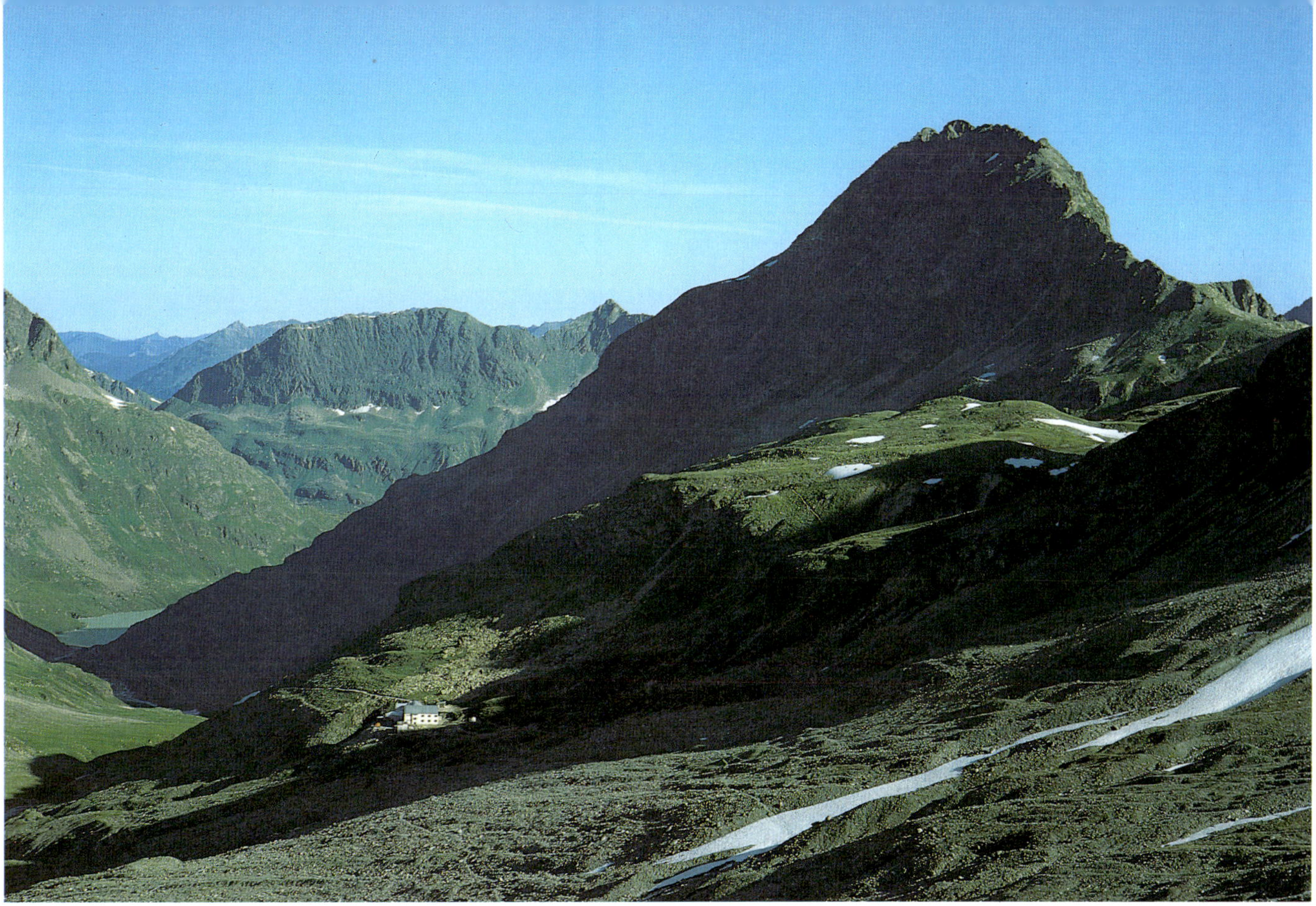

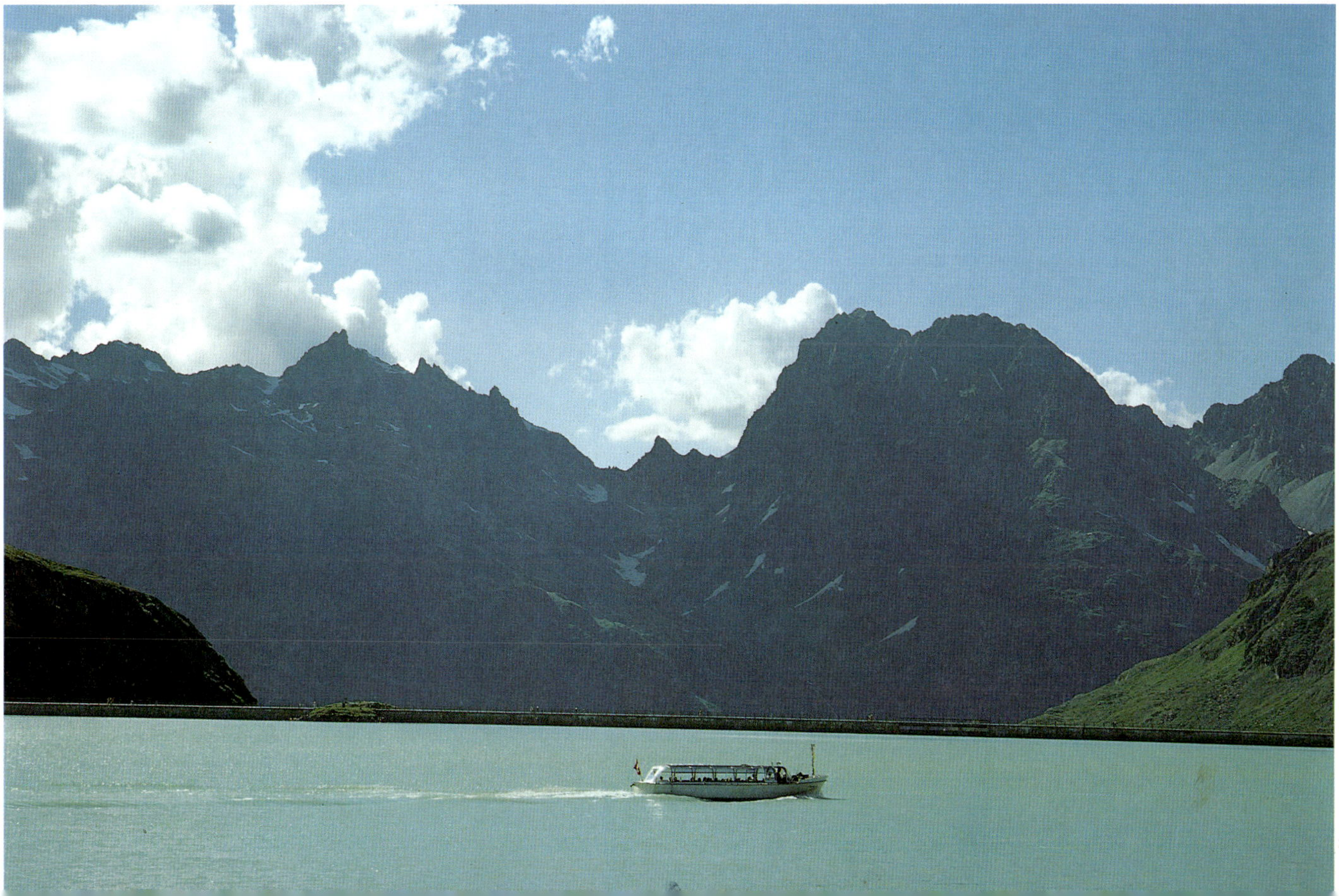

Silvretta-Hochalpenstraße — Bielerhöhe

Die Bielerhöhe ist für die heutige sommerliche Silvretta-Touristik (Wintersperre) ein Treffpunkt allererster Ordnung. Auf diesem Geländescheitel begegnen und verabschieden sich Silvretta-Freunde: Wer die Ost-West-Durchquerung überlegt plant, parkt das Auto in Ischgl oder Mathon, beginnt mit der Heidelberger Hütte die Tour und läßt sie zur Bielerhöhe hin auslaufen (mit Postbus wieder zurück). Die Fortsetzung durch die West-Silvretta wartet, wenn wir uns im Madlener Haus einquartieren, direkt vor der Haustür.

Die letzte der vielen Eiszeiten, vergangen vor 10 000 Jahren, hinterließ nach dem Abschmelzen der Gletscher heraus vom Biel- und vom Ochsental als Relikt einen Moränenrücken: die Bielerhöhe.

Diese Höhe trägt seit langem eine österreichische Landesgrenze, sie trennt das östliche tirolerische Paznaun vom westlichen Vorarlberger Montafon. Federführend auf der Bielerhöhe ist Vorarlberg mit der Illwerke-AG. Diese Gesellschaft betreibt die Kraftwerksanlagen und errichtete die Stauseen: den Silvretta-Stausee (38,5 Mio. m³) auf der Bielerhöhe und den Vermunt-Stausee (5,4 Mio. m³) in Großvermunt zwischen 1938 und 1948, den Kops-Stausee (43,5 Mio. m³) am Zeinisjoch zwischen 1962 und 1965. Um diese Staubecken zu füllen, leugneten die Illwerke die natürliche Wasserscheide und zapften auch das Einzugsgebiet der Trisanna drüben in Tirol, in der Ost-Silvretta, an. Mit Wasserfassungen hoch im Fimber, im Laraintal, im Jam- und im Bieltal leitet ein System von Stollen und Rohrleitungen mit natürlichem Gefälle und Druck die Silvretta-Gletscherwasser in die Kunstseen und von dort zur Abarbeitung in Kraftwerke im Montafon.

Für diese Großanlage mußte eine leistungsfähige, auch dem Schwerlastverkehr dienliche Straße von Partenen im Montafon über die Bielerhöhe nach Galtür, zum Anschluß an die Paznauntalstraße, zur Verfügung stehen. Dieses Vorhaben war im Herbst 1953 vollendet: Im Frühsommer 1954 wurde die gesamte Straßenverbindung – als »Silvretta-Hochalpenstraße« mautpflichtig – dem öffentlichen Verkehr übergeben. Nachdem wir von Osten im Paznauntal die Anreise vollziehen, betrachten wir auch die Hochalpenstraße in dieser Richtung.

Von Dorfkirche zu Dorfkirche, von Galtür (1584 m) bis Partenen (1051 m), beträgt die Straßenlänge 25 Kilometer, auf die Osttrasse zum Scheitel Bielerhöhe – 2032 Meter – entfallen 10, auf die Westtrasse nach Partenen 15 Kilometer. Der Vergleich von Ortshöhen und Entfernung verdeutlicht, daß der Schwerpunkt und damit der straßentechnisch interessanteste Abschnitt im Westen liegt. Von insgesamt 32 Kehren heben nur zwei Schleifen die Osttrasse hinauf zur Bielerhöhe, 30 Kehren jedoch mußten die Straßenbauer dem ursprünglichen Illtal von Großvermunt durch die Geländeschlucht im Untervermunt abringen, um das Gefälle der Westtrasse hinab zum »Im Loch« nahe Partenen zu zügeln.

Der Reise- und Ausflugsverkehr zur Hochsaison auf dieser landschaftlich großartigen Straße ist in jeder Richtung beachtlich; Hotels, Gasthöfe und auch ein Alpenvereinshaus (Madlener Haus) gibt es im direkten Straßenbereich.

»**Madlener Haus,** Meereshöhe 1986 m«, verkündet das Schild an einem einstöckigen, aber stattlichen Haus auf Großvermunt, im »Silvretta-Dorf« etwas versteckt unterhalb der westseitigen Staumauer des Silvretta-Sees.

Als das Madlener Haus, benannt nach dem verdienstvollen Vorsitzenden der Sektion Vorarlberg Andreas Madlener, im Jahre 1882 errichtet wurde, konnte niemand ahnen, wie es 100 Jahre später um Großvermunt und Bielerhöhe bestellt sein würde. Die junge Ill toste wie schon seit 1000 Jahren mit der Pracht ihrer Wasserfülle in einer langgezogenen Schlucht durch das Großvermunt, die Almwirtschaft nützte seit Jahrhunderten die wertvollen Hochweiden, der damals bescheidene Alpinismus durfte mit ruhigem Gewissen die Bielerhöhe mit dem Madlener Haus touristisch erschließen. Nachdem die Sektion Wiesbaden im Jahre 1898 oben im Ochsental heimisch wurde, übernahmen die Wiesbadener 1909 auch das Madlener Haus. Mehrmals erweitert, als Alpenvereinshütte geführt und heute voll im gängigen Standard, mit kurzer Zufahrt aus der Silvretta-Straße, bleibt das Madlener Haus weiterhin eine nützliche und dazu gastfreundliche Unterkunft.

Bild rechts: Ausblick vom Hochmaderer Joch. In Bildmitte die Bielerhöhe mit Silvretta-Stausee, darüber das dreigipfelige Fluchthornmassiv – Südliches Fluchthorn rechts –, aufgerichtet in der Ost-Silvretta zwischen Fimber und Jam, in der Grenze Österreich/ Schweiz. Im Vordergrund die Westtrasse der Silvretta-Hochalpenstraße herauf vom Vermunt-Stausee, im Schwung durch Großvermunt zur Bielerhöhe.

Bild links: Das Kleinvermunttal, das Beil der Osttrasse von der Bielerhöhe hinab nach Galtür.

56 Bieler Kreuz
2400 m
Bielerspitze
2545 m
Vallüla
2813 m

Nordseits der Bielerhöhe

mäßig schwierig
Wander-/Felstour

Nord-Silvretta – so der offizielle Name für die kleine Bergwelt von der Bielerhöhe nach Norden zum Zeinisjoch am Stausee Kops; fast rundum, von Ost über Süd nach West, eingefaßt von der Silvretta-Hochalpenstraße. Der Straßenzweig oberhalb von Galtür hinauf zum Zeinisjoch und das Sträßchen vom Joch hinab nach Partenen ziehen die Grenze zum Ferwall. Der Kammzug nordseits der Bielerhöhe gehört also noch zur Silvretta.

Im Aufblick grüßt von einer grünen Terrasse herab ein hohes Holzkreuz, das »Bieler Kreuz«, verankert auf 2400 Meter Höhe; darüber erhebt sich in der Mitte des Kammzuges die wenig auffällige, 2545 Meter hohe Bielerspitze. Im Schwung nach Nordosten profiliert der Kamm die impósante Vallüla, der Gipfel, 2813 Meter, scheidet weithin sichtbar das Land Tirol von Vorlarlberg. Die Bielerspitze steht mit der Höhendifferenz von 500 Metern in direkter Fallinie zum Silvretta-Stausee: Der Silvretta-Blick von dort oben zum See, zum Hauptkamm und zu seinen Gletschern ist ein Erlebnis, deshalb der Ausflug zum Bieler Kreuz und zur Bielerspitze. Wünschen wir uns für dieses zahme Unternehmen eine rassige Zugabe, kann uns vielleicht nur das Wetter abhalten, auch noch der nahen Vallüla, dem Hauptgipfel der Nord-Silvretta, die Referenz zu erweisen.

Im Abstieg von der Bielerspitze fädeln wir auf dem Rasenbalkon des Maißbodens in die Route zur Vallüla ein, folgen einem Steig zur Vallüla-Südflanke, der aus einem Steinkar zum Auslauf einer düsteren, engen Rinne leitet. Dieser rutschige, feuchte Schlauch, nur wenige Minuten am Tag in der Sonne, eingeklemmt in dem glatten Fels

hinauf zur Vallüla-Scharte 100 Meter darüber, ist der »Schönheitsfehler« unserer Tour: Nässe, Schnee, Eis, Steinschlag, mit diesen unangenehmen Überraschungen müssen wir rechnen. Mancher bis hierher hoffnungsvolle Bergwanderer verzichtet im Anblick dieser Rinne auf den Gipfel. Meistern wir die Schwierigkeit, erwartet uns oben an der Scharte zur Belohnung ein Felsensteiglein, das uns den Gipfel fast zum Geschenk macht.

Von der Bielerhöhe, besonders aber aus dem Bieltal (siehe Bild rechts) ist die Vallüla ein schöner Berg, in noch besserer Gestalt zeigt sie sich aber nach Westen, hinab zum inneren Montafon. Die Menschen dort unten sehen die Vallüla in der Höhendifferenz von fast 2000 Metern als hohe, spitze Pyramide und bezeichnen sie als Wahrzeichen ihrer Talschaft. Das hohe Holzkreuz mit der Inschrift »Anno Sancto 1950« stiftete deshalb Partenen im Untervermunt.

Bild unten: Die Südostflanke der Vallüla; deutlich erkennbar und durch den Schneefleck markiert die Einstiegsschlucht im linksseitigen Grat.

Tourensteckbrief

Ausgangsort
Bielerhöhe 2032 m am Silvretta-Stausee.

Die Tour in Stichworten
Bielerhöhe 2032 m – Bieler Kreuz 2400 m – Bielerspitze 2545 m – Vallüla 2813 m.

Schwierigkeit/Anforderung
II = mäßig schwierig, Wander-/Felstour, mittlere Anforderung, Tagestour.
Bielerspitze: Von der Bielerhöhe (Bushaltestelle) zum nahen Bergfuß im N. Dort auf Steig zur markanten Geländeschulter des Bieler Tschuggen (2259 m). Wenig später nach Wegweisung steil links höher zum sichtbaren Bieler Kreuz. Vom Kreuz auf Steig nach rechts, bis bei einem kleinen Blockfeld die Tafel »Bielerspitze« den Steig zum Gipfelkamm weist.
Vallüla: Ab Bielerspitze hinab zum Maißboden (2350 m), zum Steig herauf von der Bielerhöhe zur Vallüla. Querung zur Scharte zwischen Kl. und Gr. Vallüla, dort über Blockwerk zu einer engen und sehr steilen Rinne (ca. 2600 m). – Achtung, Steinschlag! Durch die Rinne zum Sattel 100 m darüber und auf Felsensteig zum Gipfel. S-seitiger, markierter Routenverlauf, Bielerspitze viel begangen.
Vallüla nur für erfahrene Bergwanderer.

Höchste Wegstelle/Gipfel
Bielerspitze 2545 m, Vallüla 2813 m.

Aufstiegsleistung
Ab Bielerhöhe 1000 Höhenmeter.

Abstieg
Von der Vallüla über den Maißboden zurück zur Bielerhöhe.

Gehzeiten
Bielerhöhe 2032 m – Bieler Kreuz 2400 m: 1 Std. – Bielerspitze 2545 m: $1/2$ Std. – Übergang zur Vallüla 2813 m: $1^1/_2$ Std.; Abstieg Bielerhöhe: 2 Std.
Gesamtgehzeit: 5 Stunden.

Hütten/Stützpunkte
Madlener Haus 1986 m, DAV-Sektion Wiesbaden, 90 Betten und Matratzen, Sommerbew. von Anfang Juni bis Ende Okt.

Karten
Siehe Tour 57.

Bild links: Parkplatz auf der Bielerhöhe am Silvretta-Stausee. Der linke Taleinschnitt, das Ochsental, zieht zur Wiesbadener Hütte.

Bild unten: Am Südende des Silvretta-Stausees; am Nordufer die Bielerhöhe, darüber die schwach ausgeformte Bielerspitze.

57 Saarbrücker Hütte 2538 m Großes Seehorn 3121 m Kleines Seehorn 3032 m

Das »große Finale«

sehr schwierig
Gletscher-/Felstour

Die Bielerhöhe, diese Drehscheibe im Silvretta-Tourismus, schickt Bergsteiger und Wanderer in alle Richtungen, so auch zur West-Silvretta, hinauf zur Saarbrücker Hütte. Das Madlener Haus kann der günstige Ausgangsort sein, wenn alles gut läuft, kommen wir in zwei bis drei Tagen über das Hochmaderer Joch wieder herab nach Großvermunt, zurück zur Bielerhöhe.

Ab Madlener Haus (1986 m) führt ein Alpenvereinsweg in 3 Stunden zur Saarbrücker Hütte, nach etwa einer Stunde, auf der Hochterrasse von Tschifernella, grüßen uns nördliche und westliche Weiten. Wenig höher, wenn der Steig bei Pt. 2331 AV-Karte hineinläuft in das obere Kromertal, schwach abwärts zu den »Schwarzen Böden«, legen wir eine Rast ein, setzen uns auf einen runden, glatten Gletscherschliff und schauen. Vor uns das berühmte Silvretta-Gipfelpaar: Großlitzner und Großes Seehorn. Hier, im Bergraum der Saarbrücker Hütte – wir se-

hen die Hütte rechts oben – spielt die Silvretta nochmals einen großen Trumpf aus. Das stattliche Haus der Alpenvereinssektion Saarbrücken, im Jahre 1911 aus Holz erbaut, hat trotz mehrmaliger Erweiterung und Modernisierung den sympathischen, »hölzernen« Charakter bewahrt und auch gepflegt. In die warmgetönten Lärchenschindeln der Außenwände setzen die Fensterläden blau-weiße Farbtupfer – das ferne Saarland läßt freundlich grüßen. Die allgemeine alpine Aufmerksamkeit fast aller Besucher wendet sich nach Süden, zum Großlitzner und zum Großen Seehorn. Der Großlitzner, 3109 Meter, ragt als zierliche, aber stolze Spitze; rechts, getrennt durch das vergletscherte Hochjoch (ca. 3000 m), steht die prächtig aufgerichtete Felspyramide des Großen Seehorns, die mit 3121 Meter Höhe den Großlitzner übertrifft, wesentlich massiger wirkt und somit dominiert (siehe Bild rechts).

Bild oben: Großlitzner (links) und Großes See-horn über dem Litzner Gletscher, das beherr-schende Gipfelpaar der West-Silvretta.

Bild links: Die Saarbrücker Hütte im Kromertal ist die höchstgelegene Silvretta-Hütte.

Die Silvretta markiert mit dem Großen See-horn die westlichste Dreitausenderkote im Zentralalpenkamm. Eine so bedeutende Landmarke möchte wohl jeder Bergsteiger – geübt im Umgang mit Seil, Pickel und Steig-eisen, auch Klettererfahrung ist nötig –, irgendwann einmal erreichen.

Mit Standort 2538 Meter ü. d. Meer ist die Saarbrücker Hütte der höchstgelegene Silvretta-Stützpunkt, nur 600 Höhenmeter trennen uns vom Gipfelkreuz am Großen Seehorn. Im Weg über den Litzner Glet-scher wechseln wir bei der Seelücke

(2772 m) am Ansatz des Seehorn-Nord-westgrates in die Schweiz. Als Grenzattri-bute dienen ein numerierter Steinwürfel und ein dürftiges, hölzernes Wachhäuschen; der Gipfelaufstieg über die Normalroute erfolgt aus der Schweiz. Nach der Seelücke, auf dem Seegletscher, dreht die Route scharf nach links, hinein zu einem steilen, nord-westseitigen Firnhang, mit dem der Seeglet-scher fast den oberen Nordwestgrat, die Gipfelfelsen, erreicht. Je nach den Verhält-nissen mit oder ohne Steigeisen, der Aus-stieg zum Gratfels gelingt am besten aus dem obersten Firnspitz zu einer kleinen Scharte darüber. Im Sommer, bei noch reichlicher Firnauflage, wird es trotz der Steilheit – bis zum Grat etwa 200 Höhenme-ter – kaum Probleme geben, vielleicht aber auf den letzten 100 Metern zum Gipfel. Der Grat legt sich wohl großmütig zurück, aber

die enorme Ausgesetztheit nach beiden Sei-ten erfordert ein sehr sauberes und konzen-triertes Klettern.

Schweizer Bergsteiger standen am 26. Au-gust 1869 als erste auf dem Großen Seehorn. Der Bergname geht (nach W. Flaig) auf den See (2062 m) im südseitigen Seetal und der dortigen See-Alpe zurück – die auf land-schaftliche Merkmale bezogene alpine Na-mensgebung erfolgte fast immer von unten nach oben, in unserem Beispiel vom Tal über Alm und Gletscher zum Gipfel. Tren-nen wir uns vom Großen Seehorn rechtzei-tig und hält der Auftrieb an, können wir sehr gut auch das attraktive, doppelgipfeli-ge Kleine Seehorn in die Tour einbeziehen. Der Seegletscher bereitet einen guten Weg zum Südgipfel, die gesamte Route über den Gletscher und den Nordwestgrat zum höch-sten Punkt können wir voll einsehen.

Tourensteckbrief

Ausgangsort
Saarbrücker Hütte 2538 m.

Die Tour in Stichworten
Saarbrücker Hütte 2538 m – Seelücke 2772 m –
Großes Seehorn 3121 m – Kleines Seehorn
3032 m – Saarbrücker Hütte.

Schwierigkeit/Anforderung
IV = sehr schwierig, Gletscher-/Felstour,
mittlere Anforderung, Tagestour.
Talzugang Saarbrücker Hütte: Entweder vom
Madlener Haus (1986 m) auf markiertem Steig
über Tschifernella (3 Std.) oder vom Parkplatz Obervermunt (1753 m) am Vermunt-
Stausee auf Wirtschaftsweg durch das Kromertal.
Ab Hütte über den sanft ansteigenden Litzner
Gletscher zur sichtbaren Seelücke; dort Übertritt
zum Seegletscher. Auf dem Gletscher scharf nach
links zur verfirnten NW-Flanke, in der Flanke
möglichst direkt in zunehmender Steilheit bis zum
obersten Firnsaum; auf den letzten Metern in einer Felsverschneidung hinauf zum NW-Grat, den

man bei einer kleinen Scharte erreicht. Auf dem
Grat, sehr ausgesetzt, über gestuften und abschüs-
sigen Fels noch etwa 100 Höhenmeter zum Gipfel.
Abstieg wie Aufstieg zurück zum Seegletscher.
Übergang zum Kleinen Seehorn: Quer über den
Seegletscher nach S, mäßig steil zum NW-Grat
des S-Gipfels = Hauptgipfel und über leichten
Fels zum höchsten Punkt.
NW-seitige Firn- und Felsanstiege, nur für erfah-
rene Eis- und Felsgeher, häufig begangen.

Höchste Wegestelle/Gipfel
Seelücke 2772 m, Gr. Seehorn 3121 m, Kl. Seehorn 3032 m.

Aufstiegsleistung
Ab Saarbrücker Hütte 700 Höhenmeter für beide
Gipfel.

Abstieg
Wie Aufstieg; oder von der Seelücke auf Felssteig
zur Kromerlücke 2729 m, von dort Übergang zur
Tübinger Hütte (siehe Tour 58).

Gehzeiten
Saarbrücker Hütte 2538 m – Seelücke 2772 m:

1 Std. – Großes Seehorn 3121 m: 2 Std.; Abstieg
Seegletscher – Kleines Seehorn 3032 m: 1½ Std.
Abstieg Saarbrücker Hütte: 1 Std.
Gesamtgehzeit: 5½ Stunden.

Hütten/Stützpunkte
Saarbrücker Hütte 2538 m, DAV-Sektion Saarbrücken, 87 Betten und Matratzen, Sommerbew.
von Mitte Juni bis Ende Sept.

Karten
Kompass Wanderkarte 1:50 000, Blatt 41, »Silvretta – Ferwallgruppe«; Freytag & Berndt WK
373, 1:50 000, »Silvretta-Hochalpenstraße – Piz
Buin«; Alpenvereinskarte 1:25 000, Blatt 26, »Silvrettagruppe«.

Tip
Für gute Kletterer Übergang zum Großlitzner.

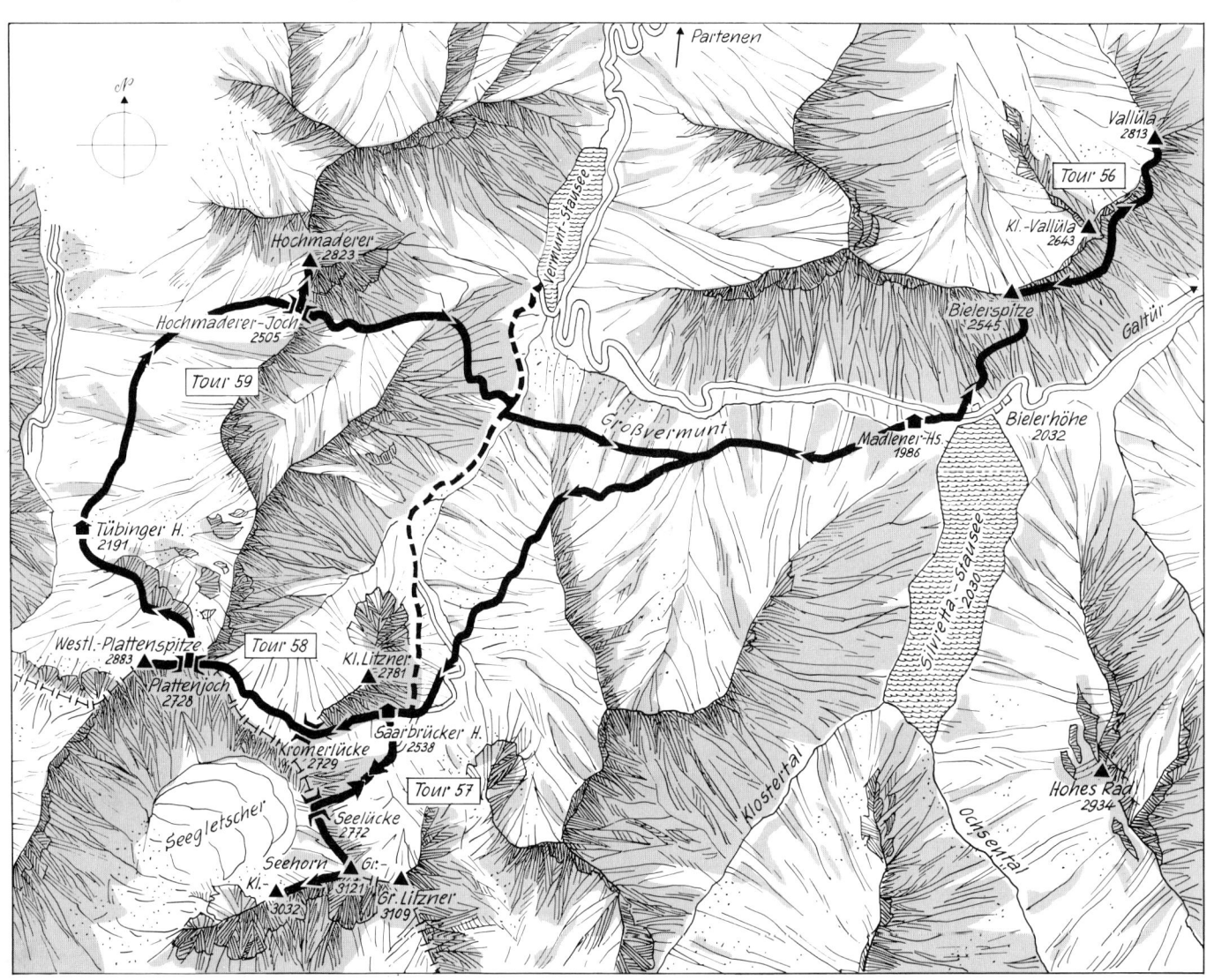

58 Plattenjoch 2728 m Westliche Plattenspitze 2883 m

*Von der Saarbrücker Hütte
zur Tübinger Hütte*

*wenig schwierig
Wandertour*

Der Litzner Gletscher im Nahbereich der Saarbrücker Hütte und der Seegletscher jenseits der Seelücke drüben in der Schweiz schmücken großartig die Silvretta nochmals, bevor dem Haupt- und Grenzkamm in der Spange nach Westen, zum Auslauf am Schlappiner Joch, diese urzeitliche Zierde verlorengeht. Von der Seelücke zum Plattenjoch halten sich nordseitig nur noch drei kleine Firnstuben, das Erlebnis »Bergsteigen in Eis und Urgestein« klingt im Zuge unserer Silvretta-Durchquerung zwischen Saarbrücker und Tübinger Hütte aus. Im Weg von Hütte zu Hütte begehen wir die Kammhöhe: von der Kromerlücke (2729 m) über die Schweizer Lücke (2744 m) zum Plattenjoch (2728 m). Zum Abschluß also ein Alpenvereinsweg auf »hoher Route«, direkt auf dem Haupt- und Grenzkamm.
Die »Lücken« lenken die Übergänge. Stehen wir nach dem steilen Aufstieg ab Saarbrücker Hütte oben an der Kromerlücke, öffnet diese Lücke die Tür zur Firnstube des Kromergletschers. Die nächste, jedoch unbenannte Scharte leitet in den Schweizer Gletscher, den wir an der Schweizer Lücke im kurzen Grenzübertritt verlassen, auf einem Felsensteig zum sichtbaren Plattenjoch queren und dort wieder auf der Grenze stehen. Das Plattenjoch sowie die 2883 Meter hohe Westliche Plattenspitze darüber sind bei Silvretta-Kennern der Aussicht wegen ein Begriff: Das Joch verabschiedet uns vom Seegletscher, vom Großen und Kleinen Seehorn und vom Großlitzner (siehe Bild). Die Plattenspitze, die wir auf einem Steig ohne Schwierigkeiten erreichen, krönt die Tour mit einer fantastischen Aussicht nach Südwesten bis hin zur Bernina!

Rast am Plattenjoch, im Übergang von der Saarbrücker Hütte zur Tübinger Hütte. Links Großlitzner und Großes Seehorn, rechts Kleines Seehorn (Hauptgipfel rechts); darunter der schweizerische Seegletscher.

Tourensteckbrief

Ausgangsort
Saarbrücker Hütte 2538 m.

Die Tour in Stichworten
Saarbrücker Hütte 2538 m – Kromerlücke 2729 m – Schweizer Lücke 2744 m – Plattenjoch 2728 m – Westl. Plattenspitze 2883 m – Tübinger Hütte 2191 m.

Schwierigkeit/Anforderung
I = wenig schwierig, Wandertour,
mäßige Anforderung, Halbtagstour.
Talzugang Saarbrücker Hütte siehe Tour 57.
Ab Hütte auf Steig steil höher zur Kromerlücke, Übertritt zum Kromergletscher, fast waagrecht zu einer sichtbaren Scharte (unbenannt), über den anschließenden Schweizer Gletscher zur Schweizer Lücke und auf S-seitigem Felssteig zum nahen Plattenjoch. Ab Joch auf Steig zur Westl. Plattenspitze, zurück zum Joch und nach Schild »Tübinger Hütte« über den Plattengletscher zu aperem Gelände, dort Steig zur Hütte.
N-seitiger Routenverlauf, markiert.

Höchste Wegestelle/Gipfel
Kromerlücke 2729 m, Schweizer Lücke 2744 m, Plattenjoch 2728 m, Westl. Plattenspitze 2883 m.

Aufstiegsleistung
Ab Saarbrücker Hütte 400 Höhenmeter.

Abstieg
Siehe Routenverlauf.

Gehzeiten
Saarbrücker Hütte 2538 m – Kromerlücke 2729 m – Schweizer Lücke 2744 m – Plattenjoch 2728 m: 1$^{1}/_{2}$ Std. – Westl. Plattenspitze 2883 m und zurück: $^{1}/_{2}$ Std. – Tübinger Hütte 2191 m: 1 Std.
Gesamtgehzeit: 3 Stunden.

Hütten/Stützpunkte
Saarbrücker Hütte 2538 m, siehe Tour 57.
Tübinger Hütte 2191 m, siehe Tour 59.

Karten
Siehe Tour 57.

West-Silvretta

59 Tübinger Hütte 2191 m Hochmaderer Joch 2505 m Hochmaderer 2823 m

*Von der Tübinger Hütte
zur Bielerhöhe*

*wenig schwierig
Wandertour*

Im Ausblick von der Westlichen Plattenspitze sehen wir die Tübinger Hütte 700 Meter tiefer im Norden, im obersten Becken des Garneratales. Vom Plattenjoch, im Bergab durch den Firnkessel des Plattengletschers, betreten wir eine Stunde später die Hüttenterrasse.

Die Tübinger Hütte macht einen fast neuen Eindruck, den alten Baukörper aus der Gründerzeit vom Jahre 1908 hat eine großzügige Erweiterung und Modernisierung zwischen 1978 und 1980 stark zurückgedrängt. Das Gelände rundum ist offen, trotzdem aber lawinengefährdet, und so hat das Haus kein Stockwerk, ist mehr in die Breite gebaut und von einem ungewöhnlich ausladenden, tief herabgezogenen Dach zur Bergseite hin geschützt. Zum Tal steht die Tübinger Hütte am Rande des Hochkessels unter dem Plattenjoch, zum Garneratal stürzt das Gelände über etwa 300 Höhenmeter zum »Hohlen Stein« (1890 m) im Talgrund ab. Der Fußmarsch herauf von Gaschurn im Montafon verlangt also die Bewältigung eines »Hüttenschinders« zum endlichen Ziel.

Die Gäste kommen jedoch nicht nur aus dem Garneratal. Im Zentralalpenweg zwischen Bielerhöhe und Gargellen ist die Tübinger Hütte ebenso wie die Saarbrücker Hütte ein wichtiger Stützpunkt, den kaum jemand überschlagen wird, zu anspruchsvoll dehnen sich Entfernungen und Höhendifferenzen. Unsere Tour kann, wenn wir nur von Hütte zu Hütte wandern, in zwei Tagen wieder am Madlener Haus auf Großvermunt eintreffen. Nachdem wir von der Saarbrücker Hütte herüber in 3 Stunden die

Tübinger Hütte erreichen, haben wir einen noch langen Tag vor uns. Ist er zudem auch schön, so sollten wir diese Gunst nützen, nach ausreichender Rast den Rucksack schultern und dem Schild folgen, das den Weg zum Hochmaderer Joch anzeigt. Diese Lücke im Valgraggeskamm öffnet die Tür nach Großvermunt, nach 2 Stunden legen wir am Joch die nächste Pause ein.

Der Nachmittag ist für das Hochmaderer Joch die richtige Zeit. Die Sonne beleuchtet seitlich und aus unserer Sicht sehr günstig den östlichen Bergraum: Großvermunt und Bielerhöhe, die Schleifen der Silvretta-Hochalpenstraße aus dem Montafon hinauf zum Silvretta-Stausee – der Wasserspiegel glänzt türkisfarben –, darüber die Gipfel der Ost-Silvretta mit dem beherrschenden Fluchthorn. Vom Hochmaderer Joch, aus der Höhe von 2505 Meter, bestaunen wir ein erstklassiges »Silvretta-Luftbild«, das nur der Hochmaderer selbst übertreffen kann.

Das Joch, eingeschnitten am Fuß der Südflanke, ist das Sprungbrett zum Gipfel. Der

Bild oben: Die Tübinger Hütte hoch oben im Garneratal; darüber der Grenzkamm zur Schweiz.

Bild rechts: Im Abstieg vom Hochmaderer Joch, rechts im Bild, hinab nach Großvermunt; links die Valgraggesspitzen.

»Gunserweg«, ein Alpenvereinsweg, erschließt die Südflanke, 300 Höhenmeter durch Grashänge und über Schrofen; ein geübter Bergwanderer wird keine Schwierigkeiten haben. Walther Flaig schreibt: »Der mit Recht berühmte, leicht ersteigliche Aussichtsberg ist zugleich einer der gewaltigsten Urgesteinsklötze der Silvretta und das Schaustück von Obervermunt und der Silvretta-Straße.«

Diesen vielgerühmten und begehrten Aussichtsgipfel dürfen wir, nachdem wir ihm so nahe sind, nicht ignorieren. Zum Abschluß brauchen wir einen Punkt, der uns zurückschauen läßt zu den großen Stationen unserer Silvretta-Tour, und diesen Wunsch erfüllt der Hochmaderer.

Tourensteckbrief

Ausgangsort
Tübinger Hütte 2191 m.

Die Tour in Stichworten
Tübinger Hütte 2191 m – Hochmaderer Joch 2505 m – Hochmaderer 2823 m – Hochmaderer Joch – Madlener Haus 1986 m auf der Bielerhöhe.

Schwierigkeit/Anforderung
I = wenig schwierig, Wandertour, mittlere Anforderung, Tagestour.
Talzugang Tübinger Hütte: Von Gaschurn 979 m im Montafon durch das Garneratal, Wirtschaftsweg und Steig, 4 Std.
Ab Hütte nach Schild »Hochmaderer Joch – Vermunt-Stausee« auf Steig in mäßig steilem Aufstieg zum Joch. Vom Joch auf dem »Gunserweg« über Schrofengelände in Kehren steil höher zu einer Bergschulter und über ein Schotterfeld und Blockwerk zum Hochmaderer.

Abstieg: zurück zum Joch, nach Schild »Madlener Haus« (in Sicht) hinab in das Kromertal zum Wirtschaftsweg der Saarbrücker Hütte. Auf dem Sträßchen wenig aufwärts zur markierten Abzweigung (ca. 1900 m), zum Madlener Haus über hügeliges Weidegelände, teils schwacher Steig, oder direkt hinab zum Parkplatz am Vermunt-Stausee (Bushaltestelle).
W- und O-seitige Wanderroute, markiert, viel begangen.

Höchste Wegestelle/Gipfel
Hochmaderer Joch 2505 m, Hochmaderer 2823 m.

Aufstiegsleistung
Ab Tübinger Hütte 700 Höhenmeter.

Abstieg
Siehe Routenverlauf.
Talabstieg durch das Garneratal nach Gaschurn (979 m) im Montafon, 3 Stunden.

Gehzeiten
Tübinger Hütte 2191 m – Hochmaderer Joch 2505 m: $1^1/_2$ Std. – Hochmaderer 2823 m und zurück: $1^1/_2$ Std.; Abstieg: zum Madlener Haus 1986 m: $2^1/_2$ Std., zum Parkplatz Vermunt-Stausee 1753 m: $1^1/_2$ Std.
Gesamtgehzeit: $5^1/_2$ ($4^1/_2$) Stunden.

Hütten/Stützpunkte
Tübinger Hütte 2191 m, DAV-Sektion Tübingen, 140 Betten und Matratzen, bew. von Anfang Juli bis Ende Sept.
Madlener Haus 1986 m, DAV-Sektion Wiesbaden, 90 Betten und Matratzen, Sommerbew. von Anfang Juni bis Ende Okt.

Karten
Kompass Wanderkarte 1:50000, Blatt 41, »Silvretta – Ferwallgruppe«; Freytag & Berndt WK 373, 1:50000, »Silvretta-Hochalpenstraße – Piz Buin«; Alpenvereinskarte 1:25000, Blatt 26, »Silvrettagruppe«.

60 Gorfenspitze 2558 m

1000 Meter über Galtür

mäßig schwierig
Wander-/Felstour

Tourensteckbrief

Ausgangsort
Galtür 1584 m im Paznauntal.

Die Tour in Stichworten
Galtür 1584 m – Gorfenspitze 2558 m.

Schwierigkeit/Anforderung
II = mäßig schwierig, Wander-/Felstour,
mittlere Anforderung, Tagestour.
Parken in Galtür: großer Parkplatz am Hallenbad, Sportzentrum. Vom Parkplatz zum Ortsteil westl. des Jambaches, dort zum Almsträßchen ins Jamtal. Wo das Sträßchen den Bach berührt, beginnt an einer Steinmauer der Steig zur Gorfenspitze.
Vorbei an mehreren Rastbänken durch den schmalen Waldgürtel, in der Strauch- und Buschzone höher, bis der Steig scharf nach links hinaus in freie, offene Alpweiden schwenkt. Bei einer verfallenen Schäferhütte (ca. 2000 m) weiterhin steil höher, in einer langgezogenen Diagonale zum Rand eines tiefen Grabens – Achtung, sehr ausgesetzt! –; am Rand höher, am oberen Auslauf des Grabens zu Schrofengelände und über eine Hochterrasse hinauf zu einem Wiesensattel (ca. 2430 m). Der Schlußanstieg ist einzusehen: aus dem Sattel sehr steiler, fast direkter Aufstieg nach ausgetretenen Steigspuren über Fels- und Grasstreifen zum Gipfel. Der Zugang zum Kreuz ist heikel, mit dünnem Drahtseil nur schwach gesichert.
SO-seitiger Routenverlauf, markiert, nur für ausdauernde, trittsichere Bergwanderer.

Höchste Wegestelle/Gipfel
Gorfenspitze 2558 m.

Aufstiegsleistung
Ab Galtür 1000 Höhenmeter.

Abstieg
Wie Aufstieg.

Gehzeiten
Galtür 1584 m – Gorfenspitze 2558 m: 3 Std.; Abstieg: 2 Std.
Gesamtgehzeit: 5 Stunden.

Hütten/Stützpunkte
Keine.

Karten Siehe Tour 61.

Die Ursprünge von Galtür (1584 m) finden wir am Anfang des 14. Jahrhunderts. Walser und Alemannen zogen von Süden und Westen auf Landsuche herüber ins Paznaun und gründeten Galtür, verstreut auf Einzelhöfe im ebenen Talbecken, in einer ersten Urkunde »Cultaur« genannt. Die wirtschaftlichen und kirchlichen Kontakte blieben im Süden verankert und liefen durch Jahrhunderte fast ausschließlich über den Hauptkamm wieder zurück ins Engadin. Nach Osten, zum Inntal bei Landeck, war das Paznaun durch die unwegsame Mündungsschlucht der Trisanna fast abgeriegelt. Drei Gipfel vor allem bieten nach Galtür und zum gesamten oberen Talkessel einen aufschlußreichen, großartigen Tiefblick: die Fädnerspitze im Nordwesten (siehe Tour 70), der Predigberg im Südosten (siehe Tour 61) und die Gorfenspitze im Süden, Galtür am nächsten. Der »Prediger« und der »Gorfen« gelten als Galtürer Hausberge, von dort erhalten sie auch ihre »Kundschaft«.
Der Große Vermuntkamm ist Galtür gegenüber wenig zimperlich und schiebt als Eckgipfel die Gorfenspitze fast bis hinein zum Dorfplatz. Bei den Einheimischen macht sich der Gorfen damit wenig Freunde, zu lange verdeckt er im Winter die Sonne und droht zudem mit Lawinen. Aus den Wiesengründen um Galtür sehen wir den Berg als in der Basis breite, nach oben scharf zugespitzte Pyramide: 1000 Höhenmeter auf sehr kurze Entfernung zum Gipfel! Der Aufstieg beginnt direkt in Galtür, ist unnachsichtlich steil, im Schlußspurt sogar sehr steil – die Gorfenspitze ist somit kein Schmankerl für Gelegenheitswanderer, wohl aber ein lohnendes Ziel für den ausdauernden, trittsicheren Berggeher.
Nach dem Wald- und Strauchgürtel treten wir nach einer Stunde Gehzeit und 400 Meter über Galtür bei einer Hangkanzel hinaus in die freie, grasige Nordostflanke. Begierig, die Tour zu vollenden, brauchen wir vielleicht auch bei einem Unterstandshüttchen noch keine Rast und gehen weiter bis zu dem Wiesensattel (ca. 2430 m) am Ansatz der Südflanke. Diese schrofige, mit Erde durchsetzte Felsflanke ist bei Nässe tückisch, also Vorsicht besonders beim Abstieg. Die Berghöhe – 2558 Meter – erreichen wir knapp vor dem Gipfelkreuz, die kleine Mutprobe – zwei sehr ausgesetzte, nur mit einem dünnen Drahtseil gesicherte Schritte über einen Felsspalt zum Kreuz – muß nicht unbedingt sein.

Eine weitgestreckte Wiesenebene, darin die Trisanna, schenkt dem Paznaun einen freundlichen Talschluß.
Galtür hat Platz genug, sich auszubreiten, die Gorfenspitze dahinter wendet die sehr steile Aufstiegsseite zum Talort.

Mittel-Silvretta

61 Predigberg 2645 m

*Silvretta-Vorposten
zum Paznauntal*

**wenig schwierig
Wandertour**

Tourensteckbrief

Ausgangsort
Galtür 1584 m im Paznauntal.

Die Tour in Stichworten
Galtür 1584 m – Predigberg 2645 m.

Schwierigkeit/Anforderung
I = wenig schwierig, Wandertour,
mäßige Anforderung, Tagestour.
Parken in Galtür: großer Parkplatz am Hallenbad, Sportzentrum.
Ab Parkplatz nach Schild »Predigberg« auf markiertem Steig zum Bergwald, steil höher zur Baumgrenze (ca. 2000 m) und durch einen schmalen Strauchgürtel hinaus in freies Alpgelände. Der Steig zieht nach rechts, quert ein Blockkar, umrundet einen Felsriegel, erreicht über die grasige Südseite die Höhe des Rückens, der zum Schluß sehr steil zum Gipfelkamm aufschließt. Auf dem Grat über Blockwerk zum Gipfelkreuz.
W-seitiger Routenverlauf, markiert, häufig begangen.

Höchste Wegstelle/Gipfel
Predigberg 2645 m.

Aufstiegsleistung
Ab Galtür 1100 Höhenmeter.

Abstieg Wie Aufstieg.

Gehzeiten
Galtür 1584 m – Predigberg 2645 m: 3$^1/_2$ Std.
Abstieg: 2$^1/_2$ Std.
Gesamtgehzeit: 6 Stunden.

Hütten/Stützpunkte
Keine.

Karten
Kompass Wanderkarte 1:50000, Blatt 41, »Silvretta – Ferwallgruppe«; Freytag & Berndt WK 373, 1:50000, »Silvretta-Hochalpenstraße – Piz Buin«; Alpenvereinskarte 1:25000, Blatt 26, »Silvrettagruppe«.

Der weite Galtürer Wiesengrund. Nach Galtür mündet das Jamtal; darüber der Predigberg mit der Westflanke. Im Aufstieg durch den Bergwald in die baumlosen Hochweiden darüber erreichen wir über den mittleren Gratsporn das Gipfelkreuz.

Die Gorfenspitze und der Predigberg stehen sich – getrennt durch das Jamtal – gegenüber, der eine im Westen, der andere im Osten; zu ihren Füßen mündet das Jamtal zum Paznauntal. Auch der Predigberg ist wie die Gorfenspitze ein Vorposten: Im Jamtalkamm herab von der Schnapfenspitze nahe dem Fluchthorn markiert der Prediger den nördlichsten Punkt. Zum Talort hält der Predigberg im Vergleich zur Gorfenspitze etwas mehr Distanz. Galtür ist darüber gewiß sehr froh, mit dem Schatten von der Gorfenspitze hat es den Winter über Kummer genug. Diese Distanz kommt auch dem Wanderer zugute. Die nordwestseitige Bergflanke gleitet wohl bis an den Ortsrand, aber der Berg legt sich zurück, die Höhendifferenz ist zwar erheblich, doch das Gelände neigt sich dem Wanderer freundlicher zu als bei der Gorfenspitze – Galtürer Sommergäste bevorzugen den Prediger.
Der frühe Vormittag versteckt die Sonne hinter unserem Bergziel, während die benachbarte ostseitige Aufstiegsroute zur Gorfenspitze im ersten Licht badet. In der Morgenkühle überwinden wir zügig den Waldgürtel hinauf zur Baumgrenze in 2000 Meter Höhe und das anschließende Strauchgehölz zu den freien Alpweiden dar-

über. Nichts hindert den Ausblick ins Tal. Aus der Vogelperspektive betrachten wir Innerpaznaun, erfreuen uns an der Harmonie von Tal und Berg, hinein zur Silvretta bewundern wir den Firnenglanz am Jamtalferner und grüßen auch nach Nordwesten, hinüber zur Fädnerspitze, dem Aussichtsberg am Zeinisjoch – der allerletzten Tour in unserem Buch.
Beim Aufstieg durch die mit dichtem Bodenwuchs bedeckten Alphänge rückt das Gipfelkreuz ins Blickfeld, der Prediger bekommt alpine Merkmale. Der Steig durchläuft eine Mulde mit grobem Blockwerk, umrundet den Auslauf eines Felsriegels, schneidet die grasige Südseite dieses Riegels hinauf zu seinem Rücken und schwenkt ein zum Grat darüber, zum Gipfelkamm. Der blockige, aber leichte Gratfels verlangt noch ein geringes Auf und Ab in kurzem Weg, nach wenigen Minuten stehen wir an einem einfachen Holzkreuz, 2645 Meter ü. d. Meer.
Vom Predigberg erwarten wir neben dem aufschlußreichen Blick zum inneren Paznaun vor allem eine informative Schau nach Norden, zum Ferwall, zur Einstimmung auf die Touren 62 bis 70. Bei klarer Luft sehen wir das Ferwall vom Patteriol bis zum Hohen Riffler.

Ferwall

Fahren wir von Landeck in das Paznauntal, können wir noch im Tal entscheiden, wohin wir wollen: ins Samnaun, zur Silvretta oder zum Ferwall. Die Schattseite, die Waldhänge und Hochtäler zur Linken, gehören ab Ischgl zur Silvretta, die Sonnseite, die offenen, steilen und besiedelten Hanglagen zur Rechten ab Taleingang zum Ferwall. Diese Geographie ist gültig über Galtür und Zeinisjoch hinab in das Montafon zum Tal der Ill, der Fluß trägt die Grenze, nun zwischen Rätikon und Ferwall, hinaus nach Bludenz in Vorarlberg. Die große Gerade, die Arlberglinie Bludenz – Klostertal – Arlberg – Stanzer Tal zur Vereinigung von Rosanna und Trisanna bei Landeck – Luftlinie 50 Kilometer – vollzieht die Nordgrenze zu den Lechtaler Alpen. Die Täler bilden ein flaches Dreieck, das am Zeinisjoch mit der Spitze auf dem Kopf steht. Geologisch ist das Ferwall eine Gruppe der Zentralalpen, verwandt mit der Silvretta und wie sie in der Hauptsache aufgebaut von Gneisen und Hornblendegestein, eine Bergwelt also mit schroffen, steilen Felsgipfeln.

Im Blick auf eine Wanderkarte 1 : 50 000 – es gibt keine Alpenvereinskarte – erkennen wir im Ferwall keinen dominierenden Hauptkamm. Der Alpenvereinsführer »Ferwallgruppe« gliedert das Gebirge in eine westliche und östliche Gruppe: Das Ferwalltal von St. Anton hinein zur Talweitung bei der Konstanzer Hütte, in Fortsetzung das Schönferwalltal zur Neuen Heilbronner Hütte und das Tal des Verbella-

baches über die Verbella-Alm zum Zeinisjoch teilen das Ferwall in zwei etwa gleich große Gebiete. Die maßgebende alpintouristische Bedeutung liegt im östlichen Raum, zum Winkel im Zusammenfluß von Rosanna und Trisanna. Dort ragen die Berge am höchsten und steilsten und besitzen noch kleine Gletscher, ein fast notwendiges Attribut für die Zugehörigkeit zu den Zentralalpen.

Dieses Tourenbuch beschränkt sich auf das östliche Ferwall. Unsere Ferwall-Touren beginnen im Süden, aus dem Paznauntal, obwohl die Nordtäler, das Ferwalltal, das Moostal und das Malfontal von St. Anton (1286 m) und Pettneu (1222 m) a. Arlberg große Eingangspforten öffnen. Wichtige Hütten, die Höhenwege von Hütte zu Hütte erreichen wir von Paznaun schneller und einfacher als vom Arlberg. Das interessante, aber anspruchsvoll gesponnene Höhenwegenetz zwischen der Edmund-Graf-Hütte im Osten und der Heilbronner Hütte im Westen ist der stärkste touristische Anreiz, und darauf stellen sich die folgenden Tourenvorschläge ein.

Großes Bild: Am Kuchenjöchl im Übergang von der Darmstädter Hütte zur Konstanzer Hütte überrascht das Ferwall mit diesem eindrucksvollen Bergbild: die Ostflanke des Patteriol und der noch vergletscherte Fasulkamm im Zug nach Süden, zum Muttenjoch.

Kleines Bild: Die Kieler Wetterhütte.

Bild unten: Die Edmund-Graf-Hütte.

62 Dias-Alpe 1863 m Edmund-Graf-Hütte 2408 m Hoher Riffler 3166 m

Hauptgipfel im östlichen Ferwall

*wenig schwierig
Wandertour*

Die herrlichsten und fruchtbarsten Almen des östlichen Ferwall, die Seßlad-, Dias- und Durrich-Alpe, grünen und blühen auf südseitigen Hochterrassen über der Waldgrenze, 1000 Meter über dem Paznauner Talort Kappl (1256 m). Weite, baumlose Hanglagen, gefaltet von Bachfurchen und gewellt von glatten Wiesen, dehnen sich zum Bergkamm darüber, die Kreuzjochspitze (2919 m, siehe Tour 64) ist dort der westlichste und die Kappler Jochspitze (2843 m, siehe Tour 63) der östlichste Punkt. Im Hüttendorf der Dias-Alpe nistet Almenromantik, die enge Verschachtelung der hölzernen kleinen Hütten läßt uns den Rhythmus des Almlebens von anno dazumal ahnen. Der gleichnamige Gasthof eignet sich als Ausgangsort und auch zur guten Bleibe bei der Rückkehr, als Zwischenstützpunkt im Weg hinüber zur Niederelbehütte. Die Verbindung herauf von Kappl besorgen eine Alm- und Forststraße und eine mo-

derne Gondelumlaufbahn zur Bergstation (1830 m) wenig unterhalb des Gasthauses. Über taufrische Wiesen fädeln wir ein in den Kieler Weg herüber von der Niederelbehütte, im obersten Zipfel der Dias-Alpe legt der Steig steile Kehren hinauf zur Schmalzgrubenscharte. Dort verknüpft sich der Kieler Weg mit dem Rifflerweg, der, im Blickkontakt zum Hohen Riffler (siehe Bild rechts), in steilem Bergab die Edmund-Graf-Hütte ansteuert.

Edmund-Graf-Hütte – Hoher Riffler

Die Grafhütte (2408 m, siehe Bild Seite 139), erbaut 1885 und 1972/73 mit einem angeschlossenen Neubau beträchtlich erweitert und modernisiert, steht in sehr günstiger Position – nur knapp 800 Höhenmeter zum Gipfel.

Der Hohe Riffler ist zwar nur der zweithöchste, trotzdem aber der bekannteste Gipfel im Ferwall. Mit diesem Berg zeigt das Ferwall eine sehr gute und unverwechselbare Visitenkarte hinaus nach Landeck im Inntal und hinab zur Arlbergstraße und -Bahn. Deutlich und weithin sichtbar deshalb, weil zwei prächtige Gipfelfirne, der Flirscher Ferner nach Osten und der Pettneuer Ferner nach Norden, dem Hohen Riffler das Ansehen eines großen Ostalpenberges verleihen. Den Hohen Riffler zu besteigen, ist für tüchtige Bergwanderer fast eine Pflichtaufgabe, daher der stete Zustrom zur Grafhütte, meist von Pettneu (1222 m) im Stanzer Tal.

Der Aufstieg ist nicht schwierig, aber mühsam. Wer jedoch das westseitige, steile Schotterkar – oft bis weit in den Sommer mit Schnee gefüllt – zwischen Kleinem Riffler (3014 m) und Blankahorn (3129 m) hinauf zu einem lockenden Firnsattel (ca. 3000 m) hinter sich hat, darf aufatmen; ein leichter Felsensteig verbindet den Sattel mit dem 3166 Meter hohen Riffler-Südgipfel. Das Bergkreuz schmückt den 2 Meter höheren, einen Steinwurf entfernten und nur auf einer Kletterroute im Abstieg zu einer Scharte zugänglichen Nordgipfel.

Auch im Ferwall holte sich der schon von den Ötztaler Alpen und der Silvretta gut bekannte »Alpenreisende« Josef Anton Specht alpine Meriten. Mit Franz Pöll aus Mathon glückte ihm im Jahre 1864 die Erstlingstour zum Hohen Riffler, zur Südspitze.

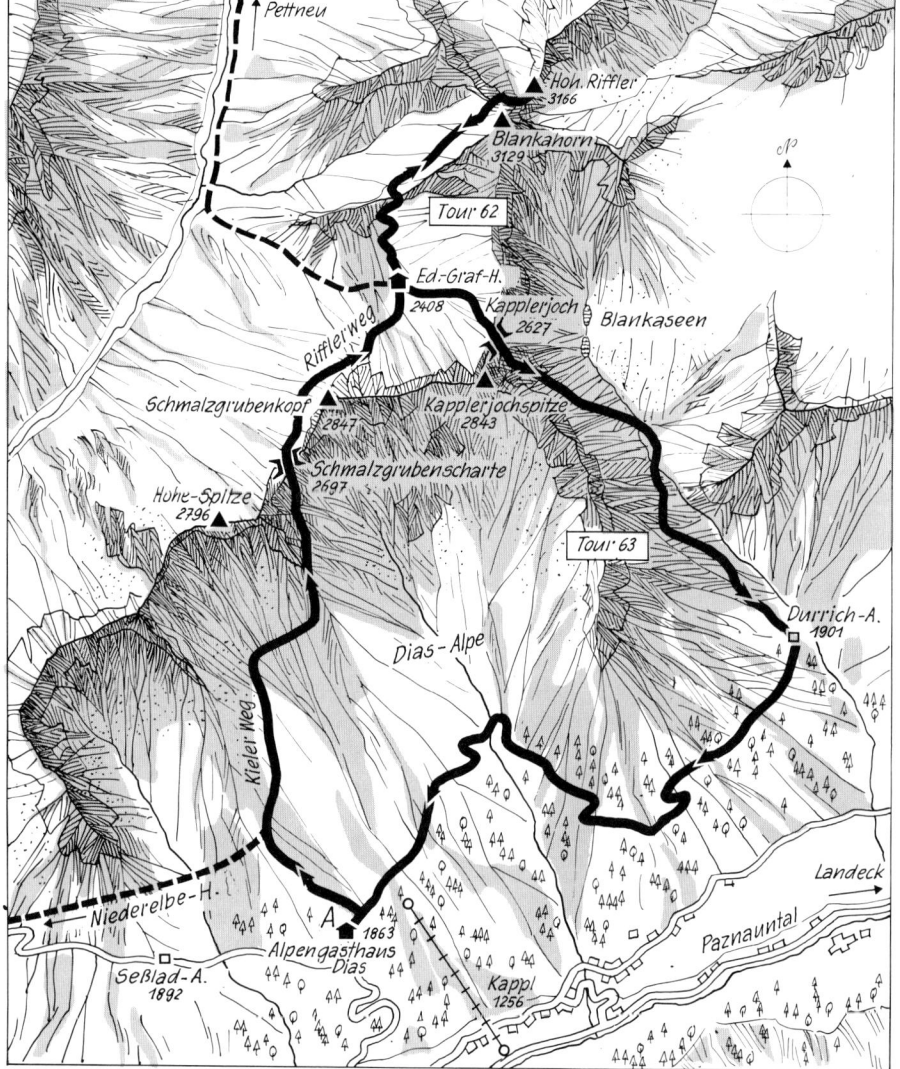

Bild rechts: Steinwanne am Riffler-Weg, gefüllt mit klarem Bergwasser. Darüber das Blankahorn, knapp dahinter der Hohe Riffler, links der Kleine Riffler mit dem hohen Sattel, den wir im Aufstieg von der Grafhütte zum Hohen Riffler durch das schattige Steilkar erreichen müssen.

Tourensteckbrief

Ausgangsort
Kappl 1256 m i. Paznauntal.

Die Tour in Stichworten
Kappl 1256 m, Talstation Dias-Seilbahn 1180 m – Bergstation 1830 m – Alpengasthaus Dias 1863 m – Kieler Weg – Schmalzgrubenscharte 2697 m – Rifflerweg – Edmund-Graf-Hütte 2408 m – Hoher Riffler (S-Gipfel) 3166 m – Grafhütte.

Schwierigkeit/Anforderung
I = wenig schwierig, Wandertour, große Anforderung, Tagestour
Von Kappl mit der Dias-Seilbahn zur Bergstation wenig unterhalb vom Alpengasthaus Dias. Ab Gasthaus markierter Zugang zum Kieler Weg, den man bei etwa 2450 m erreicht. Der Kieler Weg kommt von der Niederelbehütte und quert die Dias-Alpe zur Schmalzgrubenscharte und

trifft dort den Rifflerweg. Ab Scharte, nun auf dem Rifflerweg, N-seitig hinab zur Schmalzgrube und See, bei einem großen Steinmann Grafhütte in Sicht, steil abwärts zur Hütte.
S- und N-seitige Wanderroute, markiert, viel begangen.

Hoher Riffler: Ab Grafhütte auf Steig zu einem begrünten Felsriegel herab vom Blankahorn. Von diesem Rücken in das W-seitige Kar zwischen Blankahorn und Kl. Riffler und über Fels, Schotter, teils erdiger Steig steil höher zu dem sichtbaren Felssattel ca. 3000 m zwischen Gr. und Kl. Riffler. (Oft bis weit in den Sommer noch Schnee, Pickel ratsam.) Am Sattel – meist Schneefirst – nach rechts und auf einem leichten Felsensteig zum Gipfel. Abstieg wie Anstieg.
SW-seitiger Routenverlauf, markiert, viel begangen.

Höchste Wegestelle/Gipfel
Schmalzgrubenscharte 2697 m, Hoher Riffler (S-Gipfel) 3166 m.

Aufstiegsleistung
Ab Bergstation Dias-Seilbahn 1700 Höhenmeter, ab Edmund-Graf-Hütte 800 Höhenmeter.

Abstieg   Siehe Routenverlauf.

Gehzeiten
Bergstation Dias-Seilbahn 1830 m – Schmalzgrubenscharte 2697 m: 3 Std. – Grafhütte 2408 m: 1 Std. – Hoher Riffler 3166 m: $2^1/_2$ Std.; Abstieg Grafhütte: $1^1/_2$ Std.
Gesamtgehzeit: 8 Stunden ab Dias-Bergstation.

Hütten/Stützpunkte
Alpengasthaus Dias 1863 m, privat, Sommerbew. Ende Juni bis Anfang Oktober. (Für Hausgäste Zufahrt auf Bergstraße erlaubt.)
Edmund-Graf-Hütte 2408 m, ÖAV-Sektion Touristenclub Innsbruck, 100 Betten und Matratzen, bew. von Ende Juni bis Ende Sept.

Karten
Siehe Tour 63.

Ferwall

63 Kappler Jochspitze 2843 m Durrich-Alpe 1901 m

Naturidyll südseits des Hohen Riffler

wenig schwierig Wandertour

Vom Hohen Riffler (3166 m) begutachten wir unseren Standort und die Bergwelt im Umkreis: In der zu einem flachen Dreieck ausgebreiteten Ferwall-Gruppe mit den Spitzen in West, Ost und Süd (siehe Seite 139) stehen wir auf einer hervorragenden Position im Ostwinkel, weithin überblicken wir das Ferwall, die Lechtaler Alpen, das Samnaun und die Silvretta. Der Nahblick nach Süden fällt hinab zu einem Kessel, den das Blankahorn (3129 m) und die Blankaspitze (2887 m) rahmen und in dessen Felsengrund zwei wunderliche, dunkle Wasseraugen, die Blankaseen, blinken. Ihrem Schoß entspringt der Blankabach, sein quirliges Naß hüpft hinunter zur Durrich-Alpe. Die Schönheit dieser abgeschiedenen, stillen Hochalmenwelt wirkt bis herauf zu uns: Besser als im Abstieg zu den Blankaseen und über die Durrich-Alpe zurück nach Dias können wir unsere Zwei-Tage-Tour durch das östliche Ferwall nicht runden.

Im Weg von der Grafhütte hinüber zu den Blankaseen müssen wir zuerst hinauf zum Kappler Joch (2672 m) und können dort den Abschied vom Bergraum des Hohen Riffler noch verschönen, wenn wir uns den kurzen Abstecher zur Kappler Jochspitze (2843 m) gönnen. Aus der Vogelschau erfreuen uns die beiden durch eine Steinschwelle getrennten Blankaseen, nach dem steilen Bergab vom Kappler Joch berühren wir in etwa 2400 Meter Höhe den unteren See. Der Blankabach eilt voraus, auf der drüberen Bachseite legen schnittreife Hochmäder prächtige Almwiesen aus; darin geduckte, winzige Hütten, früher einmal Schlafhütten für die Talbauern, die wochenlang auf der Alm wohnten. Dieses Leben ist Vergangenheit, bezeugt vom verlassenen Hüttendorf der Durrich-Alpe (siehe Bild).

Tourensteckbrief

Ausgangsort
Edmund-Graf-Hütte 2408 m.

Die Tour in Stichworten
Edmund-Graf-Hütte 2408 m – Kappler Joch 2672 m – Kappler Jochspitze 2843 m – Kappler Joch – Durrich-Alpe 1901 m – Alpengasthaus Dias 1863 m.

Schwierigkeit/Anforderung
I = wenig schwierig, Wandertour, mäßige Anforderung, Tagestour.
Talzugang Edmund-Graf-Hütte: Von Pettneu 1222 m an der Arlbergstraße auf Wirtschaftsweg zur Hint. Malfon-Alm (1825 m), von dort auf Steig zur Hütte, 3½ Std.
Ab Grafhütte auf Steig steil hinauf zum sichtbaren Kappler Joch.
Kappler Jochspitze: Aus dem Joch nach Steigspuren über den N-Grat, Schotter und leichter Fels, zum Gipfel; auf gleicher Route zurück zum Joch. Ab Joch steil abwärts zu den Blankaseen und entlang des Blankabaches auf bequemem Steig zur Durrich-Alpe (Almdorf). Wenig unterhalb der Almhütten mündet der Almweg in eine Forststraße. Nach Wegweisung »Kappl« hinab zur Abzweigung nach rechts, »Dias-Alpe«, und teils auf Forststraße und Almwegen zum Gasthaus Dias. S-seitiger Routenverlauf, markiert, häufig begangen.

Im Weg von der Grafhütte über das Kappler Joch zurück nach Dias überrascht uns nach dem Naturidyll der Blankaseen dieses noch gut erhaltene, urtümliche Hüttennest der Durrich-Alpe.

Höchste Wegestelle/Gipfel
Kappler Joch 2672 m, Kappler Jochspitze 2843 m.

Aufstiegsleistung
Ab Grafhütte 400 Höhenmeter.

Abstieg
Siehe Routenverlauf.

Gehzeiten
Edmund-Graf-Hütte 2408 m – Kappler Joch 2672 m: 1 Std.; Kappler Jochspitze 2843 m und zurück: 1 Std.; Kappler Joch – Durrich-Alpe 1901 m – Alpengasthaus Dias 1863 m: 3½ Std. Gesamtgehzeit: 5½ Stunden.

Hütten/Stützpunkte
Edmund-Graf-Hütte 2408 m, siehe Tour 62.
Alpengasthaus Dias 1863 m, siehe Tour 62.

Karten
Kompass Wanderkarte 1:50000, Blatt 41, »Silvretta – Ferwallgruppe«; Freytag & Berndt WK 372, »Arlberggebiet, Paznaun, Ferwallgruppe«.

Ferwall

64 Niederelbehütte 2310 m Kreuzjochspitze 2919 m

Die Waterkant im Ferwall

wenig schwierig
Wandertour

Von der Edmund-Graf-Hütte am Hohen Riffler kommen wir über die Durrich-Alpe wieder zurück nach Dias, fädeln dort in den Kieler Weg nach Westen, über die Obere Seßlad-Alpe zur Niederelbehütte.

Auch die Seßlad-Alpe ist, wie die Dias- und die Durrich-Alpe, ein seit Jahrhunderten gepflegtes, über mehrere Quadratkilometer ausgebreitetes Almreservat, geschützt von hohen nördlichen Bergen und verwöhnt mit viel Sonne im Tageslauf von Ost über Süd nach West. Im Unterschied zur Dias-Alpe beeinträchtigt kein Liftmast, kein Drahtseilgehänge die Gegend, nur die Trag- und Zugseile der Materialbahn laufen auf die Niederelbehütte zu.

Die Niederelbehütte, erbaut in den Jahren 1930/31 von der Alpenvereinssektion Niederelbe (Sitz Hamburg), residiert am Seßsee auf einer Anhöhe über dem Wasserspiegel. Nach oben zum Bergrahmen der Seßlad-Alpe ist das Gelände weitläufig ausgelegt und versteckt einige hundert Meter höher nochmals zwei Bergseen, den Schottensee und den Schwarzsee. Für Leute von der Waterkant ist dieser glückliche, nur dem ruhigen Sommertourismus und der Almwirtschaft dienende Zusammenstand von Hütte, Alm, Wasser und Gebirge die freundliche Einladung zu hochalpinen Ferien, 2300 Meter über der Elbmündung.

Als Hausberg, für tüchtige Wanderer gut erreichbar und mit der Aufstiegsroute sichtbar, empfiehlt der Hüttenwirt die 2919 Meter hohe Kreuzjochspitze; bei ihr kreuzen sich von Nord, Ost und Süd drei Bergkämme, daher der Name. Die Tour berührt den Schwarzsee (ca. 2550 m), schwenkt höher zu einem Felsrücken, der zum Gipfel aufschließt. Im Ausblick vom Gipfelkreuz aus fast 3000 Meter Höhe stellen wir fest: Die Kreuzjochspitze markiert im östlichen Ferwall das geographische Zentrum.

Tourensteckbrief

Ausgangsort
Kappl 1256 m i. Paznauntal.

Die Tour in Stichworten
Kappl 1256 m – Niederelbehütte 2310 m – Kreuzjochspitze 2919 m.

Schwierigkeit/Anforderung
I = wenig schwierig, Wandertour,
mittlere Anforderung, Tagestour.
Talzugang Niederelbehütte: Von Kappl mit der Dias-Seilbahn zur Bergstation (1830 m), von dort auf Forst- und Almstraße nach Markierung »Niederelbehütte« zur Unt. Seßlad-Alpe (1892 m), weiter auf Steig zur Hütte; oder auf dem Kieler Weg im Übergang vom Gasthaus Dias (1863 m), siehe Tour 62.
Ab Niederelbehütte, vorbei am Seßsee, nach Wegweisung »Kreuzjochspitze« auf Steig nach N hinauf zu einem begrünten Weiderücken. Über die Stufen mehrerer Geländehöcker steil höher zu einem Felssporn, dort Querung nach rechts, durch einen Wiesenhang in ein Geröllkar und entlang des Seßladbaches hinauf zum Schwarzsee (2550 m). Am See nach links durch grobes Blockwerk zum Gratrücken und, im Schlußaufstieg steil, direkt zum Gipfel.
S-seitiger Routenverlauf, markiert, häufig begangen.

Die Niederelbehütte auf der Seßlad-Alpe. Über dem Hüttenkamin der Hausberg, die Kreuzjochspitze. Der Aufstieg ist gut erkennbar: über den grünen Rücken von links nach rechts.

Höchste Wegestelle/Gipfel
Kreuzjochspitze 2919 m.

Aufstiegsleistung
Ab Bergstation Dias 1100, ab Niederelbehütte 600 Höhenmeter.

Abstieg
Wie Aufstieg.

Gehzeiten
Bergstation Dias 1830 m – Niederelbehütte 2310 m: 2 Std. – Kreuzjochspitze 2919 m: 2 Std.; Abstieg Niederelbehütte: $1^1/_2$ Std. Gesamtgehzeit: $5^1/_2$ Stunden.

Hütten/Stützpunkte
Niederelbehütte 2310 m, DAV-Sektion Niederelbe, Sitz Hamburg, 82 Betten und Matratzen, bew. von Ende Juni bis Ende Sept.
Alpengasthaus Dias 1863 m, privat, Sommerbew. von Ende Juni bis Anfang Okt. Für Hausgäste Zufahrt auf Bergstraße erlaubt.

Karten
Siehe Tour 63.

Ferwall

65 Kieler Wetterhütte
2800 m
Saumspitze
3039 m

Der Hoppe-Seyler-Weg

mäßig schwierig
Wander-/Felstour

Im Wegenetz quer durch das östliche Ferwall verknotet die Niederelbehütte den Kieler Weg mit dem Hoppe-Seyler-Weg, der Trasse zur Darmstädter Hütte; ein Schild an der Niederelbehütte prophezeit 5½ Stunden Gehzeit. Die Anforderung im Hoppe-Seyler-Weg ist um einiges höher als im Kieler Weg herüber von der Grafhütte. Zur Darmstädter Hütte müssen wir ausschließlich hochalpines Gelände meistern, ein unwegsames Auf und Ab über Geröll, Schotter, Schrofen und Blockhalden und – wenn wir das Ferwall zu früh im Sommer besuchen – zusätzlich erschwert durch mehr oder weniger große Schneefelder. Das Wandervergnügen liegt im Landschaftsgenuß, der Alpenvereinsführer urteilt: »hervorragend schön«.

Den ersten Eindruck vermittelt das Seßgratjöchl (2340 m) wenig oberhalb der Niederelbehütte. Im Auslauf zu einem steinigen Hochkar legt das Fatlar eine grüne Geländefalte aus, darüber die mit Firnschulter und kompaktem Fels sehr gut gebaute Fatlarspitze (2986 m); die Wegetafel am Jöchl weist den Hoppe-Seyler-Weg zur Oberen Fatlarscharte. In herrlich freier Lage 2800 Meter ü. d. Meer erwartet uns dort die Kieler Wetterhütte (siehe Bild Seite 138), ein aus Stein errichteter, gut instand gehaltener Unterstand. Mit der Anlage des Hoppe-Seyler-Weges im Jahre 1930 und mit dem Bau der Wetterhütte im Jahr darauf hat auch die Sektion Kiel große Verdienste im Ferwall.

Ab Kieler Wetterhütte verlieren wir im sehr

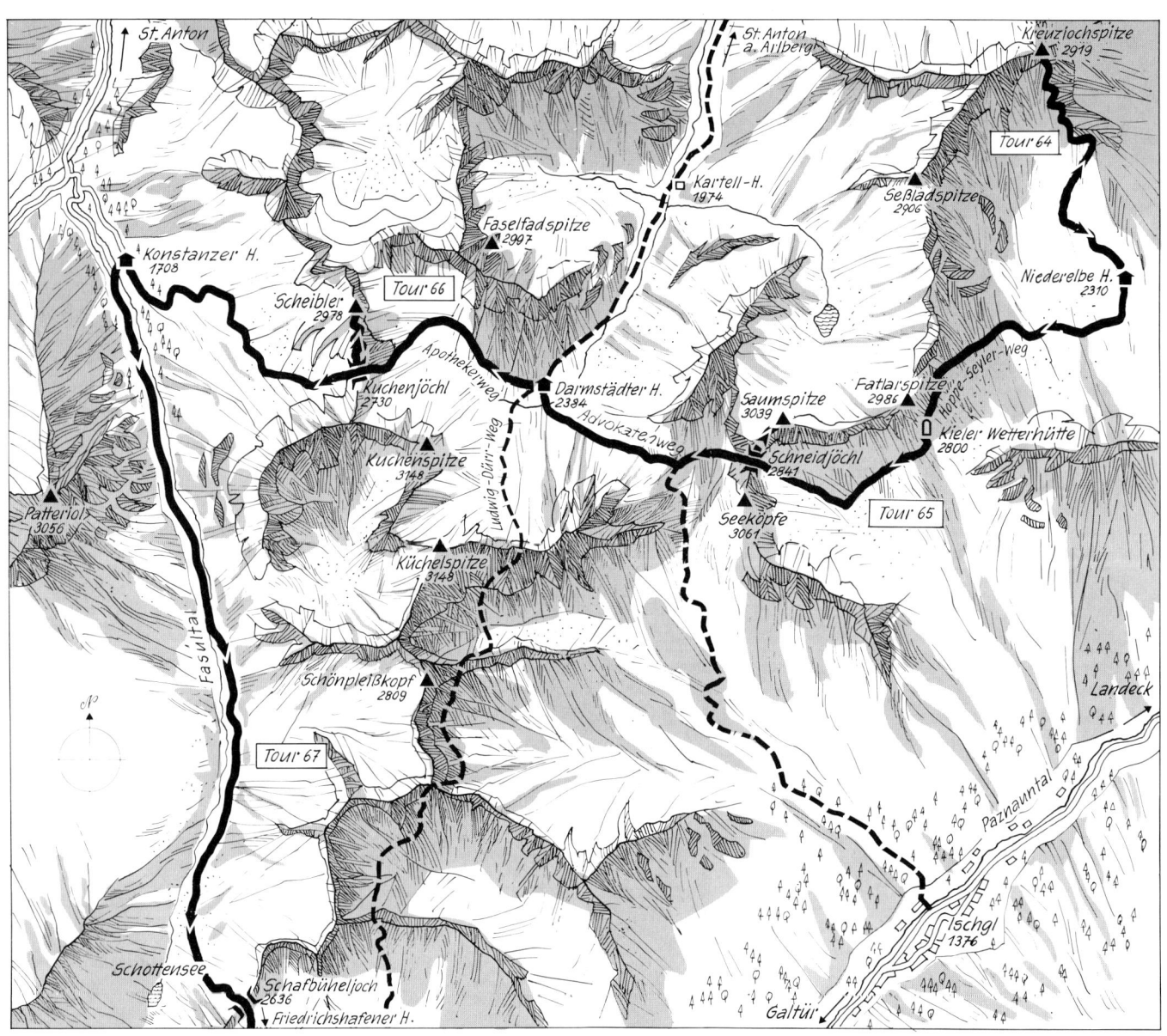

144

Ausblick von der Darmstädter Hütte. Links Saumspitze, rechts die Seeköpfe, dazwischen das Schneidjöchl, die Übergangsstelle im Hoppe-Seyler-Weg.

steilen, aber teils gesicherten Abstieg zu einer blanken Steinterrasse am Vergrößsee (2539 m, tiefste Wegestelle) erheblich an Höhe, die der langgezogene Wiederanstieg zur höchsten Wegestelle, dem an der Saumspitze eingelagerten Schneidjöchl (2841 m), ausgleichen muß – wir schauen hinab zur Darmstädter Hütte. Am Schneidjöchl lockt als Dreitausender die Saumspitze (3039 m). Der Aufstieg, markiert nur mit Steinmännern, verlangt Klettergeschick und Trittsicherheit, ist aber nicht schwierig und verheißt einen neuen Ausblick ins Ferwall. Das Bergab vom Jöchl zur Darmstädter Hütte bleibt dem bisherigen Wegecharakter treu. Weiterhin steinig und mühsam, dazu Eis und Schnee, fädelt der Hoppe-Seyler-Weg schließlich in den Advokatenweg, den Steig herab von der Doppelseescharte (2786 m, Übergang von Ischgl). Mit ihm laufen wir einen weiten Bogen aus, bevor wir auf der Hüttenterrasse die Rucksäcke ablegen.

Tourensteckbrief

Ausgangsort
Niederelbehütte 2310 m.

Die Tour in Stichworten
Niederelbehütte 2310 m – Hoppe-Seyler-Weg – Kieler Wetterhütte 2800 m – Schneidjöchl 2841 m – Saumspitze 3039 m – Schneidjöchl – Darmstädter Hütte 2384 m.

Schwierigkeit/Anforderung
II = mäßig schwierig, Wander-/Felstour, mittlere Anforderung, Tagestour.
Talzugang Niederelbehütte siehe Tour 64.
Von der Niederelbehütte zum nahen Seßgratjöchl (2340 m), Übertritt ins Fatlar, einem Hochtal, das zur sichtbaren Fatlarspitze hin ausläuft. In S-seitiger Hangquerung über begrünte Hangschultern hinauf zum Schotterkar unter der Fatlarspitze. In Kehren steil höher zur Felsenplattform der Ob. Fatlarscharte, auf der die Kieler Wetterhütte steht. Ab Hütte sehr steiler, teilweise mit Drahtseil gesicherter Abstieg zum Vergrößsee (2539 m), durch Block- und Schotterkare Wiederanstieg zum sichtbaren Schneidjöchl.
Saumspitze: Aus dem Schneidjöchl durch die SW-Flanke nach Steinmännern und Steigspuren steil, teils ausgesetzt zum Gipfel. II = mäßig schwierige Kletterroute.

Ab Schneidjöchl über Fels, Schotter, Schnee und Eis hinab zur Einmündung in den Advokatenweg und auf Steig zur Darmstädter Hütte.
S- und N-seitiger Routenverlauf, im aperen Bereich markierter Steig, häufig begangen; nur für ausdauernde, erfahrene Bergwanderer.

Höchste Wegestelle/Gipfel
Kieler Wetterhütte 2800 m, Schneidjöchl 2841 m, Saumspitze 3039 m.

Aufstiegsleistung
Ab Niederelbehütte 800, mit Saumspitze 1000 Höhenmeter.

Abstieg
Siehe Routenverlauf.

Gehzeiten
Niederelbehütte 2310 m – Kieler Wetterhütte 2800 m: $1^1/_2$ Std. – Schneidjöchl 2841 m: $2^1/_2$ Std. – Saumspitze 3039 m hin und zurück: 1 Std. Schneidjöchl – Darmstädter Hütte 2384 m: $1^1/_2$ Std.
Gesamtgehzeit: $5^1/_2$ Stunden ohne Saumspitze.

Hütten/Stützpunkte
Niederelbehütte 2310 m, siehe Tour 64.
Kieler Wetterhütte 2800 m, DAV-Sektion Kiel, ständig geöffnete Notunterkunft (4 Pers.), **Darmstädter Hütte** 2384 m, siehe Tour 66.

Karten Siehe Tour 68.

Ferwall

66 Darmstädter Hütte 2384 m Scheibler 2978 m

Über das Kuchenjöchl zur Konstanzer Hütte

wenig schwierig Wander-/Gletschertour

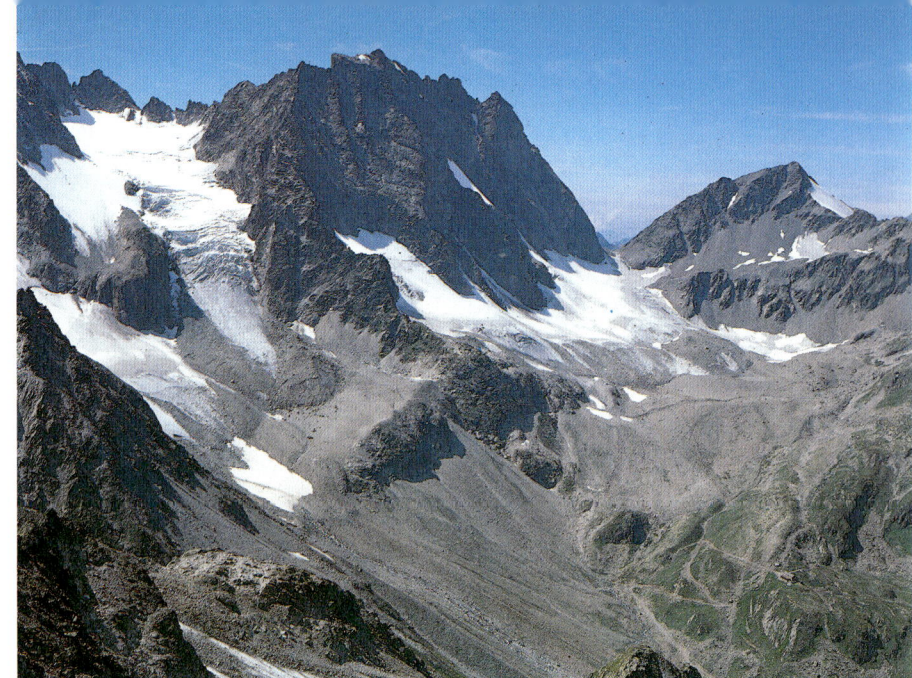

Bild rechts: Links die Kuchenspitze, rechts der unscheinbare Scheibler, dazwischen das Kuchenjöchl.

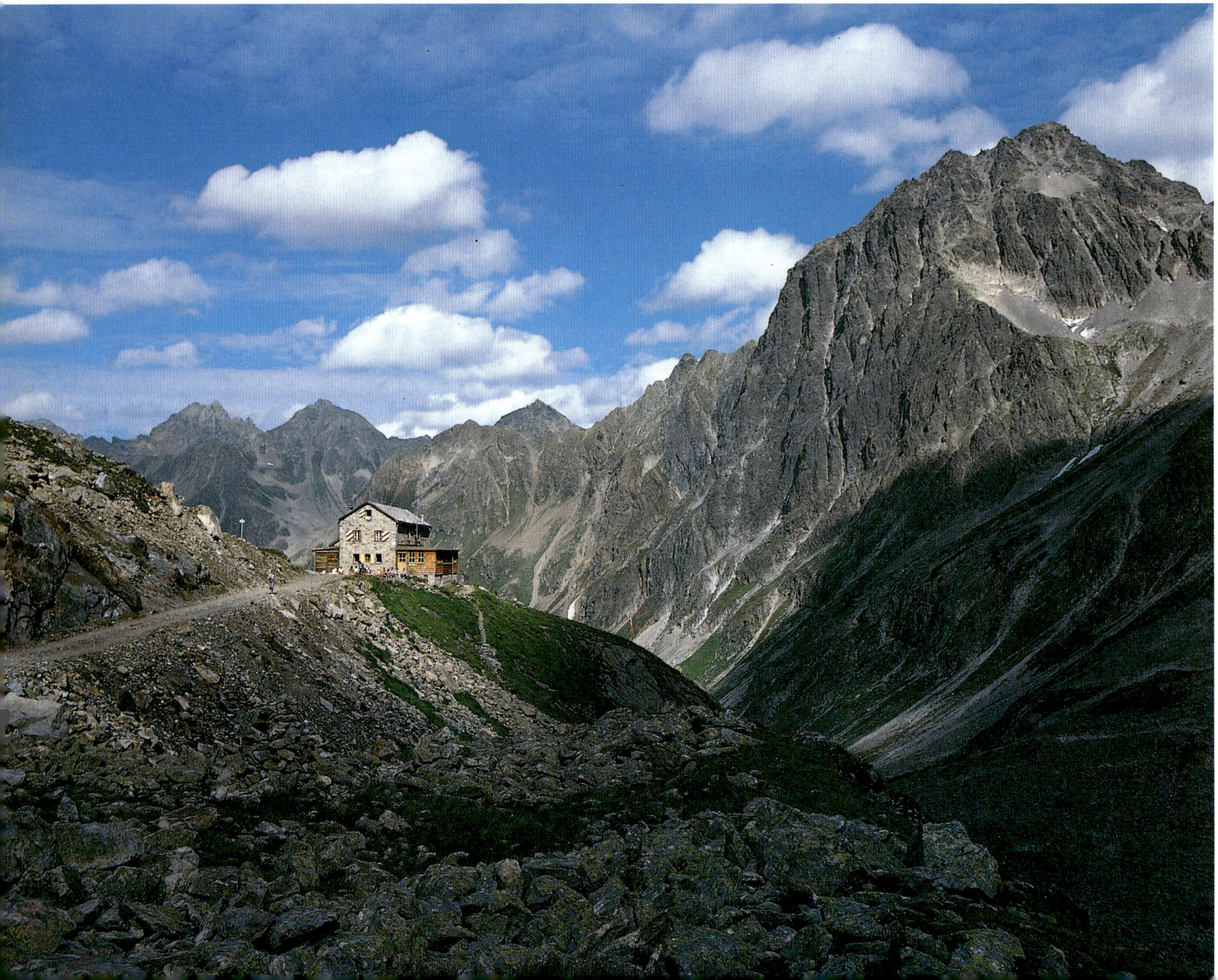

Ein Blick auf die Erbauungsdaten der Hütten und deren Standorte im Ferwall verdeutlicht, wann und wo die Erschließung ansetzte und letztlich auch touristische Prioritäten festlegte. Die drei Nordtäler, das Ferwall-, Moos- und Malfontal, öffnen natürliche Eingänge herein vom Arlberg; die Arlbergbahn versprach eine bequeme Anreise, und zu den genannten Tälern lockt das Ferwall mit der Kuchenspitzgruppe, einer Versammlung besonders attraktiver Gipfel. In die Jahre zwischen 1885 und 1889 fallen Bau und Eröffnung der Arlbergbahn, der Konstanzer Hütte, der Edmund-Graf-Hütte und der Darmstädter Hütte. Der noch junge Ostalpen-Alpinismus hatte nun auch im Ferwall sein Arbeitsfeld und der Tourismus feste Ziele.

Heute wie damals bekommt die im Jahre 1889 eröffnete Darmstädter Hütte den meisten Besuch von St. Anton (1286 m), im Weg durch das Moostal. Seit es die Höhenwege gibt und das Wandern von Hütte zu Hütte den meisten Bergfreunden vollauf genügt, erfahren die Zugänge aus dem Paznaun stärkere Beachtung. In der Hochsaison ist die Darmstädter Hütte, zuletzt in den Jahren 1961 bis 1963 erweitert und modernisiert, oft überfüllt. Im Routennetz des östlichen Ferwall ist sie die Spinne im Zentrum: Der Talzugang von St. Anton, der Hoppe-Seyler-Weg von der Niederelbehütte, der Advokatenweg herab von der Doppelseescharte, der Dürrweg von der Friedrichshafener Hütte herüber und der Apothekerweg von der Konstanzer Hütte, sie alle bringen dem Haus bei Bergwetter täglich neue Gäste, die gut verpflegt und untergebracht sein wollen. Der Standort im Ferwall könnte besser kaum sein: eine Geländeterrasse »Im hinteren Kartell« auf 2384 Meter Meereshöhe, im Kessel unter der Kuchenspitze, mit 3170 Meter der höchste Gipfel im Ferwall. Zur Mitte des 19. Jahrhunderts, im Hochstand der sogenannten Kleinen Eiszeit, mag das Hintere Kartell eine prächtige Gletscherstube gewesen sein. Der Küchel- und der Kuchenferner hängen heute hoch am Fels, schmücken aber trotz Gletscherschwund die Küchel- und die Kuchenspitze und somit auch das zentrale Ferwall, das im Umkreis der Darmstädter Hütte seinen größten hochalpinen Reiz entfaltet.

Bild links: Die Darmstädter Hütte im Kartell, dem Bergkessel zwischen Saumspitze (im Bild) und Kuchenspitze.

Bild oben: Das Kuchenjöchl im Apothekerweg zwischen Darmstädter und Konstanzer Hütte, vor uns der Patteriol (siehe auch Bild Seite 138/139).

Scheibler Im Übergang zur Konstanzer Hütte ist das Kuchenjöchl ein markantes erstes Ziel. Der Apothekerweg, ein gut gelegter Steig, übernimmt die Führung zum Saum des Kuchenferners. So sanft wie der Höhengewinn im Weg erweist sich auch bei etwa 2550 Meter Höhe der Übertritt zum Gletscher, trotzdem kann in der stärkeren Steigung zum Kuchenjöchl ein Pickel nützlich sein. Die Wege von der Darmstädter Hütte, hinauf zum Schneidjöchl (2848 m), zur Doppelseescharte (2786 m), zum Rautejöchl (2752 m) und zum Kuchenjöchl (2730 m) führen alle über Firn und Eis, gänzlich schnee- und eisfrei ist keiner dieser wichtigen Übergänge.

Der Scheibler – 2978 Meter – ein »verhinderter« Dreitausender und von Gestalt wenig aufregend, steht günstig plaziert am Weg zur Konstanzer Hütte, vom Kuchenjöchl erreichen wir auf einem Steig in etwa 40 Minuten den Gipfel.

Der AV-Führer vermerkt: »Die Rundschau ist die gewaltigste des ganzen Ferwall.« Wer diesen Satz gelesen hat und im Ferwall neben den Wanderungen auch ein Gipfelerlebnis haben möchte, wird den Scheibler besteigen. Vom Gipfel überblicken wir neben dem östlichen sehr gut auch neuen westlichen Bergraum, in dem unangefochten der nahe, 3056 Meter hohe Patteriol dominiert

Tourensteckbrief

Ausgangsort
Darmstädter Hütte 2384 m.

Die Tour in Stichworten
Darmstädter Hütte 2384 m – Apothekerweg – Kuchenjöchl 2730 m – Scheibler 2978 m – Kuchenjöchl – Konstanzer Hütte 1708 m.

Schwierigkeit/Anforderung
I = wenig schwierig, Wander-/Gletschertour, mäßige Anforderung, Tagestour.
Talzugang Darmstädter Hütte: Von St. Anton a. Arlberg durch das Moostal, 4 Std.
Ab Hütte nach Schild »Konstanzer Hütte« auf Steig – Apothekerweg – zum Kuchenferner, den man bei etwa 2500 m betritt. Über ihn, meist gespurt, mäßig steil zum Felssattel des sichtbaren Kuchenjöchls. Im Spätsommer, bei Blankeis, zumindest Pickel angebracht.

Scheibler: Aus dem Joch nach Steig und Steinmännern in einfacher S-seitiger Route zum Gipfel. Ab Kuchenjöchl auf Felssteig und über W-seitige Alpweiden hinab zur Konstanzer Hütte. O- und W-seitiger Routenverlauf, markiert, viel begangen.

Höchste Wegestelle/Gipfel
Kuchenjöchl 2730 m, Scheibler 2978 m.

Aufstiegsleistung
Ab Darmstädter Hütte 400, mit Scheibler 600 Höhenmeter.

Abstieg
Siehe Routenverlauf.

Gehzeiten
Darmstädter Hütte 2384 m – Kuchenjöchl 2730 m: $1^1/_2$ Std. – Scheibler 2978 m und zurück: 1 Std. Kuchenjöchl – Konstanzer Hütte 1708 m: $1^1/_2$ Std.
Gesamtgehzeit: 4 Stunden.

Im Aufstieg von der Darmstädter Hütte zum Kuchenjöchl.
Links unten erkennen wir noch die Hütte; darüber die Saumspitze, das Schneidjöchl und die Seeköpfe.

Hütten/Stützpunkte
Darmstädter Hütte 2384 m, DAV-Sektion Darmstadt, 90 Betten und Matratzen, bew. von Anfang Juli bis Ende Sept.
Konstanzer Hütte 1708 m, DAV-Sektion Konstanz, 90 Betten und Matratzen, bew. von Ende Juni bis Ende September.

Karten
Kompass Wanderkarte 1:50000, Blatt 41, »Silvretta – Ferwallgruppe«; Freytag & Berndt WK 372, »Arlberggebiet, Paznaun, Ferwallgruppe«.

Ferwall

67 Konstanzer Hütte 1708 m Friedrichshafener Hütte 2138 m

Im Fasultal zum Schafbüheljoch

wenig schwierig
Wandertour

Tourensteckbrief

Ausgangsort
Konstanzer Hütte 1708 m.

Die Tour in Stichworten
Konstanzer Hütte 1708 m – Schafbüheljoch 2636 m – Friedrichshafener Hütte 2138 m.

Schwierigkeit/Anforderung
I = wenig schwierig, Wandertour, mittlere Anforderung, Tagestour.
Talzugang Konstanzer Hütte: Von St. Anton a. Arlberg öffentliche Zufahrt in das Ferwalltal bis zum Parkplatz Salzhütte 1540 m. Ab Salzhütte 1 Std.
Ab Konstanzer Hütte zur Brücke über den Fasulbach und auf Almstraße rechts des Baches nach Schild »Friedrichshafener Hütte« talein bis zur Wasserfassung. Ab hier ein Steig nun links des Baches ins Talinnere bis unter den Schottensee (2472 m) und steiler über schwache Geländestufen hinauf zum großen Steinmann am Schafbüheljoch. Ab Joch nach Wegweiser über Schotter, Felsstufen und Grashänge hinab zur sichtbaren Friedrichshafener Hütte.
N- und S-seitiger Routenverlauf, markiert.

Höchste Wegestelle/Gipfel
Schafbüheljoch 2636 m.

Aufstiegsleistung
Ab Konstanzer Hütte 900 Höhenmeter.

Abstieg
Siehe Routenverlauf.

Gehzeiten
Konstanzer Hütte 1708 m – Schafbüheljoch 2636 m: $3^1/_2$ Std. – Friedrichshafener Hütte 2138 m: $1^1/_2$ Std.
Gesamtgehzeit: 5 Stunden.

Hütten/Stützpunkte
Konstanzer Hütte 1708 m, siehe Tour 66.
Friedrichshafener Hütte 2138 m, siehe Tour 68.

Karten
Siehe Tour 66.

Herüber von der Darmstädter Hütte läuft vom Scheitel am Kuchenjöchl das Bergab durch freie, westseitige Hänge zu einem für die Ferwall-Gruppe geographisch wichtigen Ort. In der Wiesenweitung der Ferwall-Alpe verzweigt das Ferwalltal zum Schönferwall-, zum Pflun- und zum Fasultal. Schon von weitem erkennen wir die Lichtung, in der die Täler auseinanderstreben, darin neben einem Jagdhaus und der »Branntweinhütte« die Konstanzer Hütte. Wir unterschreiten die 2000-Meter-Grenze, die »neue« Konstanzer Hütte liegt auf nur 1708 Meter Meereshöhe. Der Talzugang von St. Anton (1286 m) herein gibt sich komfortabel: ein Sträßchen, bis zum »Salzhüttl« (1540 m) öffentlich befahrbar. Komfortabel auch die Konstanzer Hütte – sie ist vollkommen neu! Die Sektion Konstanz mußte im April 1988 ihr altes Heim, im Ursprung von 1885, das sich nach den Erweiterungen und Renovierungen von 1963 und 1981 in bestem Bauzustand befand, nach einer Murenkatastrophe total abschreiben. Damit änderten sich auch Standort und Meereshöhe. Ab Sommer 1990 dient eine neue Konstanzer Hütte mit all den von früher gewohnten Annehmlichkeiten wieder dem Tourismus – vielleicht die Verführung zu einem Rasttag.
Richten wir den Blick nach Süden – dorthin soll unsere große Ferwalltour weiterlaufen –, können wir durch das Schönferwall in etwa 3 Stunden zur Neuen Heilbronner Hütte (2308 m) oder im Fasultal über das Schafbüheljoch (2636 m) in $4^1/_2$ Stunden zur Friedrichshafener Hütte (2138 m) gelangen – unser nächstes Ziel. Der Fasulkamm teilt die beiden Täler, in ihm ragt der stolze, 3056 Meter hohe Patteriol; er vor allem (siehe Bilder Seite 138 und 147) beherrscht das Umfeld der Konstanzer Hütte. Im Fasultal, entlang des gleichnamigen Baches, reicht ein Sandsträßchen hinauf zur Wasserfassung in etwa 1900 Meter Höhe, ein Steig übernimmt die Route hinein zum Talschluß. Auf der orographisch rechten Bachseite steigen wir inmitten einer reizvollen und ungemein stillen Landschaft, vorbei am Schottensee, dem Schafbüheljoch zu. Niedrige Stufen aus mürbem Fels heben das Gelände an, bis aus einem weiten, sandigen Boden der Pfad in gleichmäßiger Steigung zum sichtbaren Joch ausläuft. Ein großer Steinmann kündet die Höhe, die Wegweisung »Konstanzer Hütte – Friedrichshafener Hütte« das nahe Ziel südseits des Jochs, auf der Mutten-Alpe, 500 Meter tiefer.

Der Fasulferner, verteilt auf ostseitige Gletscherflecken am Fasulkamm, entwässert zum Schottensee.
An ihm vorbei wandern wir über das Schafbüheljoch zur Friedrichshafener Hütte.

Ferwall

68 Ludwig-Dürr-Weg

*Von der Darmstädter Hütte
zur Friedrichshafener Hütte*

mäßig schwierig
Wander-/Gletschertour

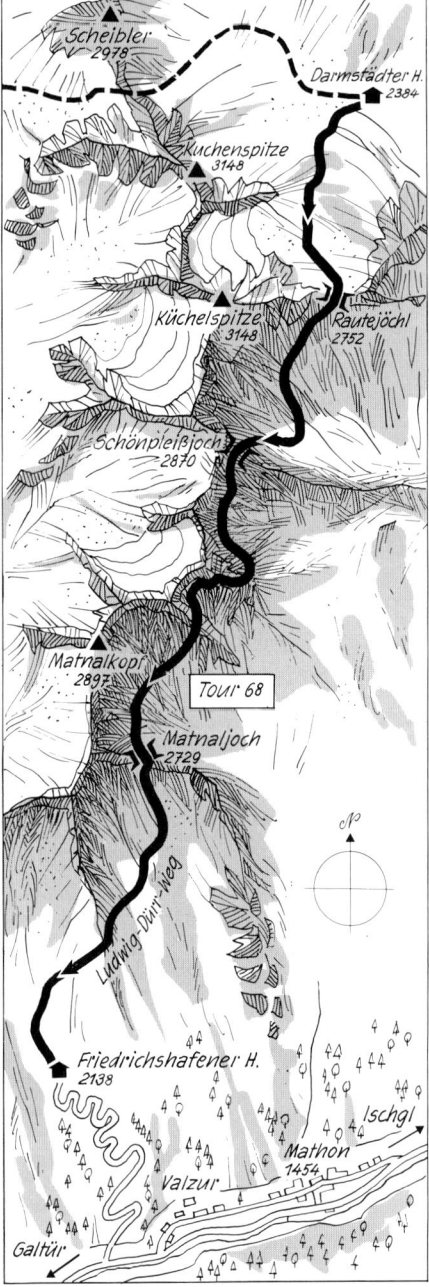

Tourensteckbrief

Ausgangsort
Darmstädter Hütte 2384 m.

Die Tour in Stichworten
Darmstädter Hütte 2384 m – Rautejöchl 2752 m – Zwischengrat 2770 m – Schönpleißjoch 2870 m – Matnaljoch 2729 m – Friedrichshafener Hütte 2138 m.

Schwierigkeit/Anforderung
II = mäßig schwierig, Wander-/Gletschertour, große Anforderung, Tagestour.
Talzugang Darmstädter Hütte siehe Tour 66.
Von der Darmstädter Hütte – die Route ist bis zum Rautejöchl einzusehen – auf Steig zum Moränenvorfeld des Küchelferners und in Kehren hinauf zu einem Steinmann vor dem Gletscher. Über den Gletscher – Achtung, Spalten! – meist Trasse, steil höher zum Rautejöchl. Von dort mit etwa 130 m Höhenverlust hinab in ein Kar und Wiederanstieg zum Zwischengrat, einem O-Sporn herab vom Nördl. Schönpleißkopf. Am Zwischengrat ist die nächste Station, das Schönpleißjoch am Südl. Schönpleißkopf, in Sicht. Hangquerung mit etwa 100 Meter Höhenverlust hinab in das Firnbecken des Madleiner Ferners, hohe Querung und steiler Aufstieg zum Südl. Schönpleißkopf (ca. 2900 m = höchste Wegestelle); mit kurzem Bergab zum nur wenig niedrigeren Schönpleißjoch. Die letzte Station, das Matnaljoch, ist in Sicht. Über Firn steil hinab zu einem markanten Felssporn (2580 m, Karkopfnase), um ihn herum und in mäßig steilem Aufstieg über Firn zum Matnaljoch. Ab Joch steil abwärts zu einer Hochterrasse mit kleinem See – dort Friedrichshafener Hütte in Sicht – Querung weiter Wiesenhänge zur Hütte.
N- und S-seitiger Routenverlauf in O-seitigen Hangquerungen, Gesamtlänge ca. 8 km, in beschriebener Richtung vorteilhaft. Im Felsbereich markiert, häufig begangen.

Höchste Wegestelle/Gipfel
Schönpleißjoch 2870 m, Südl. Schönpleißkopf 2900 m.

Aufstiegsleistung
800 Höhenmeter.

Abstieg Siehe Routenverlauf.

Gehzeiten
Darmstädter Hütte 2384 m – Rautejöchl 2752 m: 1¹/₂ Std. – Zwischenjoch 2770 m: 1 Std. – Schönpleißjoch 2870 m: 1¹/₂ Std. – Matnaljoch 2729 m: 1 Std. – Friedrichshafener Hütte 2138 m: 1 Std. Gesamtgehzeit: 6 Stunden.

Hütten/Stützpunkte
Darmstädter Hütte 2384 m, siehe Tour 66.
Friedrichshafener Hütte 2138 m, DAV-Sektion Friedrichshafen, 73 Betten und Matratzen, bew. von Anfang Juni bis Ende Sept.

Karten
Kompass Wanderkarte 1:50 000, Blatt 41, »Silvretta – Ferwallgruppe«; Freytag & Berndt WK 372, »Arlberggebiet, Paznaun, Ferwallgruppe«.

Tip
Günstigste Zeit Mitte Juli bis Anfang September, zu späterer Jahreszeit häufig Blankeis.

Zwei Wege verbinden das innere Ferwall, den Bergraum der Darmstädter Hütte, mit der Friedrichshafener Hütte an der Südperipherie: einmal die Route von der Konstanzer Hütte über das Schafbüheljoch (siehe Tour 67), zum anderen der Ludwig-Dürr-Weg mit Start zum Rautejöchl. Der Dürrweg legt die direkte, kürzestmögliche Trasse, das Lob für diese hochalpine Brücke gebührt Dr. Ludwig Dürr, ehemals Chefkonstrukteur der Friedrichshafener Zeppelinwerke. Die Trassenführung entlang des fast 3000 Meter hohen Bergzuges von der Küchelspitze zum Auslauf in die Wiesenhänge der Mutten-Alpe ist anspruchsvoll, ein Anreiz also für erfahrene, gut ausgerüstete Bergwanderer. Die Sektion Friedrichshafen erläutert in einer Information, daß der Weg von Nord nach Süd weniger Aufstieg und mehr Abstieg hat, zudem sehr schöne Fernblicke zum Samnaun und zur Silvretta bietet; dieser Hinweis kommt unserem Tourenverlauf entgegen.
Gesehen von der Darmstädter Hütte, unterteilen den Dürrweg vier wichtige Stationen: Rautejöchl (2752 m), Zwischengrat (2770 m), Schönpleißjoch (2870 m) und Matnaljoch (2729 m). Diese auffälligen Merkmale der Landschaft sind mit Stangen deutlich markiert und zueinander in Sichtweite. Vor Mitte Juli – auch nach einem Wettersturz – sollte man sich den Dürrweg nicht wünschen. Verlockt frühmorgens ein scheinbar guter Tag zur Tour, ist im Hinblick auf die Wetterentwicklung je nach Wegerichtung entweder am Rautejöchl oder am Matnaljoch die Entscheidung: weitergehen oder umkehren, fällig.
Im Aufblick von der Darmstädter Hütte reicht der Küchelferner bis hinauf zum Rautejöchl, der ersten Hürde. Zur idealen Zeit in der Sommermitte stapfen wir am zeitigen Morgen in festem Firn leichtfüßig zur Jochhöhe und sehen dort oben die Wegetrasse voll ausgeleuchtet vor uns. Osthänge und Buchten fangen die Sonne auf, der Firn blendet, wird aber sehr bald die Festigkeit verlieren. Der apere Rücken des Zwischengrates, die nächste Barriere, weist über das Ewigschneefeld des Madleinferners zum Schönpleißjoch, der höchsten Wegestelle und auch Halbzeit. Der Sprung hinüber zum Zeichen am Matnaljoch überbrückt das letzte Firnbecken, im nun endgültigen Bergab erblicken wir das ersehnte Ziel, die Friedrichshafener Hütte.

Bild rechts oben: Am Schönpleißjoch, der höchsten Wegestelle im Dürrweg; Ausblick nach Norden zur Küchelspitze.

Bild rechts unten: Die Friedrichshafener Hütte nach der vollendeten Generalsanierung im Sommer 1989.

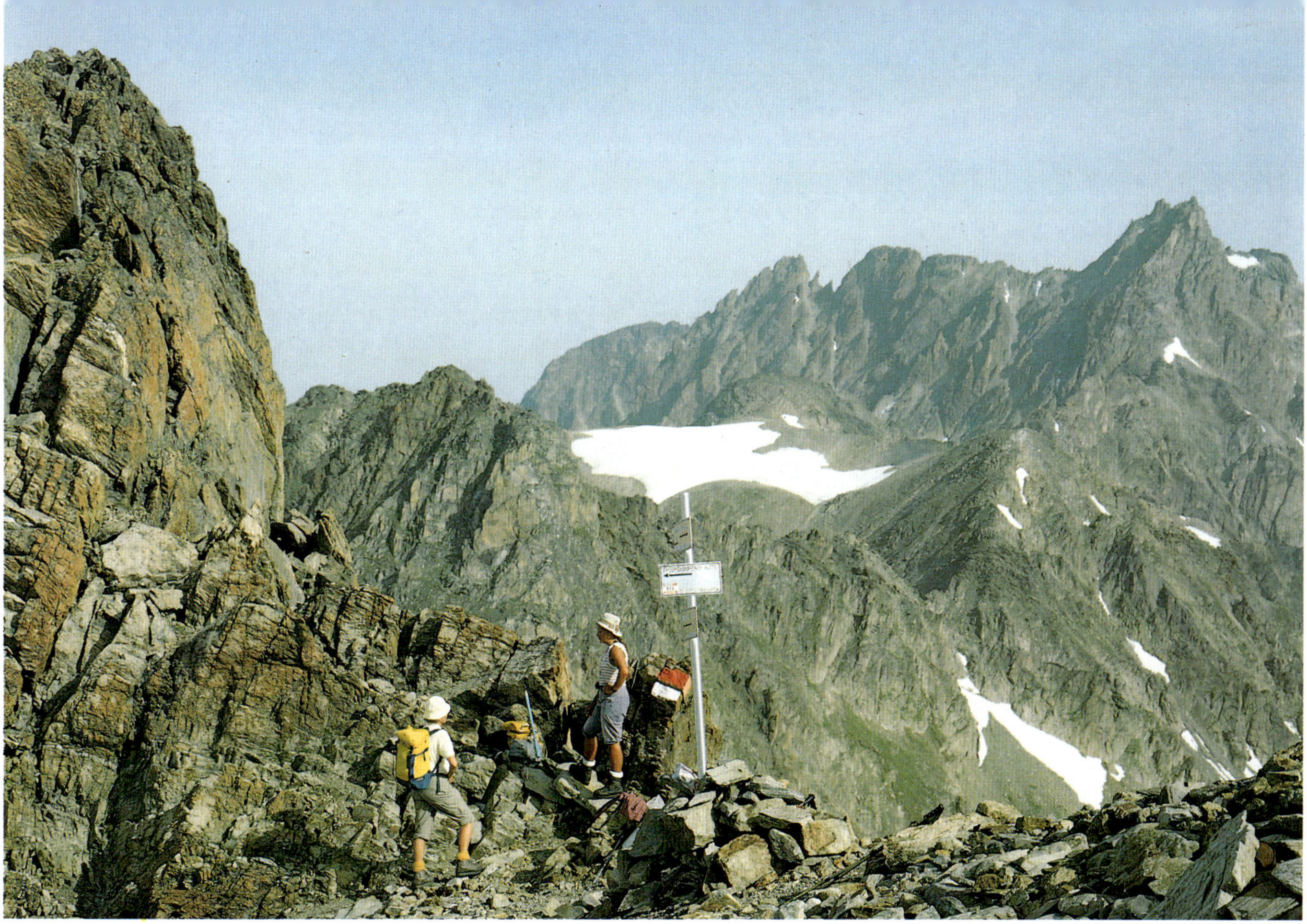

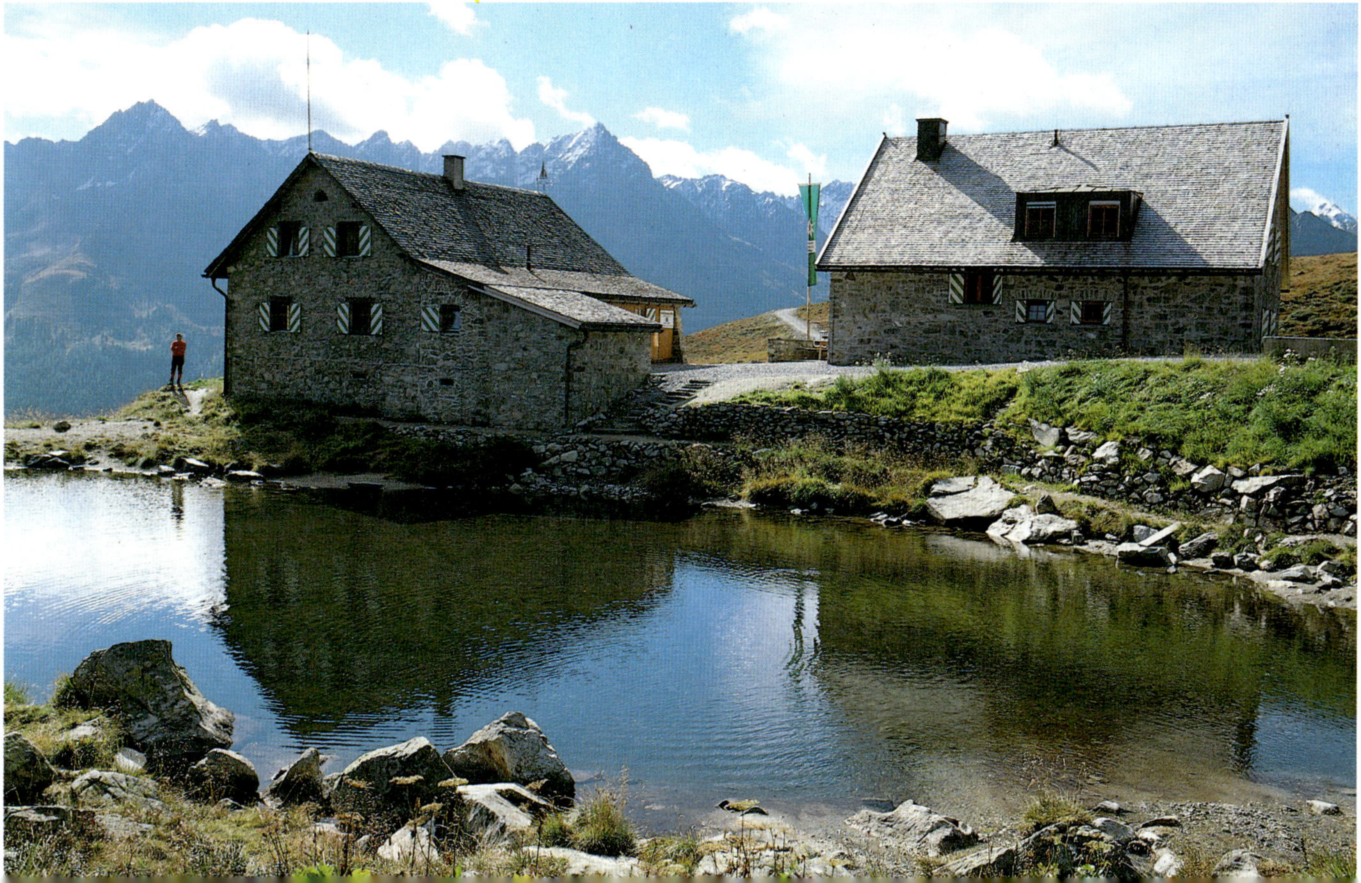

69 Gaisspitze 2779 m Neue Heilbronner Hütte 2308 m

Auf dem Friedrichshafener Weg zur Neuen Heilbronner Hütte

*wenig schwierig
Wandertour*

Die Friedrichshafener Hütte, im Jahre 1924 von der Alpenvereinssektion Friedrichshafen aus Privatbesitz übernommen und 1987/88 nochmals erweitert und renoviert, ist für Paznauner Talgäste ein beliebtes Ausflugsziel. Der Hüttenplatz – Meereshöhe 2138 Meter –, ein weitläufiger Sonnenbalkon, liegt derart günstig, daß allein schon der Aussicht wegen, nach Süden zum Samnaun und zur Silvretta, die Hütte im Gespräch bleibt. Der letzte Stützpunkt unserer Ferwalltour, die Neue Heilbronner Hütte, wartet im Westen, das Muttenjoch (2620 m) lenkt den Weg, und die »Jochspitze«, die 2779 Meter hohe Gaisspitze, beschert zudem ein leicht erreichbares Gipfelerlebnis. Das Muttenjoch, eine Senke nördlich der Gaisspitze, erwandern wir bequem in 1¹/₂ Stunden Gehzeit, die Fleißaufgabe, das nahe Gipfelkreuz der Gaisspitze, sollten nur trittsichere, geübte Berggeher akzeptieren. Der Lohn: Die Aussicht nach Süden zur Silvretta übertrifft alle Erwartungen.

Zurück am Joch, verlieren wir hinab zum oberen Ochsental über helle, glattgepreßte, seltsam geformte Sandhügel zu einem in Ocker und Grün schimmernden üppigen Moosboden, dem Quellgebiet der Rosanna, etwa 200 Höhenmeter. Das Bergauf jenseits der frisch entsprungenen Rosanna folgt dem Schild »Heilbronner Hütte«, kommt zu dem schon von weitem sichtbaren Steinmann auf einem grünen Hügel und damit zum zweiten Wegescheitel (ca. 2500 m).

Die Rückschau zeigt das Muttenjoch und die Gaisspitze (siehe Bild), vom Fasulkamm grüßt der Patteriol, im Blick hinab in das Schönferwall stellen wir uns auf das nahe Hüttenziel ein.

Das weitläufige Schönferwall glänzt in seinem Hochbecken am Verbellener Winterjöchli mit viel Weidegrün, malerisch darin eingebettet die beiden Scheidseen, und mit der Neuen Heilbronner Hütte (2308 m) auf einem Aussichtshügel über dem Wasser. Talwärts richtet sich die Hütte nach Partenen im Montafon, der allgemeine Zugang kommt jedoch vom Parkplatz am Zeinisjoch (1822 m) auf einem Wirtschaftsweg, Gehzeit 2¹/₂ bis 3 Stunden.

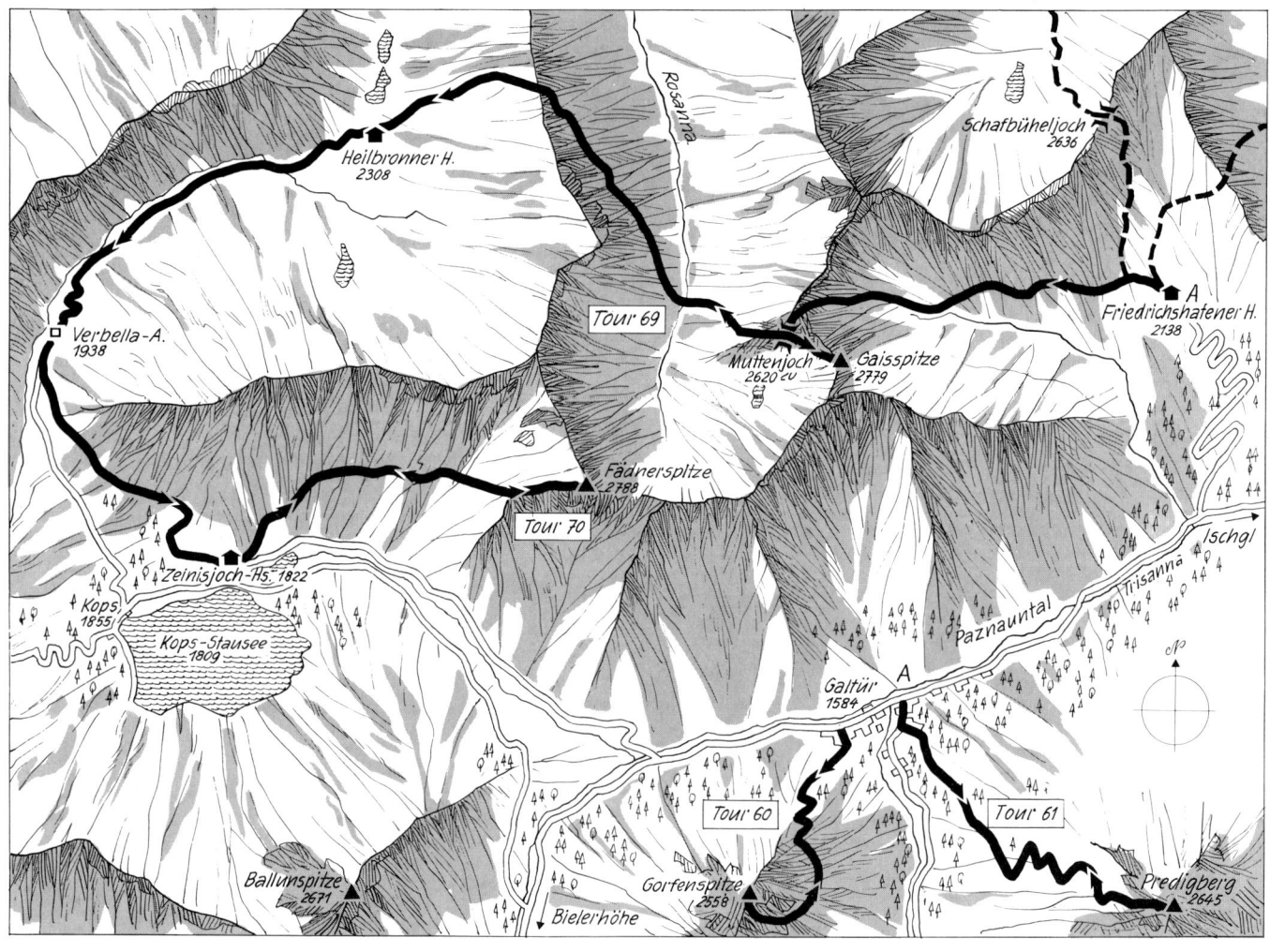

Tourensteckbrief

Ausgangsort
Friedrichshafener Hütte 2138 m.

Die Tour in Stichworten
Friedrichshafener Hütte 2138 m – Friedrichshafener Weg – Muttenjoch 2620 m – Gaisspitze 2779 m – Muttenjoch – Neue Heilbronner Hütte 2308 m – Zeinisjochhaus 1822 m.

Schwierigkeit/Anforderung
I = wenig schwierig, Wandertour, mittlere Anforderung, Tagestour.
Talzugang Friedrichshafener Hütte: Vom Parkplatz ca. 1600 m an der Paznauner Talstraße hinter Mathon über eine Forststraße, 6 km, 2¹/₂ Std. Ab Friedrichshafener Hütte nach Schild »Heilbronner Hütte« auf dem Friedrichshafener Weg in W-Richtung mäßig steil durch ein Hochtälchen (bis in den Sommer noch Schnee) zum Muttenjoch.
Gaisspitze: Ab Joch auf Steig über teils sehr ab-

schüssigen Fels, auf den letzten 30 Metern sehr steil zur Spitze. Auf Anstiegsweg zurück; nur für trittsichere Bergwanderer.
Vom Muttenjoch hinab zum Rosannabach, jenseits auf der vom Joch gut sichtbaren, gestreckten Wegetrasse hinauf zu einem deutlichen Steinmann auf einer Geländeschulter ca. 2500 m nördl. des Jöchligrates. Von dort hinab zur schon bald sichtbaren Heilbronner Hütte. Ab Hütte auf Alm- und Wirtschaftsweg über die Verbella-Alm (1938 m) zum Parkplatz am Zeinisjochhaus. Busverbindung nach Galtür.
W- und O-seitiger Routenverlauf, markiert, in beiden Richtungen viel begangen.

Höchste Wegestelle/Gipfel
Muttenjoch 2620 m, Gaisspitze 2779 m.

Aufstiegsleistung
Ab Mathon 1300, ab Friedrichshafener Hütte 500 Höhenmeter, mit Gaisspitze 600 Höhenmeter.

Abstieg
Siehe Routenverlauf.

Am Friedrichshafener Weg; über den Wanderern das Muttenjoch und die Gaisspitze.

Gehzeiten
Friedrichshafener Hütte 2138 m – Muttenjoch 2620 m: 1¹/₂ Std. – Gaisspitze 2779 m und zurück: ¹/₂ Std.; Muttenjoch – Heilbronner Hütte 2308 m: 2 Std. – Zeinisjochhaus 1822 m: 2 Std.
Gesamtgehzeit: 6 Stunden ab Friedrichshafener Hütte.

Hütten/Stützpunkte
Friedrichshafener Hütte 2138 m, DAV-Sektion Friedrichshafen, 73 Betten und Matratzen, bew. von Anfang Juni bis Ende Sept.
Neue Heilbronner Hütte 2308 m, DAV-Sektion Heilbronn, 110 Betten und Matratzen, Sommerbew. von Mitte Juni bis Ende Sept.
Zeinisjochhaus 1822 m, privat, Sommerbew. von Pfingsten bis Anfang Okt.

Karten
Siehe Tour 68.

70 Zeinisjoch 1822 m Fädnerspitze 2788 m

Zwischen Zeinisjoch und Galtür

wenig schwierig
Wandertour

Tourensteckbrief

Ausgangsort
Galtür 1584 m i. Paznauntal.

Die Tour in Stichworten
Galtür 1584 m – Alpengasthaus Zeinisjoch
1822 m – Fädnerspitze 2788 m.

Schwierigkeit/Anforderung
I = wenig schwierig, Wandertour,
mäßige Anforderung, Tagestour.
Von Galtür zum Ortsteil Wirl, dort entweder über
die alte, schmale, nur gesandete Jochstraße zum
Parkplatz am Zeinisjochhaus oder über die Maut-
straße. Auch öffentlicher Busverkehr. Ab Zeinis-
jochhaus auf Wiesensteig hinein zu Almgelände.
Wenig später weist das Schild »Fädnerspitze« die
Route in langer, mäßig steiler Querung durch S-
seitige Grashänge hinauf zu zwei markanten
Steinmännern (ca. 2350 m) am Rande einer
Hangstufe. Von dort zum Ansatz des W-Grates
(ca. 2400 m) und über den gut gangbaren, aber
steilen Gratverlauf, im Schlußanstieg an der S-
Seite, zum Gipfel.
SW-seitiger Routenverlauf, mit Steinmännern
markiert, häufig begangen.

Höchste Wegestelle/Gipfel
Fädnerspitze 2788 m.

Aufstiegsleistung
Ab Parkplatz Zeinisjochhaus 1000 Höhenmeter.

Abstieg
Wie Aufstieg.

Gehzeiten
Zeinisjochhaus 1822 m – Fädnerspitze 2788 m:
3 Std.; Abstieg: 2 Std.
Gesamtgehzeit: 5 Stunden.

Hütten/Stützpunkte
Alpengasthaus Zeinisjoch (Zeinisjochhaus),
1822 m, privat, Sommerbew. von Pfingsten bis
Anfang Okt.

Karten
Siehe Tour 68.

Der Zeinissee, nur wenig entfernt vom Zeinis-
jochhaus. Im Bild die Fädnerspitze mit der
Aufstiegsroute in der Linie vom See zum
Gipfel.

Am Zeinisjoch, am Stausee bei der Kops-
Alpe, steht die zu einem flachen Dreieck
ausgeformte Ferwall-Gruppe (siehe Seite
139) auf dem Kopf; dort stößt sie mit der
Südseite an die Nord-Silvretta, den kleinen
Bergraum nach Süden, zur Bielerhöhe.
Auch das Zeinisjoch – Meereshöhe 1822
Meter – scheidet die Wasser europaweit: Die
östlichen tragen die Trisanna hinab zum Inn,
die westlichen fließen mit der Ill in den
Rhein. Der »alte« Verkehr zwischen Paznaun und Montafon war bis zur Eröffnung
der Silvretta-Hochalpenstraße (siehe Seite
126) ausschließlich auf das Zeinisjoch angewiesen, das Joch hat demnach eine schon
sehr alte Bedeutung. Die schmalen Sand-
straßen vom Galtürer Ortsteil Wirl zum
Joch und vom Parkplatz Kops am Stausee
hinab nach Partenen knüpfen auch heute
noch – für Fußgänger empfehlenswert – die
weitaus kürzeste Verbindung zwischen den
Talschaften.
Die Fädnerspitze grüßt das Zeinisjoch von
Nordosten, im Standort halbwegs in der
Mitte zwischen Joch und Galtür. Hierhin
wie dorthin, zum Ferwall und zur Silvretta,
bietet der Gipfel eine großartige Aussicht,
ein Geschenk, das wir zum Abschluß unserer Tourentage nicht ausschlagen möchten.
»Nach drei Seiten scharf abfallender Gipfel,
besteht aus granatführendem Glimmerschiefer, sehr lohnend«, lesen wir im Ferwall-Führer.

Der Aufstieg beginnt am Zeinisjochhaus
(1822 m) und ist bis zum Gipfel einzusehen.
Der deutlich ausgeprägte Steig schneidet
steile, grasige Südflanken hinauf zu zwei
markanten Steinmännern (2350 m) am
Rande einer gut ausgeprägten Hangschul-
ter, die zum Westgrat anschließt. Am Westgrat schlüpft die Route durch schrofigen
Fels sehr steil in engen Kehren höher und
erreicht bei etwa 2600 Meter ein Marterl, das
die Gipfelnähe ankündigt. Der Steig
verläßt den Grat, schwenkt hinaus zur Südseite und klettert von dort hinauf zu dem
großen Steinmann, der den höchsten Punkt,
2788 Meter, markiert.
Ein kleiner Grenzstein mit der Jahreszahl
1954 festigt die Landesgrenze Tirol/Vorarl-
berg, der hohe Mast eines Fernsehumsetzers
jedoch verdeutlicht die Ausnahmestellung
des Gipfels am stärksten. Er strahlt Wichtiges und weniger Wichtiges hinab zu den
Paznauner Talschaften, zur Fädnerspitze
aber strahlen die Silvretta-Gletscher vom
Fluchthorn bis zum Großen Seehorn, die
Dreiländerspitze steht genau im Süden, in
Luftlinie 15 Kilometer entfernt.

Die Dreitausender im Ferwall

Das Ferwall – primär in eine westliche und östliche Gruppe (siehe auch Seite 139) gegliedert – teilt der Ferwall-Führer in einzelne Untergruppen auf. Jeder Abschnitt, ob nun der westliche oder der östliche, entfaltet eigene Reize, den stärksten hochalpinen Anspruch demonstriert das Gebirge jedoch im Osten, im Bereich zwischen Konstanzer Hütte und Edmund-Graf-Hütte. Die meisten Gipfel im östlichen Ferwall erreichen Höhen über 2800 Meter, verhältnismäßig viele knapp 3000 Meter; verstreut in diese interessant gestaltete Gipfelflur plaziert das Ferwall seine Dreitausender-Koten – neun an der Zahl.

Das Herz der Ferwall-Gruppe schlägt im Raum rund um die Darmstädter Hütte: in der Kuchenspitzgruppe, der Kartellgruppe und der Faselfadgruppe. Die **Kuchenspitze,** 3170 Meter, ist der höchste Berg im Ferwall; ihr zur Seite steht die **Küchelspitze,** 3147 Meter, beide mit Normalrouten im II. und III. Schwierigkeitsgrad. Die Kartellgruppe östlich der Hütte stellt mit der **Saumspitze,** 3039 Meter (siehe Tour 65), und dem **Nördlichen Seekopf,** 3061 Meter, zwei weitere Dreitausender, Schwierigkeit I–II. Im Bereich der Konstanzer Hütte trägt der Fasulkamm den **Patteriol,** 3056 Meter, den formschönsten und gewaltigsten Berg des gesamten Ferwall. Der Normalweg führt durch die Südwand, Schwierigkeit II. Die Riffler-

gruppe, plaziert nach Osten in Richtung Landeck und erschlossen von der Edmund-Graf-Hütte, lockt mit dem wohl beliebtesten Dreitausender im Ferwall, mit dem Doppelgipfel des **Hohen Riffler.** Der Hauptgipfel, 3168 Meter, wird im Übergang vom Südgipfel, 3166 Meter, erklettert. Die meisten Rifflerfreunde scheuen diese Kletterpassage – Schwierigkeit II –, bleiben am Südgipfel (siehe Tour 62), und so ist er der am häufigsten bestiegene Dreitausender im Ferwall. Der **Kleine Riffler,** 3014 Meter, am Weg zum Riffler-Südgipfel kann eine Zugabe sein, das benachbarte **Blankahorn,** 3129 Meter, bietet Kletterrouten, Schwierigkeit II, über den Süd-, West- und Ostgrat.

Der Stausee Kops am Zeinisjoch, gesehen von der Fädnerspitze.

Zum Schluß

Einst hatte er gerufen, der Kurat Franz Senn (1831–1884), ins Ötztal zu kommen, zu den herrlichen Gletschern und Gipfeln am Hauptkamm – auf diesem Bild vorgetäuscht, als wären die seitdem mehr als 100 Jahre spurlos verweht. Das mag für dieses Motiv oben am Hochwildehaus (2873 m) fast stimmen, aber zu Senns Zeiten stand der Gurgler Ferner höher am Berg. Die heute mageren Abflußzonen der Ferner, die hohen Schotterfluchten der Moränen, verraten den wahren Verlust an Substanz, den alle Alpengletscher seit etwa 1850, dem Ausklang der sogenannten »Kleinen Eiszeit«, unentwegt hinnehmen müssen.

Das vergangene Jahrzehnt beschleunigte diese Auszehrung, und so wird niemand voraussagen können, wieviel Eis nach dem Jahre 2100 die Ötztaler Alpen noch tragen werden, wenn von 350 Quadratkilometern Gletscher im Jahre 1850 nur noch etwa 150 Quadratkilometer zum Super-Säkulum 2000 übrigbleiben. Unsere Generationen mögen das Horrorbild »Urgestein ohne Eis« noch nicht heraufbeschwören, der nachdenkliche Bergwanderer und Bergsteiger jedoch erkennt die Zeichen der Zeit.

Der idealistische Franz Senn, ein Gründervater des Deutschen Alpenvereins (9. 5. 1869 zu München), wollte sein bitterarmes Venter Tal dem Alpinismus öffnen. Im Stich gelassen vom Alpenverein, war er es, der auf eigene Kosten den ersten Weg von Vent hinauf zum Hochjoch baute – und scheiterte, weil niemand den Gletscherpfarrer verstehen wollte.

Wir fragen uns heute: Kommen zu viele Bergfreunde in die Ötztaler Alpen, in die Silvretta, ins Ferwall? Ignorieren wir den Skilauf und seine Zentren, lautet aus meiner Sicht die Antwort: Nein! Der Alpinismus erlebt eine Wandlung. Durch AV-Sektionen und Bergschulen geführte Gruppen und Wanderer, unterwegs von Hütte zu Hütte, werden mehr, Einzelbergsteiger, programmiert auf die Gipfeltour, beobachten wir weniger.

Ein Beispiel aus unseren Ötztaler Tagen: Am Samstag, dem 30. Juli 1988, 12 Uhr mittags, standen wir bei bestem Wetter (siehe Bild Seite 34/35) allein am Gipfel des Similaun!

Berg heil! Sepp Schnürer

Am Hochwildehaus. Vor uns der Gurgler Ferner; von links Mitterkamm, Bankkogel, Falschungspitze und Karlesspitze.

Praktische Hinweise

Bergwandern und Bergsteigen gehören immer mehr zur aktiven Freizeitgestaltung. Diese sportliche Tätigkeit kann von Kindesbeinen an bis ins hohe Alter ausgeübt werden, wobei dem Bergwandern die größere Bedeutung zukommt: Die Höhenwege, die Touren von Hütte zu Hütte empfehlen das mehr beschauliche Bergerlebnis. Das Unterwegssein im Gebirge ist zudem mit dem Genuß von Naturerlebnissen verbunden, und dieser nicht unbeträchtliche Einfluß auf Geist und Gemüt wertet diese »Leibesübung« besonders auf.

Aber Bergwandern und Bergsteigen müssen wir, wie jede andere Sportart auch, erlernen. Nur in langer Übung und möglichst häufigem »Umgang mit dem Berg« erwerben wir das Rüstzeug: die notwendigen technischen Fertigkeiten und den Schatz einer reichen Erfahrung.

Unkenntnis und mangelnde Bergerfahrung stellen die häufigsten Ursachen der zunehmenden Bergunfälle dar. Die Alpenvereine wirken dem durch Aufklärung, Schulung und sonstigen Aktivitäten wie geführten Touren entgegen. Neben weiteren Vergünstigungen ist es demnach vorteilhaft, Mitglied einer Alpenvereins-Sektion zu sein.

Natur- und Umweltschutz

In den ersten Jahrzehnten nach ihrer Gründung sahen die Alpenvereine ihre Hauptaufgabe darin, die »Bereisung der Alpen« zu erleichtern. Diese Arbeit ist längst getan, heute kann es nur darum gehen, bei Bewahrung des Bestehenden den Alpenraum nicht noch mehr aufzuschließen, das heißt für den Bergwanderer und Bergsteiger bisher unberührte Freiräume zu erhalten. Die Alpen bedeuten für Millionen Menschen ein Erholungsgebiet erster Ordnung, aber auch ständiger Lebens- und Wirtschaftsraum für die einheimische Bevölkerung. Daraus resultieren die enormen Nutzungsansprüche des neuzeitlichen Tourismus, die Verkehrserschließung durch Straßen, Wirtschaftswege, Seilbahnen und Lifte und auch die Belastung der Energiewirtschaft. Besonders die Urlandschaft oberhalb der Hütten ist auf unseren aktiven Schutz angewiesen. Es muß selbstverständlich sein, sämtliche Abfälle wieder mit ins Tal zu nehmen und dort in die Müllbehälter zu geben. Diese Einsicht ist leider noch nicht allgemein fest verankert. Darum die Bitte: »Haltet die Berge sauber«!

Schwierigkeit/Anforderung

»Bergsteigen« gilt als allgemein anerkannter Oberbegriff. Der »Alpin-Lehrplan« (BLV-Verlag, Herausgeber Deutscher Alpenverein in Zusammenarbeit mit dem Österreichischen Alpenverein) versteht darunter: *Bergwandern, Felsklettern, Eisgehen* und *Skibergsteigen.* Der »Alpin-Lehrplan« trifft dazu folgende Aussage:

»*Bergwandern* ist Bergsteigen in der grundlegenden Form, wobei gebahntes und wegloses Gelände fast ausschließlich durch die Bewegungsformen des Gehens und Steigens bewältigt wird. Auch das Bergsteigen im Hochgebirge zählt vom Bewegungsablauf her dazu.«

»*Felsklettern* ist Bergsteigen im Felsgelände, wobei zur Fortbewegung die Hände entscheidend mitbenützt werden. Die Beinarbeit allein reicht zum Gleichgewichtserhalt nicht mehr aus.«

»*Eisgehen* ist Bergsteigen im Eis- und Schneegelände, wobei mittels spezieller Ausrüstung (Steigeisen, Eispickel) das Gelände in den Bewegungsformen des Gehens, Steigens und Kletterns bewältigt wird.«

Ergänzend soll dazu gesagt sein, daß das *Begehen von Klettersteigen* selbstverständlich auch Bergsteigen ist und seinem Charakter nach einen Platz zwischen Bergwandern und Felsklettern einnimmt. Von den angeführten bergsteigerischen Erlebnisformen stuft die allgemein bekannte Schwierigkeitsskala der Alpenvereine (DAV und ÖAV), die »Alpenskala«, nur das Felsklettern in die Schwierigkeitsgrade I–VI ein. Nach Aussage im »Alpin-Lehrplan« unterliegt das Bergwandern keiner Schwierigkeitsbewertung, auch das Eisgehen nur insoweit, als in einer bestimmten kombinierten Tour auch Felsgelände zu bewältigen ist. Wollte ich die Schwierigkeitsskala der Alpenvereinsführer, also die Alpen-Skala, zur Bewertung der aufgeführten Touren heranziehen, wäre eine genügend deutliche Unterscheidung nicht gegeben, denn nach diesen Kriterien könnten die Wandertouren überhaupt nicht und die Fels- und Gletschertouren nur bedingt bis zum Schwierigkeitsgrad II = mäßig schwierig eingestuft werden. Dem weniger erfahrenen Bergfreund ist damit nicht gedient, denn naturgemäß unterscheiden sich die einzelnen Touren – bedingt durch das Gelände, den zu bewältigenden Höhenunterschied und auch die Gehzeiten – doch ganz erheblich. Im Hinblick auf den praktischen Nutzen dieses Tourenbuches ist es demnach notwendig, die sehr unterschiedlichen Schwie-

rigkeiten und Anforderungen der Bergfahrten deutlich und übersichtlich aufzuzeigen (siehe »Übersicht der Touren nach Schwierigkeiten«, Seite 160), damit jeder Bergwanderer und Bergsteiger nach eigener Einschätzung seiner Leistungsfähigkeit und Erfahrung »seine Touren« auswählen und sich steigern kann. Diese Entscheidungshilfe erscheint mir sehr wichtig, und so habe ich allen Tourenvorschlägen eine *eigene, von den Alpenvereinsführern unabhängige Bewertung* der technischen Schwierigkeit und zusätzlich eine Aussage über die körperliche und geistige Anforderung, also der Ausdauer und Bergerfahrung, gegeben. Diese doppelte Bewertung kam nach eigenen Erfahrungen in jeder der beschriebenen Touren zustande.

Wegen ihrer klaren, allgemein verständlichen und im bergsteigerischen Wissensgut verankerten Aussage bleibt die Tourenbewertung im Sprachgebrauch der Alpenskala, verwendet aber davon unabhängig die Schwierigkeitsstufen, abgestimmt auf die Tourenvorschläge, wie folgt:

I   = wenig schwierig

II = mäßig schwierig

III = schwierig

IV = sehr schwierig

Diese Abstufung, so meine ich, ermöglicht eine genügend differenzierte Unterscheidung der Touren hinsichtlich ihrer Schwierigkeit.

Nachdem aber die »Schwierigkeit« allein, die sich aus dem Gelände ergibt, noch keine erschöpfende Aussage über eine Bergtour sein kann (sie sagt z. B. nichts über den zu bewältigenden Höhenunterschied und die Gehzeiten aus), soll der zusätzliche Begriff »*Anforderung*« die zweite, wichtige Entscheidungshilfe für die Bergtouren im jeweiligen Tourenbuch sein. Die Unterteilung:

gering – mäßig – mittel – groß

berücksichtigt die Dauer einer jeden Bergfahrt, z. B. 1- bis 2-Tage-Touren, die zu bewältigende Höhendifferenz und die Gehzeiten. Letztere sind so bemessen, daß der geübte Bergwanderer und Bergsteiger diese Zeiten gut einhalten kann. Zu beachten ist, daß die Einstufung der Schwierigkeit sowie der Anforderung nach normalen sommerlichen Verhältnissen erfolgte. Bei Schlechtwetter können durch Regen, Schneefall, Wind und Kälte sehr schnell wesentlich schwierigere Verhältnisse eintreten, dadurch ergeben sich längere Gehzeiten und somit auch höhere Anforderungen an Ausdauer und Bergerfahrung!

Ausrüstung

Jeder erfahrene Bergwanderer und Normalbergsteiger – auf diesen Kreis ist die Tourenauswahl abgestimmt – wird wissen, was er an notwendiger Ausrüstung braucht. Allgemein ist dazu zu sagen: Bequeme, zweckmäßige und dabei leichte Kleidung und gute Bergschuhe erhöhen das Wohlbefinden und damit auch die Sicherheit. Der Gebrauch von zwei Bergstöcken ist vorteilhaft, er unterstützt im Gehgelände den natürlichen Bewegungsablauf, schont die Kniegelenke und erhöht durch Stabilisierung der Körperhaltung die Sicherheit. Bei Klettertouren und Klettersteigen müssen Klettergürtel, Sitzgurt, Reepschnüre, Karabiner und ggf. ein Seil mitgenommen werden. Bei Gletschertouren sind Seil, Pickel und Steigeisen unerläßlich. Diese Ausrüstung auch richtig einzusetzen, kann nur durch Schulung, Übung und Erfahrung erlernt werden: Bergerfahrung, technisches Können und ehrliche Einschätzung des eigenen Leistungsvermögens sind die wichtigsten Bestandteile jeder Bergausrüstung!

Hütten und Wege

Ohne Alpenvereinshütten ist der neuzeitliche Bergtourismus nicht denkbar. Die Sektionen haben zur Gründerzeit viel Opferbereitschaft, Idealismus und auch große Geldmittel eingesetzt, um ihren Mitgliedern eine Bergheimat zu bieten, aber auch, um das Gebirge allgemein zu erschließen.

Die Gewohnheiten unserer Freizeitgesellschaft überspielen jedoch früher gültige Anschauungen; die letzten Jahrzehnte veränderten Besucherstruktur und -zahl, neben den steigenden Nächtigungen kommt ein stetig wachsender Strom von Tagesgästen auf die Hütten zu. Dieser Druck erzwingt größere Gasträume, moderne sanitäre Einrichtungen und erhöht die Auflagen für den Umweltschutz. Die Sektionen müssen also wieder Zeit, Geld und Idealismus weniger für sich, vielmehr zum Wohle der Allgemeinheit einsetzen. Daher ist es nur recht und billig, daß Alpenvereinsmitglieder bei Vorlage eines gültigen Ausweises Vorrechte im Hinblick auf ein Nachtquartier sowie Kostenermäßigung beanspruchen können. Die meisten AV-Hütten haben nur Sommerbewirtschaftung: Die allgemeine Öffnungszeit läuft vom letzten Wochenende im Juni bis einschließlich drittem Wochenende im September mit Tendenz zur Ausdehnung bis Anfang Oktober.

Alpenvereinswege umspannen als dichtes Netz auch die Ötztaler Alpen, das Samnaungebirge, die Silvretta und das Ferwall. Die übliche Markierung ist rot/weiß mit schwarzen Wegenummern und scheint in den AV- und Wanderkarten auf.

Bergrettung – Alpines Notsignal

Trotz aller Vorsichtsmaßnahmen, trotz langjähriger Routine, Erfahrung und guter Ausrüstung kann es auf einer Bergtour oft sehr schnell zu einem Unfall oder sogar zum Absturz kommen, auch ohne Selbstverschulden (Steinschlag!). Besonders gefährdet sind Anfänger und Leute mit Konditionsschwächen.

Zuerst ist man auf Selbst- und Kameradenhilfe angewiesen. Dieser »behelfsmäßigen Bergrettung« kommt große Bedeutung zu, sie kann je nach dem Kenntnisstand der Helfer Leben retten. Jeder Bergsteiger und Bergwanderer sollte deshalb um behelfsmäßige Rettungstechniken wissen, ebenso wie er Erste Hilfe leisten und wie er die organisierte Bergrettung verständigen kann. Können Selbst- und Kameradenhilfe den Unfall nicht bewältigen, muß das »Alpine Notsignal« erfolgen. Das Signal wird akustisch und optisch, also hör- und sichtbar, gegeben.

Zur Hilfeanforderung: 6 Signale in 1 Minute in Abständen von je 10 Sekunden; 1 Minute Pause; dann Wiederholung.

Zur Antwort: 3 Signale in 1 Minute in Abständen von je 20 Sekunden; 1 Minute Pause; dann Wiederholung.

Jeder Bergsteiger und Wanderer, der das Notsignal vernimmt, ist verpflichtet, darauf zu antworten, Hilfe zu leisten, wenn verlangt, auch die Bergrettung zu verständigen, selbst wenn er dazu die eigene Tour abbrechen muß.

Meldestellen sind: jede Schutzhütte, die nächste Gendarmerie-Station, Gemeinde- und Verkehrsämter, die ihrerseits die Bergrettung verständigen. Zur Meldung an die Bergrettung ist eine ausreichende Information wichtig. Dafür das Schema der »5 W«:

Was ist passiert?
Unfallgeschehen, Anzahl der Verletzten, Art der Verletzungen.

Wo ist es passiert?
Genaue Ortsangabe.

Wann ist es passiert?
Zeitpunkt des Unfalls.

Wie schaut es am Unfallort aus?
Wetter, Gelände, Hubschrauber-Landemöglichkeit, Sichtweiten.

Wer schickt die Meldung?
Angabe der eigenen Personalien.

Die persönliche Hilfeleistung ist selbstverständlich fortzusetzen, bis die Bergrettung eintrifft. Der Verletzte sollte nach Möglichkeit nicht alleingelassen werden.

Karten/Führer

Zu jeder Bergtour gehört als wichtige Ausrüstung auch eine Landkarte, mindestens eine Wanderkarte 1:50 000.

Das gemeinsame Kartenwerk des Deutschen und des Österreichischen Alpenvereins, die Alpenvereinskarte (AV-Karte) deckt die Ötztaler Alpen mit den Blättern »Gurgl«, »Weißkugel«, »Kaunergrat-Geigenkamm«, »Nauderer Berge« und »Wildspitze« und die Silvretta mit dem Blatt »Silvrettagruppe« ab; das Ferwall hat keine AV-Karte. Die Alpenvereinskarte – genaueste Geländedarstellung (Höhenlinienabstand 20 m), eingezeichnete Wegemarkierung und seit ihrem Ursprung in Berücksichtigung der aktuellen Gletscherstände laufend überarbeitet – ist die beste kartographische Information über die Ötztaler Alpen und die Silvretta!

Wanderkarten im Maßstab 1:50 000 können die Genauigkeit einer AV-Karte nicht erreichen, dafür aber ist dieses Kartenwerk großräumiger und deshalb auch handlicher. Die im Handel überall erhältliche »Kompass Wanderkarte« und die »Freytag & Berndt Wanderkarte« 1:50 000, mit eingezeichneten Wanderwegen, verkehrstechnischen und touristischen Informationen, reichen im allgemeinen für Planung und Tour aus.

Einen Hinweis auf die jeweils erforderliche Karte gibt der Tourensteckbrief. Als Grundlage für alle Tourenskizzen diente, um die Einheitlichkeit zu wahren, die Kompass-Wanderkarte.

Wie die AV-Karte, so ist auch der Alpenvereinsführer ein Spezialwerk mit umfassender Beschreibung der jeweiligen Gebirgsgruppe; in diesem Fall treffen die AV-Führer »Ötztaler Alpen«, »Silvretta« und »Ferwallgruppe« zu. Alpenvereinsführer müssen – nach Richtlinien des Deutschen und des Österreichischen Alpenvereins – die jeweilige Gebirgsgruppe möglichst lückenlos darstellen: von den Talorten zu den Hütten, Übergänge von Hütte zu Hütte, Kurzbeschreibung sämtlicher benannter Gipfel mit den möglichen Anstiegen.

Dieses Tourenbuch beschränkt sich als Auswahlführer auf die wesentlichen, auf Normalrouten erreichbaren Gipfelziele und auf die AV-Wege von Hütte zu Hütte.

Jede Tour hat ihren eigenen »Steckbrief«. Mit den wichtigen Angaben: genauem Wegeverlauf, den Schwierigkeiten und Anforderungen, die klar und deutlich aufscheinen, ist dieser Steckbrief die zuverlässige Unterlage für die Planung und Durchführung aller in diesem Buch vorgestellten Touren. Sorgfältige Vorbereitung verspricht bereits den halben Erfolg, falscher Ehrgeiz kann alles zunichte machen.

Übersicht der Touren nach Schwierigkeit

Diese Übersicht ordnet die Touren in vier Schwierigkeitsgrade. Die Einstufung erfolgte nach eigenen Erfahrungen und bewertet die technische Schwierigkeit im Vergleich der Touren untereinander, unabhängig von den Schwierigkeitsangaben in den Alpenvereins-Führern (»Alpenskala«).

Näheres siehe »Praktische Hinweise«.

160

Drei hervorragende Tourenbücher von Sepp Schnürer

Der Zentralalpenbereich ist eine der beliebtesten Regionen für Bergwanderer und Bergsteiger. Sepp Schnürer, hervorragender Kenner der Alpen, stellt in diesen drei Bänden über 200 ausgewählte Touren zwischen Mallnitz im Osten und dem Arlberg im Westen vor. Die sorgfältig erarbeiteten Tourenvorschläge führen zu den schönsten und berühmtesten Gipfeln, aber auch zu einsamen Zielen abseits der Moderouten und zu fast allen Hütten. Die über 400 brillanten Farbfotos des Autors, meist direkt aus den Routen heraus aufgenommen, zeichnen diese drei Tourenbücher besonders aus.

Hohe Tauern
160 Seiten, 93 Farbfotos,
41 Tourenskizzen,
1 Übersichtskarte

Zillertaler Alpen – Stubaier Alpen
160 Seiten und 80 Seiten
Kurzführer, 141 Farbfotos,
30 Tourenskizzen,
2 Übersichtskarten

Ötztaler Alpen, Silvretta, Ferwall
160 Seiten, 145 Farbfotos,
23 Tourenskizzen,
2 Übersichtskarten

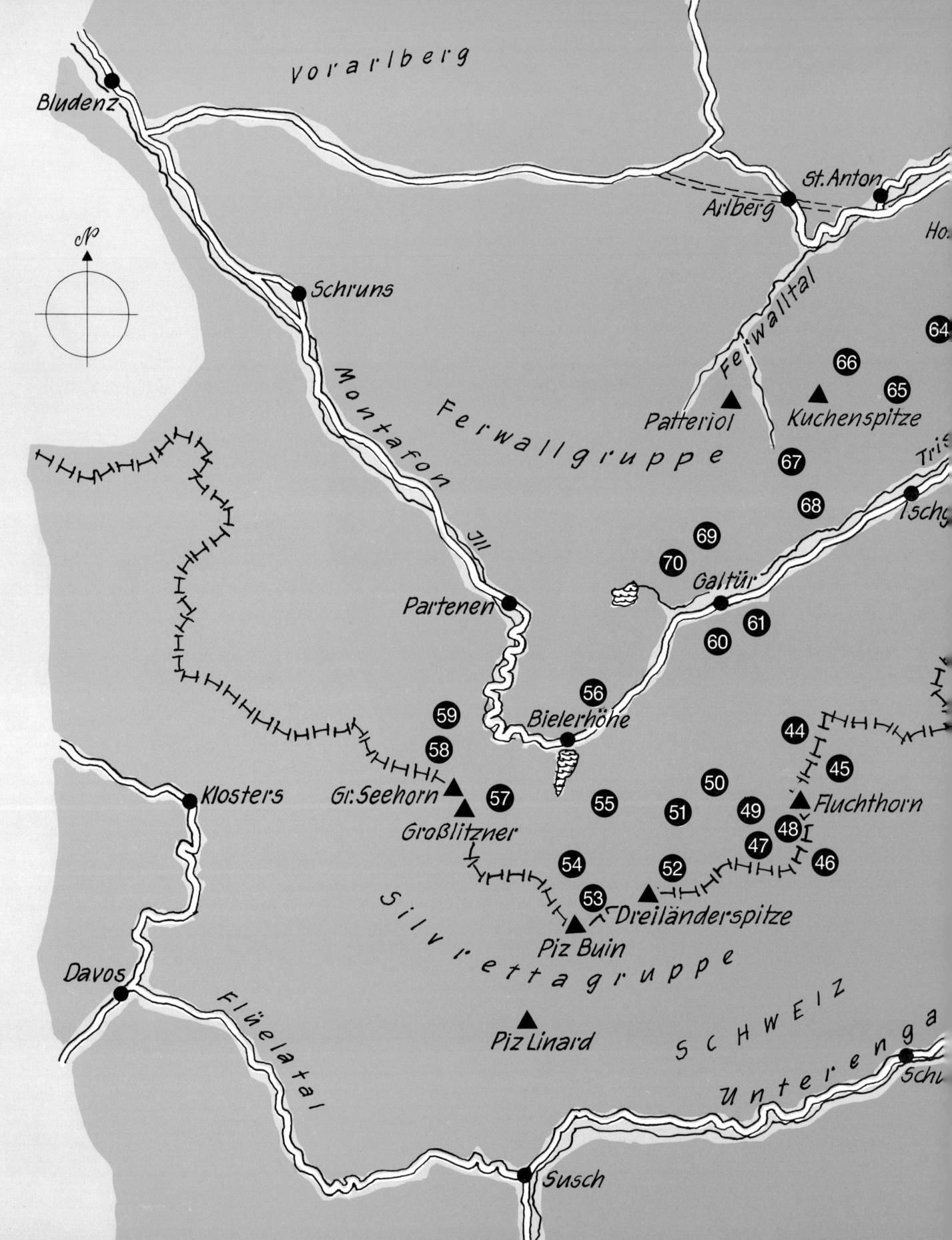

N

Bludenz

Vorarlberg

St. Anton

Arlberg

Ho.

Schruns

Ferwalltal

64

66

65

Patteriol

Kuchenspitze

Tri

67

Ferwallgruppe

68

Ischg

Montafon

69

70

Jll

Galtür

60

61

Partenen

56

Bielerhöhe

59

50

44

58

45

Klosters

Gr. Seehorn

57

55

51

49

48

Fluchthorn

Großlitzner

54

52

47

46

53

Dreiländerspitze

Piz Buin

Silvrettagruppe

Davos

Flüelatal

Piz Linard

SCHWEIZ

Unterenga

Schu

Susch